유학생을 위한 교양 한국어

보고서 쓰기에서 발표하기까지

유학생을 위한 교양 한국어

•••• 보고서 쓰기에서 발표하기까지

초판 1쇄 인쇄 2020년 7월 23일
초판 2쇄 발행 2022년 12월 08일

지 은 이 김은영 김주희 유진아 김정아
펴 낸 이 박찬익

펴 낸 곳 (주)박이정
주   소 경기도 하남시 조정대로45 미사센텀비즈 8층 F827호
전   화 (031)792-1195
팩   스 (02)928-4683
홈페이지 www.pijbook.com
이 메 일 pijbook@naver.com
등   록 2014년 8월 22일 제2020-000029호

I S B N 979-11-5848-459-0 03710
책   값 20,000원

유학생을 위한 교양 한국어

KOREAN

보고서 쓰기에서 발표 하기까지

(주)박이정

들어가는 말

"이 책 덕분에 글쓰기가 재미있어졌어요." "이 교재로 글쓰기를 가르치니 어렵지 않게 지도할 수 있었습니다. 국제한국어교육자협회 덕분입니다." 2019년 (주)박이정에서 출간한 『유학생을 위한 교양한국어-글쓰기에서 토픽쓰기까지』로 들었던 말입니다. '덕분에'라는 말을 들었습니다. 참으로 고마운 말이지요. 학생들과 선생님들, 교수님에게 조금이라도 도움이 되었으면 좋겠다는 바람이 잘 전달된 것 같아서 행복했습니다. 그 후에 기초과정을 마친 학생들에게 필요한 심화과정 글쓰기를 만들면 좋겠다는 의견이 모아졌습니다. 글쓰기 기초과정을 마친 학부 학생들에게 유용한 학술적 글쓰기의 한 분야인 보고서 쓰기에 대해 논의를 시작하고 방향을 잡으면서 한걸음씩 나아갔습니다. 이 책은 보고서 쓰기를 두려워하는 많은 유학생들이 자신의 글쓰기 상황을 진단하면서부터 시작할 수 있습니다. 또한 보고서의 목적에 맞는 전략을 사용하여 보고서를 완성하고 발표문을 만들고 발표하기까지의 전 과정이 들어 있습니다. 수업 시간에 한 과씩 열심히 배우면 조금씩 발전하는 자신의 모습을 틀림없이 발견할 것입니다.

『유학생을 위한 교양한국어-보고서 쓰기에서 발표하기까지』는 국제한국어교육자협회에서 정회원으로 활동하시는 선생님들이 모여 만든 한국언어문화교육연구소의 첫 번째 작업의 결과입니다. 2019년 8월에 문을 연 연구소는 한국어와 한국 문화를 사랑하고 한국어 공부를 하는 모든 사람들이 보다 쉽고 재미있게 한국어를 배울 수 있도록 연구하는 곳입니다. 함께 연구하고 공부할 수 있는 공간에서 교재 작업을 하는 것은 즐겁고 신나는 일입니다. 작년 9월에 단풍을 보고 시작한 작업이 벚꽃이 지는 4월에 끝이 났습니다. 겪어 보지 못했던 코로나 19와 씨름을 하면서 학생들을 만나고 싶다, 학교에 나가서 다시 가르치고 싶다는 간절한 염원을 담아 더 좋은 교재가 되도록 수정하고 또 수정하면서 7월을 맞이했습니다.

이 교재가 한국어를 가르치는 여러 곳에서 잘 사용되기를 바랍니다. 교사는 훌륭한 교재를 통해 훌륭한 교사가 된다고 합니다. 좋은 교재를 더 잘 만들어 교사에 도움이 되고, 학습자에게 동기를 부여하는, 더욱 발전하는 한국언어문화교육연구소가 되겠습니다. 함께 교재를 만든 선생님들께 감사를 드리며 출간을 허락해 주신 (주)박이정에 감사를 드립니다.

한국언어문화교육연구소
2020. 7. 저자 일동

일러두기

1. 『유학생을 위한 교양한국어-보고서 쓰기에서 발표하기까지』는 『유학생을 위한 교양한국어-글쓰기에서 TOPIK쓰기까지』의 심화 단계의 교재이다.

2. 이 책은 한국어 중급 이상의 학습자와 학부 학생들을 위한 교재로써, 보고서 쓰기를 어려워하는 유학생, 또는 발표문이나 발표 자료를 만들기 어려워하는 학생을 위해 글쓰기 능력과 발표 자료 구성 능력을 높일 수 있도록 구성된 교재이다.

3. 이 책은 총 12과로 이루어져 있지만 글쓰기 진단하기 등 보조적 자료도 함께 있어서 한 학기 15주 동안 충분하게 사용할 수 있는 교재이다. 각 장은 학부 수업 3시간 정도의 분량이다. 또한 이 교재는 총 3부로 나누어져 있는데 1부 보고서 준비단계, 2부 보고서 쓰기 단계, 3부 발표문과 발표 자료 만들기 단계로 구성되어 있다.

4. 각 장은 학습 목표와 수업의 도입을 위한 방향을 제시하였다. 모든 장들은 내용과 특성에 따라 변화를 주어 구성하였다. 특히 학습 목표는 그 장에서 배울 중심 내용이 안내되어 있고 생각거리는 학습자가 각 장의 내용을 배우기 전에 추측해서 생각을 정리해 보도록 유도하였다.

5. 각 장은 개념, 종류, 방법 등 보고서 쓰기에서의 지식적 측면인 이해와 실제 보고서를 쓰기 위한 활동으로 표현과 연습하기의 두 개의 축으로 구성되어 있다. 특히 개념과 활동이 바로 이어지기 때문에 학습자가 앞에서 배운 내용을 이해하여 바로 사용할 수 있도록 만들었다.

6. 부록에서는 모범 답안과 실제 보고서의 예를 4가지 제시하여 학생들이 실제 보고서를 쓸 때 도움이 되도록 했다.

이 책의 내용 구성은 다음과 같습니다. 왼쪽에서 오른쪽으로 진행되는데 흐름을 따라가다 보면 한 학기가 끝나게 될 것입니다.

나의 글쓰기 상황을 진단하기	**보고서 쓰기 준비 단계** ⇨	보고서는 무엇일까? 보고서의 종류는 몇 개일까?	보고서를 잘 쓰기 위해서 자료를 읽는 연습부터!
보고서를 잘 읽고 요약하면 보고서를 더 잘 쓰게 됩니다.	표절하면 안 돼요!!! 인용하는 법을 알아야 보고서를 쓸 수 있지요.	보고서 쓰기를 위한 담화표지 연습	보고서를 잘 쓰기 위한 표현 연습
화제를 선정합시다. 제목도 만들어 봅시다!!!	**보고서 쓰기 단계** ⇨	개요를 써 봅시다.	보고서 서론 쓰기
보고서 본론 쓰기	보고서 결론 쓰기	**발표하기 단계** ⇨	발표문을 써 봅시다.
발표 자료를 만들어 봅시다.	**실제 보고서 확인 단계** ⇨	이 책에는 다른 학생들이 쓴 실제 보고서가 있습니다. 여러분이 쓴 보고서와 비교해 보는 것도 좋을 것입니다.	비교·분석 보고서 <젓가락이라고 다 똑같지는 않다>
논증 보고서 <외국인 유학생을 위한 시간제 근로제의 문제점과 개선 방안>	조사·분석 보고서 <온실가스 감축을 위한 탄소세의 효과와 도입 방안>	감상 보고서 '완벽한 타인'을 보고 -말할 수 없는, 말하지 못한 비밀!	여러분, 보고서를 잘 쓰셨습니까? 보고서 쓰기 참 쉽지요? "네!!!"

차 례

글쓰기 진단하기

여러분은 글을 쓰기 전에 어떤 생각을 합니까?

"나는 글을 쓰는 것이 자신이 없어."
"글을 시작하는 것도 어렵지만 끝을 내는 것은 더 어려워. 그리고 한국어든 고향 말이든 글을 쓴다는 것은 정말 부담스러운 일이야."
"글을 쓰고 나서 평가를 받는 일은 정말 싫거든."

이런 생각을 하는 경우가 있습니까? 왜 이런 생각들을 하는지 알아보고 문제를 찾아서 글을 쓰는 재미를 느껴 보고 싶지 않습니까? 글을 잘 쓰는 것은 여러 가지 장점이 있습니다. 아마 여러분도 알고 있을 것입니다.

여러분은 한국에서 유학을 하고 있기 때문에 한국어로 글을 써야 하는 상황이 많을 것입니다. 아래의 질문에 답하면서 나의 한국어 글쓰기 상황을 점검해 봅시다.

한국어 쓰기에 대한 나의 생각

◆ 다음 질문을 읽고 <한국어 글쓰기>에 대한 나의 생각을 정리해 봅시다.

①전혀 아니다 ②아니다 ③보통이다 ④그렇다 ⑤매우 그렇다

순서	내용	①	②	③	④	⑤
1	한국어로 글쓰기를 하는 동안 긴장된다.					
2	한국어로 글쓰기를 할 때 시간제한이 있으면 긴장감을 느낀다.					
3	한국어로 글을 쓸 때 만약 내가 쓴 글이 평가될 것을 안다면 걱정되고 불안하다					
4	내 생각들을 한국어로 쓰려고 자주 시도하지 않는다.					
5	한국어로 글쓰기를 최대한 피하려고 노력한다.					
6	한국어로 글쓰기를 시작할 때 아무것도 생각이 안 난다.					
7	한국어로 쓴 글들이 다른 사람의 글보다 떨어질 것을 걱정한다.					
8	한국어로 글을 쓸 때 시간 압박이 있으면 떨리거나 땀이 난다.					
9	한국어로 쓴 글이 매우 낮은 점수를 받을까 걱정된다.					
10	한국어로 글을 써야 하는 상황을 최대한 피하려고 한다.					
11	한국어로 글을 쓸 때 시간제한이 있으면 생각들이 뒤죽박죽 섞이게 된다.					
12	어쩔 수 없이 한국어로 글을 써야 할 경우를 제외하고 한국어로 글을 쓰지 않을 것이다.					
13	한국어로 글을 쓸 때 시간제한이 있으면 극심한 공포를 느낀다.					
14	내가 한국어로 쓴 글을 다른 학생들이 읽고 비웃을까 봐 걱정된다.					
15	나는 갑자기 한국어로 글을 쓰라고 하면 얼어붙는다.					
16	한국어로 글쓰기를 해야 하는 경우를 피하기 위해 핑곗거리를 찾는다.					
17	내가 한국어로 쓴 글을 다른 사람들이 어떻게 생각할지 걱정된다.					
18	평상시에 학교 수업 외에는 한국어로 글을 쓸 기회를 찾아보지 않는다.					
19	수업 중에 예시로써 내가 한국어로 쓴 글이 사용될까 두렵다.					
20	한국어로 쓴 글이 매우 형편없는 평가를 받을까 걱정한다.					
21	시간이 나더라도 한국어로 글쓰기를 하지 않는다.					

위의 항목을 잘 읽고 솔직하게 자신의 마음을 잘 표현했습니까?

◆ 아래의 칸에 다시 항목을 나누어 정리해 봅시다.

	항목	결과	점수	합계
◉	1	한국어로 글쓰기를 하는 동안 긴장된다.		
	2	한국어로 글쓰기를 할 때 시간제한이 있으면 긴장감을 느낀다.		
	6	한국어로 글쓰기를 시작할 때 아무것도 생각이 안 난다.		
	8	한국어로 글을 쓸 때 시간 압박이 있으면 떨리거나 땀이 난다.		
	11	한국어로 글을 쓸 때 시간제한이 있으면 생각들이 뒤죽박죽 섞이게 된다.		
	13	한국어로 글을 쓸 때 시간제한이 있으면 극심한 공포를 느낀다.		
	15	나는 갑자기 한국어로 글을 쓰라고 하면 얼어붙는다.		
◆	4	내 생각들을 한국어로 쓰려고 자주 시도하지 않는다.		
	5	한국어로 글쓰기를 최대한 피하려고 노력한다.		
	10	한국어로 글을 써야 하는 상황을 최대한 피하려고 한다.		
	12	어쩔 수 없이 한국어로 글을 써야 할 경우를 제외하고 한국어로 글을 쓰지 않을 것이다.		
	18	평상시에 학교 수업 외에는 한국어로 글을 쓸 기회를 찾아보지 않는다.		
	16	한국어로 글쓰기를 하는 경우를 피하기 위해 핑곗거리를 찾는다.		
	21	시간이 날 때마다 한국어로 글쓰기를 하지 않는다.		
■	3	한국어로 글을 쓸 때 만약 내가 쓴 글이 평가될 것을 안다면 걱정되고 불안하다		
	7	한국어로 쓴 글들이 다른 사람의 글보다 떨어질 것을 걱정한다.		
	9	한국어로 쓴 글이 매우 낮은 점수를 받을까 걱정된다.		
	14	내가 한국어로 쓴 글을 다른 학생들이 읽고 비웃을까 봐 걱정된다.		
	17	내가 한국어로 쓴 글을 다른 사람들이 어떻게 생각할지 걱정된다.		
	19	수업 중에 예시로써 내가 한국어로 쓴 글이 사용될까 두렵다.		
	20	한국어로 쓴 글이 매우 형편없는 평가를 받을까 걱정한다.		

1. '◉'항목의 점수가 많은 경우

여러분은 쓰기에 대한 불안감이 있습니다. 쓰기 불안감이란 주어진 쓰기 과제를 시작해서 완수하는 데에 필요한 개인의 능력을 방해하는 감정이라고 할 수 있습니다. 쓰기 활동을 하면서 심리적으로 안정이 되지 않아 마음이 불편한 상태이며, 여기에는 여러 가지 요인이 있을 것입니다.

쓰기 불안감을 없애기 위해서는 아래와 같은 다짐이 필요합니다.
1) 나는 글쓰기를 할 때 주제에 대한 지식이 없더라도
2) 나는 글쓰기를 할 때 아이디어가 생각나지 않더라도
3) 나는 글쓰기를 할 때 문법이나 어휘가 생각나지 않더라도
4) 나는 글쓰기를 할 때 시간제한으로 인해 압박감이 느껴지더라도
5) 나는 글쓰기를 할 때 글의 종류에 대한 지식이 없더라도
불안해하지 않을 것입니다.

그러기 위해서
나는

① _____ 해야 한다.

② _____ 할 필요가 있다.

③ _____ 준비해야 한다.

④ _____ 걱정할 필요가 없다.

⑤ _____ 하려고 한다.

⑥ 시간제한이 있다면 _____

⑦ 글쓰기를 하기 전에 _____

2. '◆'항목의 점수가 많은 경우

여러분은 쓰기 활동을 피하고 있습니다. 이를 쓰기 회피라고 합니다. 쓰기 활동을 꺼리거나 싫어해서 쓰기 자체를 피하려고 하는 것을 말합니다. 만약 이 항목의 점수가 많다면 여러분은 교수님이 과제로 글쓰기를 내주어도 억지로 할 때가 많을 겁니다. 심지어 쓰기를 혐오하는 경우도 있습니다.

쓰기 활동을 회피하지 않기 위해서는 왜 이런 마음이 들었는지를 살펴보면 좋을 것입니다.

1) 나는 _____ 부터 글쓰기를 싫어했다.

2) 그때의 상황을 말하자면

_____

_____

_____

글쓰기를 싫어하게 된 상황을 동료들과 이야기하거나 교수님께 말해 봅시다.
충분히 이야기를 하고 나면 큰일이 아니었는데 글쓰기를 싫어했구나 하는 생각이 들 것입니다.

친구의 상황	나의 상황
교수님의 조언:	교수님의 조언:

교수님의 조언을 듣고 도움이 되었습니까?

3. '■'항목의 점수가 많은 경우

여러분은 평가에 대해 걱정을 하고 있습니다. 평가는 두려운 것이 아닙니다. 평가를 통해 여러 가지 글쓰기 전략을 수정하고 쓰기의 목적에 맞게 지식을 변형, 구성할 수 있습니다. 평가는 평가를 하는 사람과 평가를 받는 사람의 의사소통 과정입니다. 따라서 평가는 창의적이고 효과적으로 자신의 생각과 의사를 전달하기 위한 문제해결 과정이라는 것을 잊지 말고 자신을 발전시킬 수 있는 방법이라고 생각해 봅시다.

1) 나는 _____부터 글쓰기 평가에 대한 걱정이 시작되었다.

2) 그때의 기분을 말하자면

_____

_____

_____

만약 여러분이 평가에 대한 걱정이 사라지지 않았다면 교수님과 상담을 할 수 있습니다. 교수님도 여러분의 마음을 이해해서 평가에 대한 두려움이 사라질 수 있는 평가의 방법을 생각할 것입니다. 자. 교수님께 상담할 내용을 생각해 봅시다.

교수님!

① 저는 _____하는 것이 좋겠습니다.

② 평가를 받을 때는

_____ 하고 싶습니다.

③ 제가 글쓰기 평가에 대한 걱정을 하지 않게

_____ 해 주시기 바랍니다.

④ 저는 이럴 때 _____ 느끼기 때문에

_____ 방법을 추천하고 싶습니다.

◆ 다음 질문을 읽고 <한국어 글쓰기>에 대한 나의 생각을 정리해 봅시다.

①전혀 아니다 ②아니다 ③보통이다 ④그렇다 ⑤매우 그렇다

순서	내용	①	②	③	④	⑤
1	한국어로 글을 쓰겠다고 결정하면 즉시 쓰기를 시작할 수 있다.					
2	나는 계획한 대로 한국어로 글을 잘 쓴다.					
3	한국어로 글쓰기를 할 때 방해받는 요인이 있어도 계속 글쓰기를 할 수 있다.					
4	별로 쓰고 싶지 않은 글쓰기 주제라도 끝까지 한국어로 글을 쓴다.					
5	한국어로 글을 쓸 때 첫 문장을 시작하는 것은 어렵지 않다.					
6	다른 사람의 도움 없이 혼자서 한국어로 글쓰기를 할 수 있다.					
7	앞으로 한국어로 글을 쓰는 것을 잘 할 수 있을 것이라 생각한다.					
8	한국어로 글 쓰는 것이 힘들지 않을 것이라고 생각한다.					
9	스스로 계획을 세워 한국어 글쓰기를 시작한다.					
10	내가 사용하는 한국어 글쓰기 방법은 효과적이라고 생각한다.					
11	노력만 하면 어려운 주제라도 한국어로 잘 쓸 수 있다고 믿는다.					
12	새로운 주제에 대해 한국어로 글을 쓸 때 처음에 힘들게 느껴지더라도 절대 그만두지 않는다.					
13	주제에 대해 흥미와 관심을 갖고 한국어 글쓰기를 시작한다.					
14	새로운 글쓰기 주제가 나와도 한국어로 쉽게 글을 쓸 수 있다.					
15	한국어로 글을 잘 쓰기 위한 방법을 계속 시도해 본다.					
16	한국어로 글쓰기를 하다가 어려울 때 잘 해결할 수 있는 방법을 찾아낼 수 있다.					

　　위의 질문들은 <자기 효능감>을 측정하는 것입니다. 자기 효능감(自己效能感, self-efficacy)은 어떤 상황에서 적절한 행동을 할 수 있다는 판단이나 평가를 말합니다. 자기 효능감을 높이는 것은 중요합니다. 한국어 글쓰기를 하는 과정에서 발생하는 문제를 극복하고 글을 쓰는 것에 도전할 수 있다는 믿음, 확신, 태도를 지속할 수 있게 만들어 주기 때문입니다. 따라서 이러한 능력을 키우는 것이 중요할 것입니다.

◆ 위의 항목을 잘 읽고 솔직하게 자신의 마음을 잘 진단했습니까? 아래의 칸에 다시 항목을 나누어 정리해 봅시다.

내용	항목	점수	합계	문제점 파악
글쓰기 시작	1			
	5			
	9			
	13			
쓰기 활동	2			
	6			
	10			
	14			
쓰기 지속	3			
	7			
	11			
	15			
경험 극복	4			
	8			
	12			
	16			

위의 결과를 보고 자신의 글쓰기 상황을 정리해 봅시다.

내가 한국어로 글을 잘 쓰기 위해서는

① _____

② _____

③ _____

④ _____

⑤ _____

◆ 위에서 찾은 문제를 해결하기 위해서는

순위	문제점	해결 방법
예	예) 나는 글을 처음 시작할 때 막막하다는 생각을 한다.	예) 글을 시작할 때 문법이나 어휘가 틀려도 그냥 막 써 본다.
1		
2		
3		
4		

여러분은 자신의 글쓰기 상황을 점검하였습니다.

우리가 처음 수영을 배울 때 물을 무서워하지 않는 시간이 필요합니다. 물이 무섭지 않으면 물속에 들어갈 수 있고 물 안에서 자신의 동작 하나하나를 살펴 볼 수 있습니다. 글쓰기도 마찬가지입니다. 처음부터 글을 잘 쓰는 사람은 없습니다.

자, 여러분

글쓰기 수영장에 빠져 볼 생각이 드셨습니까?

함께 배워 봅시다!

제 **1** 부

보고서 준비 단계

01 보고서의 개념과 종류

1. 보고서의 개념을 이해할 수 있다.
2. 보고서의 종류와 특성을 이해할 수 있다.
3. 보고서 쓰기 단계를 계획할 수 있다.

교수: 중간고사 전까지 답사 보고서를 제출하세요.

학생: 답사 보고서는 또 뭐예요? 교수님! 안 내면 F예요?

보고서를 제출하라는 교수님을 말씀을 듣고 학생들은 고민을 합니다.

"보고서 쓰기 싫어요."

"우리는 유학생인데요. 토픽 쓰기도 어려운데 보고서까지 쓰라고요?"

"가르쳐 주지도 않고 보고서를 쓰라니 너무 하십니다."

"쓰기는 뭐든지 다 싫어요."

여러분은 보고서를 쓸 때 어떤 생각을 합니까?

1. 보고서 쓰기는 왜 어렵습니까?
2. 교수님은 왜 보고서를 쓰라고 합니까?
3. 보고서의 종류는 어떤 것들이 있습니까?
4. 어떻게 하면 보고서를 잘 쓸 수 있습니까?

나는 보고서 쓰기가

왜냐하면

내가 생각하는 보고서는

내가 이렇게 생각한 이유는

보고서에도 종류가 있다. 내가 알고 있는 보고서의 종류는

보고서를 쓰는 이유는

1.1 보고서를 쓰는 이유

◆ 아래의 글을 읽고 물음에 답하십시오.

> 대학교에 입학해서 피할 수 없는 과제는 보고서 쓰기다. 보고서를 통해서 학생들의 학습 능력을 평가한다는 것을 알 수 있다. 우리는 학교에 다니는 동안 계속 평가를 받는다. 평가는 교육 활동의 중요한 요소다. 학생들은 강의를 듣는 동안 다양한 평가를 통해 자신이 강의 목표에 어느 정도 도달했는지를 알 수 있다. 중간고사와 기말고사를 통해 충분히 자신의 능력을 평가받을 수 있지만 다양한 평가를 받으면 받을수록 수업을 통해 얻은 지식의 성과를 확인할 수 있다. 또한 학생들은 교육적 성장과 발전을 할 수 있고 교수는 다음 강의에서 이 강의를 듣게 될 학생들을 위한 교육과정을 수정하거나 보완할 수 있는 계획을 세울 수 있다.
>
> 보고서 쓰기를 통해 평가를 받는 것은 중간고사나 기말고사와는 달리 학생들의 여러 활동을 측정할 수 있다. 학생들은 보고서의 주제를 선정하고 스스로 자료를 찾으며, 자료를 정리하고 그것을 토대로 자신의 의견을 내놓는 종합적인 활동을 한다.
>
> 그렇다면 이러한 보고서 쓰기는 왜 중요한 것일까? 글쓰기는 자신의 능력을 표현하기 위한 가장 지적인 도구라고 할 수 있다. 이런 도구를 사용하지 않고서는 논리적이고 창의적인 자기 생각을 표현할 방법이 없다. 그래서 모든 학습에서 글쓰기를 사용하는 것이다. 대학 생활에서 자기표현의 60~70%가 글쓰기를 통해 이루어진다고 한다. 보고서, 중간고사, 기말고사, 논문 등 교육과정에서 글쓰기를 이용하는 것을 보면 알 수 있다. 대학 생활은 물론이고 사회생활이나 직장 생활을 하면서 다양한 문서나 보고서를 작성하게 된다. 즉, 보고서 쓰기는 다양하고 복잡한 사고를 정리하여 새로운 지식을 구성하는 데 큰 역할을 한다.

1. 보고서를 쓰는 이유를 학생의 입장과 교수의 입장으로 나누어서 쓰십시오.

학생들이 보고서를 쓰는 이유	교수님이 보고서 쓰기를 과제로 내는 이유

2. 윗글의 내용에 해당하는 것을 고르십시오. (   )

ㄱ 학생들은 평가를 피할 수 있으면 좋다고 생각한다.

ㄴ 평가는 교육 활동의 요소이지만 부정적인 영향을 준다.

ㄷ 평가의 방법이 다양할수록 학생들의 학업 성취에 긍정적인 영향을 줄 수 있다.

ㄹ 학생들의 능력을 평가하는 것은 중간고사와 기말고사를 통해 충분히 할 수 있다.

1.2 보고서의 개념

일반적으로 **리포트(report)를 보고서**라고 한다. 보고서는 일정한 형식을 갖춘 글로써 보고하거나 설명하거나 주장하기 위해 쓰는 글이다. 예를 들어 어떤 대상을 조사하거나, 일에 관련된 현장을 답사해서 쓸 수도 있고 사물이나 사태를 관찰하고, 실험하여 나타난 결과를 정리하여 쓸 수도 있다. 보통 인문사회 계열과 이공 계열은 서로 다른 보고서 개념을 사용한다. 보고서는 흔히 학생들의 수업 내용에 대한 이해를 확인하고 생각을 확장시킬 수 있도록 강의 내용을 요약하여 정리하거나 책을 읽고 감상문을 써서 제출하는 경우가 많다. 또 논술, 조사, 관찰 및 실험의 결과 등을 형식에 맞추어 정리하여 제출하는 것이 일반적이다. 따라서 보고서를 잘 쓰기 위해서는 보고서의 성격을 이해하는 것이 필요하다.

◆ 보고서의 개념에 대한 글을 읽고 다음 물음에 답을 하십시오.

1. 보고서란 무엇입니까?

----

2. 아래의 단어의 의미를 찾아 문장을 만들어 봅시다.

조사, 연구, 실험, 관찰, 답사, 형식, 확장, 실시, 현장

단어	문장 만들기
조사	
연구	
실험	
관찰	
답사	
형식	
확장	
실시	
현장	

1.3 보고서의 종류

◆ 소논문, 보고서, 시험 답안 등은 대학생들이 자주 접하는 학술적 텍스트 장르다. 아래는 유학생들에게 요구되는 학술적 작문인 보고서의 종류를 목적에 따라 분류한 것이다.

	종류	내용 및 방법	예
보고서	설명 보고서	특정한 주제나 대상에 대해 객관적이고 정확한 정보를 사용해서 체계적인 방법을 통해 제시해야 한다.	기후 변화와 자연재해와의 관계
	논증 보고서	증명해야 할 주제를 제시하여 문제를 해결하는 방법으로 보고서를 쓴다. 주제에 대한 객관적이고 타당한 근거를 제시해야 한다.	인구 감소에 따른 대학교 폐교에 대한 비판적 검토
	조사·분석 보고서	분석할 문제를 제시하고 문제에 대한 세부 분석 자료를 제시해야 한다. 증거의 객관성과 주제와의 연관성을 제시해야 한다.	유학생의 한국 생활 만족도 분석 연구
	감상 보고서	영화나 책을 읽고 나서 주관적인 감정이나 느낌을 자유롭게 쓸 수 있다.	'영화 부산행-좀비들의 세계'의 감상 보고서
	요약 보고서	내용을 정리하여 요약 형식에 맞게 써야 한다.	전공 교재 『마케팅의 세계』 1, 2, 3장 요약 보고서
	답사 보고서	답사가 완료된 후 주제, 일시, 장소, 관련 교과목, 체험 내용 등을 포함해서 써야 한다.	충주지역 관광지 답사 보고서
	실험 보고서	실험을 통해 얻게 된 새로운 정보와 지식, 실험 결과 등을 일정한 논리와 형식을 바탕으로 써야 한다.	유전자 변형 생쥐 실험 보고서

1. 아래의 보고서는 어떤 종류의 보고서입니까?

　① 우리 지역의 축제를 다녀와서 쓴 보고서　　　　　　　　　　- (　　　　　)

　② 저출산 사회와 1인 가구 증가에 대해 쓴 보고서　　　　　　- (　　　　　)

　③ 교양 교재 『언어란 무엇인가』를 읽고 쓴 보고서　　　　　- (　　　　　)

　④ 전기분해 및 도금 실험 결과를 쓴 보고서　　　　　　　　　- (　　　　　)

　⑤ 언어가 사라지는 이유를 쓴 보고서　　　　　　　　　　　　- (　　　　　)

1.4 좋은 보고서의 요건

요건	내용
독창성	글의 소재가 새롭고 남들과 달라야 하며 사물이나 사건을 바라보는 관점이 새로워야 한다. 다른 사람의 보고서를 그대로 사용하거나 조금만 바꾸어 쓰지 않는다. 특히 감상 보고서를 쓸 때 중요하다.
충실성	소재와 주제가 분명히 나타나야 한다는 의미다. 주제가 충분히 드러나지 않는 글은 좋은 글이 아니다. 모든 보고서를 쓸 때 필요한 사항이다.
체계성	보고서는 형식을 갖추어야 하고 그 형식에 맞게 글의 주제와 내용이 일치해야 한다. 모든 보고서를 쓸 때 중요한 요건이다.
정확성	다양한 참고 자료를 바탕으로 하되 사실을 근거해서 쓰는 것이 중요하다. 특히 실험 보고서나 답사 보고서를 쓸 때 정확성이 더욱 중요하다.

1. 좋은 보고서의 요건이면 O, 좋은 보고서의 요건이 될 수 없으면 X 하십시오.

　① 다른 시각으로 사회 문제를 바라보고 쓰는 보고서　　　　　　　　（　　　　）

　② 선배가 쓴 보고서를 조금 바꿔서 시작하는 보고서　　　　　　　　（　　　　）

　③ 보고서 주제와 관련된 다양한 책을 읽고 요약해서 쓰는 보고서　　（　　　　）

　④ 기존의 보고서와는 다르게 독특한 형식으로 쓰는 보고서　　　　　（　　　　）

2. 다음은 어떤 특성이 잘 나타난 보고서입니까?

　① 남들과 다른 시각으로 발견한 것을 소재로 쓴다.　　　　　　　　（　독창성　）

　② 다양한 참고 자료를 읽고 정확한 사실을 쓴다.　　　　　　　　　（　　　　）

　③ 서론, 본론, 결론 등의 구성으로 쓴다.　　　　　　　　　　　　（　　　　）

　④ 주제와 내용을 일치하게 쓴다.　　　　　　　　　　　　　　　　（　　　　）

　⑤ 충분한 근거로 글을 읽는 사람을 설득할 목적으로 쓴다.　　　　　（　　　　）

　⑥ 주제를 설명할 수 있는 근거가 적절하고 객관적이다.　　　　　　（　　　　）

1.5 보고서 작성의 단계

◆ 다음은 보고서의 작성 단계입니다. 빈칸을 채워 봅시다.

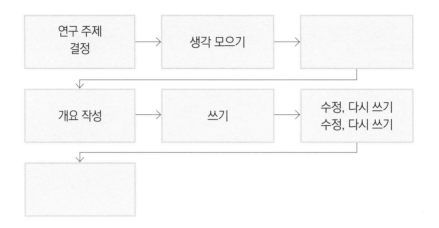

```
┌──────────┐     ┌──────────┐     ┌──────────┐
│ 연구 주제 │ ──→ │ 생각 모으기│ ──→ │          │
│   결정    │     │          │     │          │
└──────────┘     └──────────┘     └──────────┘
      │
      ↓
┌──────────┐     ┌──────────┐     ┌──────────────┐
│ 개요 작성 │ ──→ │   쓰기    │ ──→ │ 수정, 다시 쓰기 │
│          │     │          │     │ 수정, 다시 쓰기 │
└──────────┘     └──────────┘     └──────────────┘
      │
      ↓
┌──────────┐
│          │
│          │
└──────────┘
```

1. 보고서 주제의 결정

수업에서 연구 주제를 결정하는 상황은 보통 2가지가 있다.

1. 교수님이 내준 과제일 경우

　　→ 수강 과목에 대해 충분히 이해해야 한다.

　　→

　　→

　　→

2. 강의를 들으면서 스스로 주제를 정해야 할 경우

　　→ 내가 재미있게 생각한 주제로 써야 한다.

　　→

　　→

　　→

　　→

2. 생각 모으기

생각을 모으는 단계에서는 몇 가지 방법을 활용할 수 있다.

1. 마인드맵(mind map)

마음속에 지도를 그리듯이 글의 내용을 이해하여 정리하는 방법이다. 마인드맵은 의미 지도라고도 하며 글을 쓰기 전에 주제와 관련된 다양한 소재를 찾는 훌륭한 방법이다. 한 가지 주제에 대한 생각을 계속 이어 나가며 마치 지도를 그리듯 표시해 나간다. 그리고 그중에서 주제와 관련된 것들은 선택하고, 그렇지 않은 것들은 제외시켜 나갈 수 있다.

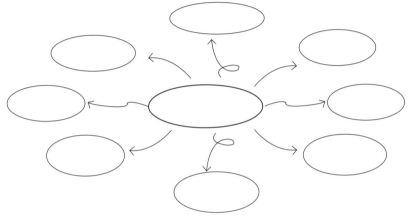

→ 환경 보호에 대한 주제를 생각하여 마인드맵을 작성해 봅시다.

2. 자유 쓰기

→ 글씨나 맞춤법 등에 얽매이지 않으면서 쓰고자 하는 것을 처음부터 끝까지 쭉 내려쓰는 것을 말한다. 처음부터 완벽한 글을 써야 한다는 생각은 바람직하지 않다. 자유쓰기는 부담을 가지지 않고 생각나는 대로 쓰면서 전체적인 글쓰기의 방향을 잡을 수 있다. 문법이나 맞춤법을 고려하지 않고 그냥 쓰면 된다.

> 예) 인구변하 있다 아기를 낳지 않는다 아기를낳을수 없다 이유 왜 교육 비싸다...
> 주제) 저출산의 문제
>
> _____
> _____
> _____
> _____
> _____

3. 클러스터링(Clustering)

→ 클러스터링은 자신의 생각을 적고 이들을 연결함으로써 주제를 찾으려는 작업이다. 혼자 하거나 친구들과 함께 할 수 있다. 클러스터링을 할 때 유의점은 나의 생각 또는 다른 누군가의 생각이 좋지 않다거나 쓸모없다고 판단해서 삭제하지 않는다는 것이다. 먼저 생각나는 것들이 있으면 적으면 된다.

주제> 지구 온난화의 문제
나의 생각>
_____
_____
_____

친구의 생각>
_____
_____

<나의 생각과 친구의 생각 분류하기>

3. 자료 검색, 자료 수집, 자료 정리

→ 도서관에서 어떻게 찾을까?

→ 인터넷에서 어떻게 찾을까?

→ 학술 정보 사이트에서 어떻게 찾을까?

1. 자료들을 많이, 다양하게 찾는다.

2. 찾은 자료를 정리한다.

  → 어떻게 정리할 수 있을까?

3. 정리할 때는 자료의 제목, 저자, 출처를 꼭 기록해야 한다.

4. 참고할 자료에서 내가 찾는 주제의 일부를 요약한다.

5. 찾은 자료를 빠르게 읽으면서 나의 생각도 적으면 좋다.

4. 개요작성

→ 개요를 작성할 때 생각해야 하는 것들은 무엇인가?

1. 서론: 연구 주제, 연구 목적, 연구 방법 등

2. 본론: 보고서의 주요 내용

3. 결론: 본문의 내용을 요약, 보고서를 쓰면서 생각한 나의 의견 제시 등

4. 서론, 본론, 결론의 체계성과 연결성을 고려해서 개요 작성

5. 쓰기

→ 초고 쓰기 (개요에 따라 글쓰기)

6. 수정, 다시 쓰기, 수정, 다시 쓰기......

→ 틀린 글자, 이상한 문장을 찾아서 고친다.

→ 형식을 갖추었는지 점검한다.

→

→

7. 발표하기

→ 발표 자료 만들기

→ 발표문 만들기

→ 발표할 때의 주의점 찾기

8. 제출하기

→ 제출하기 전 다시 보고서 점검하기

→ 교수님께 이메일 보내기

→ 직접 제출하기

→ 학교 글쓰기 시스템에 올리기

1. 여러분이 지금 배우고 있는 전공 과목 중에서 보고서를 써야 한다면 어떤 보고서를 써야 하는지 쓰기 계획을 세워봅시다.

전공 보고서	해당 과목:
보고서 유형	
보고서 주제	
보고서 형식	
보고서 분량	
제출 마감일	
보고서 계획하기	1.
	2.
	3.
	4.

전공 보고서	해당 과목:
보고서 유형	
보고서 주제	
보고서 형식	
보고서 분량	
제출 마감일	
보고서 계획하기	1.
	2.
	3.
	4.

2. 여러분이 지금 배우고 있는 교양 과목 중에서 보고서를 써야 한다면 어떤 보고서를 써야 하는지 쓰기 계획을 세워봅시다.

교양 보고서	해당 과목:
보고서 유형	
보고서 주제	
보고서 형식	
보고서 분량	
제출 마감일	
보고서 계획하기	1.
	2.
	3.
	4.

교양 보고서	해당 과목:
보고서 유형	
보고서 주제	
보고서 형식	
보고서 분량	
제출 마감일	
보고서 계획하기	1.
	2.
	3.
	4.

02 자료 읽고 요약하기 ①

1. 요약하기의 의미를 이해할 수 있다.
2. 요약하기 방법을 사용하여 글을 요약할 수 있다.
3. 보고서를 쓸 때 요약하기 방법을 활용할 수 있다.

여러분, 글을 읽고도 잘 이해가 되지 않거나 기억이 나지 않을 때가 있습니까? 글을 읽을 때에는 그 내용을 정리하는 과정이 필요합니다. 글을 읽고 정리할 때 모든 내용을 다 말합니까? 모든 내용을 말하게 되면 글의 중심 생각을 한눈에 알아보기가 힘들며 기억하기도 어려울 것입니다.

따라서 글을 읽고 정리할 때에는 모든 내용을 이야기하지 않고 줄이는 것이 필요합니다. 글의 내용을 줄일 때, 어떤 내용을 없애고 어떤 내용을 말해야 합니까? 중요하지 않은 부분은 없애고 중요하거나 핵심적인 내용을 말해야 합니다. 그래야 글 전체의 내용을 한눈에 알아볼 수 있습니다.

그럼, 이 장에서는 보고서 쓰기의 준비 단계인 요약하기를 배울 것입니다. 강의 시간에 다루는 자료나 글을 어떻게 정리하고 줄이는지를 배워서 완성도 높은 보고서를 쓰도록 해 봅시다.

1. 요약이라는 말을 들어본 적이 있습니까?
2. 글의 중심 내용은 어떻게 정리할 수 있습니까?
3. 뉴스를 듣거나 책을 읽고 그 내용을 다른 사람에게 전달한 경험이 있습니까?

2.1 요약의 의미

강의 시간에는 다양한 자료나 글을 읽고 그 내용을 이해해야 한다. 글을 읽을 때에는 그 목적에 따라 읽기의 방법이 달라진다. 전공에 관한 자료나 학문적인 자료 읽기는 보통 관련 지식을 얻기 위해서이며, 깊이 있고 정확한 이해가 필요하다. 더구나 전공에 관련된 글은 새롭고 복잡한 내용이 많아서 이해하기 어려울 수 있다. 이때 글의 중심 내용을 이해하고 기억하기 위한 연습이 필요하다.

다음은 요약하기와 중심 내용에 대한 설명이다.

◆ **요약하기란?**

요약하기는 글 전체의 구성과 내용을 이해하고 이를 종합하여, 중심 내용으로 줄여서 정리하는 것을 말한다. 따라서 요약을 잘하기 위해서는 **중요한 내용과 중요하지 않은 내용을 구별할 수 있는 능력**이 필요하다.

◆ **중심 내용이란?**

중심 내용(Main contents)은 중요한 내용으로 중심 생각(Main idea)이라고도 한다. 중심 내용은 **화제(topic, 話題)에 대해 이야기되는 것**을 말한다.

◆ **중심 내용의 요건**

① 중심 내용은 **문장으로 표현**해야 한다. 보통 화제는 단어로 표현하지만 중심 내용은 단어나 구가 아닌 문장으로 표현한다.

② 중심 내용은 **간결**해야 한다. 모호한 말이나 불필요한 수식어를 피하고 적절한 단어를 사용하여 간단한 문장으로 표현해야 한다.

③ 중심 내용은 **전체 글의 내용을 포괄**해야 한다. 전체 글의 내용을 짐작할 수 있도록 주제 문장을 보충하는 세부 내용도 중심 내용에 포함되어야 한다.

④ 중심 내용은 **구체적**이어야 한다. 중심 내용이 일반적이거나 중심 내용에서 다루는 범위가 너무 넓어서는 안 된다.

1. 아래의 글은 한국의 옛날이야기 '우렁각시'입니다. 잘 읽어 봅시다.

옛날에 한 가난한 총각이 살고 있었다. 총각은 매일 농사를 지으면서 열심히 일했다. 하루는 총각이 논에서 일을 하면서 혼잣말을 했다. "이 농사를 지어서 누구랑 먹고 살지?" 그러자 "나랑 먹고 살지"라는 말이 들렸다. 총각은 깜짝 놀라 고개를 돌려 주위를 살폈으나 아무도 없었다. 총각은 잘못 들었다고 생각했다. 총각은 다시 한 번 혼잣말을 했다. "이 농사를 지어서 누구랑 먹고 살지?" 그러자 다시 "나랑 먹고 살지"라는 말이 들렸다. 총각이 다시 두리번거리자 사람은 보이지 않고 커다란 우렁이가 보였다. 총각은 커다란 우렁이가 신기하여 가져와 물 항아리에 넣었다.

다음날 총각이 일어나 보니 아침밥이 차려져 있었다. 총각은 신기해하면서도 맛있게 아침을 먹었다. 그리고 점심, 저녁에도 밥이 차려져 있었다. 누가 밥을 만들어 주는지 궁금해진 총각은 숨어서 지켜보기로 했다. 얼마 지나지 않아 물 항아리 속에 넣어둔 우렁이가 아름다운 여인으로 변했다. 그리고 밥을 짓기 시작했다. 총각은 깜짝 놀랐지만 아름다운 우렁각시에게 반해 자신과 같이 살자고 붙잡았다. 우렁각시는 총각에게 자신이 용왕의 딸이라고 하면서, 죄를 짓고 벌을 받아 우렁이로 변했다고 말했다. 우렁각시는 총각에게 아직은 때가 되지 않았으니 석 달만 참고 기다려 달라고 말했다. 그러나 총각은 참을성 없이 같이 살자고 졸랐다. 우렁각시는 총각의 애원에 할 수 없이 같이 살게 되었다.

총각은 아름다운 우렁각시를 누가 데려갈까 염려하여 집안에 두고 밖으로 내보내지 않았다. 총각은 어머니에게도 우렁각시를 집 밖으로 내보내지 말 것을 부탁한 후에 일을 나갈 수 있었다. 그러던 어느 날 총각 어머니는 남몰래 누룽지가 먹고 싶었다. 그래서 우렁각시에게 논에서 일하는 아들을 위해 점심을 가져다주라고 심부름을 시켰다. 우렁각시는 논으로 가는 길에 원님의 행차를 만났다. 우렁각시는 재빨리 풀숲에 숨었다. 원님은 우렁각시가 숨은 풀숲에서 반짝반짝 빛이 나는 것을 보게 되었다. 원님은 신하에게 가서 무엇이 있는지 보고 오게 하였다. 신하가 가보자 우렁각시가 숨어 있었다. 우렁각시는 신하에게 은반지를 빼주며 못 본 척해 달라고 하였다. 신하는 원님에게 은반지가 풀숲에 있어서 반짝였다고 말했다. 그러나 원님은 여전히 풀숲이 반짝인다고 말하며 다시 가서 확인해 보라고 했다. 결국 우렁각시는 원님에게 발견되고 원님은 아름다운 우렁각시를 데리고 가버렸다. 총각이 원님을 찾아가서 애원했으나 소용없었다. 총각은 며칠을 울다가 죽게 되었다. 죽은 총각은 새가 되어 원님의 아내가 된 우렁각시를 찾아가서 울었다. 우렁각시는 새가 된 총각을 알아보고 슬퍼했다.

* 총각, 두리번거리다, 용왕, 애원하다, 염려하다, 누룽지, 원님, 행차

☞ 위 글은 '서사' 즉 '이야기'라고 하는데 서사는 시간의 흐름에 따라 사건을 서술하는 것을 말한다. 서사는 이야기의 원인과 결과가 연결되도록 그 과정을 서술한다. 따라서 보통 등장인물, 시간 및 공간적 배경, 동기, 행동, 방해자, 결말 등의 요소가 제시된다. 이러한 요소들을 중심으로 간략히 쓰면 서사의 중심 내용이라고 할 수 있지만 중요한 것은 전체 내용을 포괄해야 한다는 것이다.

◆ 앞의 글을 읽고 3명의 학생이 요약문을 만들었습니다. 다음의 요약문 중 중심 내용이 잘 나타난 것을 선택해 봅시다. 잘못된 요약문인 경우 왜 그런지 이유를 써 봅시다.

<A학생의 요약문>
　옛날에 가난한 총각이 살고 있었는데, 우렁각시가 나타나 같이 살게 되었다. 그러나 우렁각시를 원님에 게 빼앗기게 되었고 총각은 슬퍼서 죽게 되었다.

_____

_____

_____

_____

<B학생의 요약문>
　옛날에 가난하고 외로운 총각이 살고 있었다. 총각은 혼잣말로 이야기했다. 그러자 우렁이가 대답을 했 다. 신기한 총각은 우렁이를 가져왔다. 총각은 우렁각시와 살게 되어서 매우 기뻤다. 어느 날 우렁각시에 게 한눈에 반한 원님은 우렁각시를 자신의 아내로 삼아버렸다.

_____

_____

_____

_____

<C학생의 요약문>
　옛날에 가난하지만 부지런한 총각이 살고 있었다. 총각은 논에서 일을 하다가 우연히 우렁이를 발견하 고 집에 가져왔다. 우렁이는 몰래 사람으로 변해 총각의 밥을 차려 주었는데, 총각이 숨어서 지켜보다가 아름답게 변한 우렁각시를 발견하게 되었다. 총각은 우렁각시에게 반해 같이 살자고 하였지만 우렁각시 는 자신이 용왕의 딸로 벌을 받아 우렁이가 되었으니 석 달만 기다려 달라고 하였다. 그러나 총각은 기다 리지 않았고 둘은 같이 살게 되었다. 어느 날 누룽지가 먹고 싶은 총각 어머니는 우렁각시에게 아들의 점 심을 가져다주라고 시켰다. 그런데 밖으로 나간 우렁각시를 원님이 발견하고 데려갔다. 우렁각시를 뺏긴 총각은 울다가 죽어 새가 되었고 우렁각시도 이를 슬퍼했다.

_____

_____

_____

_____

◆ 잘된 요약문과 잘못된 요약문을 확인해 봅시다.

<A학생의 요약문>

잘못된 요약문: 지나치게 단순하며 구체성이 부족하다.

이유 ☞

① 중심 내용은 전체 내용이 들어가야 한다. A학생의 요약문에는 우렁각시와 총각의 만남과 이별의 과정에 대한 설명이 나타나지 않는다.

② 우렁각시와 총각이 함께 살 수 있는 상황을 방해하는 총각 어머니에 대한 서술이 없다.

<B학생의 요약문>

옛날에 가난하고 외로운 총각이 살고 있었다. <u>총각은 혼잣말로 이야기했다. 그러자 우렁이가 대답을 했다.</u> 신기한 총각은 우렁이를 가져왔다. 총각은 우렁각시와 살게 되어서 매우 기뻤다. 어느 날 우렁각시에게 한눈에 반한 원님은 우렁각시를 자신의 아내로 만들어 버렸다.

잘못된 요약문: 중요하지 않은 내용이 포함되고 중요한 내용이 빠졌다.

이유 ☞

① 총각이 혼잣말로 이야기 하거나 우렁이가 대답을 했다는 부분(밑줄 부분)은 사소한 부분에 해당한다. 중요하지 않거나 사소한 부분을 빼고 간결하게 표현하는 것이 좋다.

② 중심 내용은 서사(이야기)의 전체 내용을 포괄해야 한다. B학생의 요약문에는 우렁각시와 총각의 만남과 이별의 과정에 대한 설명이 나타나지 않는다.

③ 우렁각시와 총각이 함께 살 수 있는 상황을 방해하는 총각 어머니에 대한 서술이 없다.

<C학생의 요약문>
잘된 요약문

잘된 요약문: 간결하고 구체적이며, 중요한 내용이 빠지지 않고 포함되었다.

이유 ☞

① 중심 내용은 서사(이야기)의 전체 내용을 포괄해야 한다. C학생의 요약문에는 우렁각시와 총각의 만남과 이별의 과정에 대한 설명이 나타난다.

② 우렁각시, 총각, 총각의 어머니, 원님 등 사건의 핵심 인물이 빠짐없이 등장한다. 특히 우렁각시와 총각이 함께 살 수 있는 상황을 방해하는 총각 어머니와 원님의 행동이 설명된다.

2.2 요약하기 방법

글을 읽고 요약하는 방법에는 크게 4가지가 있다.

삭제하기	중요하지 않거나 반복되는 내용 삭제하기
선택하기	중심 내용이 분명하게 나타나는 문장 선택하기
일반화하기	세부(하위) 단어 목록(list)을 포괄하는 상위 단어(개념)로 바꾸기
재구성하기	중심 문장이 분명하지 않은 경우, 화제(topic)를 찾고 '그 화제에 관해서 무엇을 말하는지'를 종합하여 중심 내용으로 재구성하기

1) 삭제하기

중심 내용은 간결하고 한눈에 알아보기 쉽게 만들어야 한다. 따라서 중요하지 않거나 중요하더라도 반복되는 내용은 지운다. 앞에서 설명한 것을 다시 설명하거나 예를 드는 문장도 삭제한다.

예시1: 반복되는 내용 삭제하기

> 아침을 먹으면 에너지가 뇌에 공급된다. 아침을 먹으면 에너지가 뇌에 공급되어 두뇌 활동이 활발해진다. 두뇌 활동이 활발해지면 오전에도 일이나 공부에 집중할 수 있다. 아침을 먹으면 두뇌 활동이 활발해져 오전에도 일이나 공부에 집중할 수 있다.

~~아침을 먹으면 에너지가 뇌에 공급된다.~~
~~아침을 먹으면 에너지가 뇌에 공급되어 두뇌 활동이 활발해진다.~~
~~두뇌 활동이 활발해지면 오전에도 일이나 공부에 집중할 수 있다.~~
→ 아침을 먹으면 두뇌 활동이 활발해져 오전에도 일이나 공부에 집중할 수 있다.

예시2: 중요하지 않거나 사소한 내용 삭제하기

> 서울에 있는 A백화점은 3월 10일부터 3월 20일까지 봄맞이 정기 세일을 진행하고 있습니다. 이 행사는 매년 봄마다 진행되었습니다. 최대 70%까지 할인되고 있으며, 일부 품목은 할인되지 않습니다. 행사 기간에 방문한 고객들을 대상으로 추첨을 통해 경품을 주기도 합니다.

~~이 행사는 매년 봄마다 진행되었습니다.~~
~~최대 70%까지 할인되고 있으며, 일부 품목은 할인되지 않습니다.~~
~~행사 기간에 방문한 고객들을 대상으로 추첨을 통해 경품을 주기도 합니다.~~
→ 서울의 A백화점은 3월 10일부터 3월 20일까지 봄맞이 정기 세일을 진행하고 있습니다.

◆ **아래의 글을 읽고 질문에 답해 봅시다.**

> ㉠요즘에는 아침을 거르고 출근을 하는 사람들이 많다. ㉡직장인들은 잦은 야근과 스트레스로 야식을 먹기도 한다. ㉢야식을 즐기는 사람들을 위해 밤늦게까지 일하는 배달업체도 증가하고 있다. ㉣또한 퇴근 후 회식을 하거나 과식을 하기도 한다. ㉤그러나 끼니를 거르거나 밤늦게 먹으면 위와 장에 부담이 된다. ㉥잘못된 식습관으로 현대인의 위와 장의 건강이 나빠지고 있다. ㉦위와 장은 우리 몸에서 소화 기능을 담당한다.

1. 위 글에서 '현대인의 잘못된 식습관'에 대해 예를 들어 설명하는 문장이 반복됩니다. 찾아서 삭제해 봅시다.

2. 위 글에서 중요하지 않거나 사소한 내용의 문장을 삭제해 봅시다.

3. 위 글에서 중심 문장은 무엇입니까?

◆ **아래의 글을 읽고 질문에 답해 봅시다.**

> ㉠작가 한강의 소설 『채식주의자』가 2016년 맨부커상 인터내셔널 부분에서 수상작이 되었다. ㉡맨부커상은 노벨 문학상, 프랑스 콩쿠르상과 함께 세계 3대 문학상 중 하나이다. ㉢전문가들은 『채식주의자』의 번역이 잘 되어, 상을 받게 되는 데 큰 역할을 했다고 한다. ㉣『채식주의자』가 세계적으로 권위 있는 상을 받게 되면서, 한강의 다른 작품에 대한 관심이 높아지고 있다. ㉤한류 열풍에도 불구하고 그동안 한국 문학 작품은 세계적으로 거의 알려지지 않았다.
>
> * 번역, 역할

4. 위 글에서 중요하지 않거나 사소한 내용의 문장을 삭제해 봅시다.

5. 위 글에서 중심 문장은 무엇입니까?

◆ 아래의 글을 읽고 질문에 답해 봅시다.

> ㉠처음에 지역 주민들은 태양광 발전소가 세워지는 것에 반대하였는데, 발전소가 환경을 훼손할 것이라고 생각하였기 때문이다. ㉡지자체에서는 사업자와 지역 주민들의 의견을 중재하기 위해 노력하였다. ㉢지자체는 사업자와 지역 주민 사이에서 서로의 입장을 설명하고 양측이 합의할 수 있도록 도왔다. ㉣결국 지자체, 지역 주민, 사업자가 협력하여 태양광 발전소가 세워지게 되었다.
>
> *태양광 발전소, 훼손하다, 지자체, 중재하다

6. 위 글에서 반복되는 문장을 삭제해 봅시다.

7. 위 글에서 중요하지 않거나 사소한 내용의 문장을 삭제해 봅시다.

8. 위 글에서 중심 문장은 무엇입니까?

◆ 아래의 글을 읽고 질문에 답해 봅시다.

> ㉠한국은 국토가 작고 천연 자원이 부족하여 외국에서 원자재 등을 수입해 왔다. ㉡한국은 다른 나라에서 부족한 원자재를 수입해 왔지만, 반도체, 전자 제품 등을 세계에 수출해 왔다. ㉢한국의 반도체, 전자 제품 등은 우수한 제품으로 수출 경쟁력을 인정받았다. ㉣수출량이 늘어남에 따라서 한국의 경제 규모는 세계적인 수준이 되었으며, 몇몇 한국 회사들은 글로벌 기업으로 성장하게 되었다. ㉤한국은 국토가 작고 천연 자원이 부족한 나라지만 무역을 통해 경제 발전을 이룰 수 있었다.

9. 위 글에서 반복되는 문장을 삭제해 봅시다.

10. 위 글에서 중심 문장은 무엇입니까?

2) 선택하기

중심 내용이 분명하게 나타난 문장을 선택한다. 한 단락에서 중심 문장의 위치는 다음 3가지로 나눌 수 있다.

① 문단 처음(두괄식)	중심 문장이 문단의 처음에 위치
② 문단 마지막(미괄식)	중심 문장이 문단의 마지막에 위치
③ 문단 가운데(중괄식)	중심 문장이 문단의 가운데에 위치

다음으로 중심 문장을 찾았다면 나머지 세부 문장을 살펴본다. 그리고 세부 문장들이 중심 문장을 뒷받침하고 있는지 확인한다. 중심 문장을 뒷받침하는 세부 문장들은 중심 문장에 대해서 구체적으로 예를 들거나 덧붙여 설명하는 문장, 이유(근거)를 제시하는 문장 등이 있다. 선택한 중심 문장을 나머지 세부 문장들이 뒷받침하고 있으면 중심 문장임이 분명해진다.

> ㉠한국에는 산이 많으며, 많은 한국인들이 등산을 즐겨한다. ㉡한국의 산은 계절마다 풍경이 달라지며 아름답다. ㉢봄에는 진달래, 개나리, 철쭉 등 여러 가지 꽃이 핀다. ㉣여름에는 나무들의 잎이 풍성해진다. ㉤가을에는 울긋불긋 단풍으로 뒤덮인다. ㉥겨울에는 하얀 눈이 쌓인 고독한 산을 볼 수 있다.

☞ 위 글의 중심 내용은 문장 ㉡에 나타난다. 중심 문장이 문단 가운데에 있다. 문장 ㉢-㉥은 각각 봄, 여름, 가을, 겨울에 볼 수 있는 사계절 한국 산의 모습을 구체적으로 설명한다. 문장 ㉢-㉥은 문장 ㉡의 내용을 뒷받침한다. 문장 ㉠은 한국의 산이라는 화제를 꺼내는 문장이다. 따라서 중심 문장은 문장 ㉡이며 문장 ㉢-㉥은 중심 문장을 보충하는 세부 문장으로 볼 수 있다.

◆ 아래의 글을 읽고 질문에 답해 봅시다.

> ㉠유명 커피 전문점들에서 제작한 다이어리가 인기를 끌고 있다. ㉡해당 커피 전문점의 프랜차이즈 매장에서는 크리스마스 이벤트 등을 기획해서 손님들에게 선물로 다이어리를 제공한다. ㉢또한 원하는 사람들은 개별적으로 다이어리를 구매할 수도 있다. ㉣이들 다이어리는 색상, 디자인이 다양하며 귀여운 캐릭터 상품도 있어 구매자들의 만족도가 높다고 한다.
>
> * 프랜차이즈, 기획하다, 개별적

1. 위 글에서 중심 문장을 찾아봅시다. 문단의 처음, 마지막, 가운데 중 어디에 위치하고 있습니까?

2. 중심 문장을 뒷받침하는 세부 문장들을 찾아봅시다.

3. 세부 문장들은 중심 문장을 어떻게 뒷받침하고 있습니까?
   - ㉮ 중심 문장의 내용을 자세히 설명한다.
   - ㉯ 중심 문장의 내용에 대해 구체적으로 예를 든다.
   - ㉰ 중심 문장의 주장에 대한 이유나 근거를 제시한다.

◆ 아래의 글을 읽고 질문에 답해 봅시다.

> ㉠한국 속담에 '천 리 길도 한 걸음부터'라는 말이 있다. ㉡아무리 힘들고 어려워 보이는 일이라도 처음 시작이 중요하다는 뜻이다. ㉢이 속담은 누구에게나 교훈을 주지만, 특히 젊은 청년들이 명심해야 할 말이다. ㉣빌 게이츠도 19살의 나이에 정보 기술이라는 새로운 영역에 도전하여 세계적으로 유명한 IT 기업을 만드는 데 성공하였다. ㉤청년들은 어려워 보이는 일이라도 겁먹지 말고 목표를 세우고 도전하는 정신이 필요하다.
>
> * 정보 기술, 겁먹다, 명심하다

4. 위 글에서 중심 문장을 찾아봅시다. 문단의 처음, 마지막, 가운데 중 어디에 위치하고 있습니까?

5. 중심 문장을 뒷받침하는 세부 문장들을 찾아봅시다.

6. 세부 문장들은 중심 문장을 어떻게 뒷받침하고 있습니까?

   ㉮ 중심 문장의 내용을 자세히 설명한다.
   ㉯ 중심 문장의 내용에 대해 구체적으로 예를 든다.
   ㉰ 중심 문장의 주장에 대한 이유나 근거를 제시한다.

◆ **아래의 글을 읽고 질문에 답해 봅시다.**

> ㉠웹툰(webtoon)과 웹소설(web小說)은 스마트 폰의 대중화와 함께 가볍게 읽을거리를 원하는 현대인의 취향을 반영한 것이다. ㉡웹툰과 웹소설은 인터넷을 통해 연재되는 만화와 소설을 말한다. ㉢특히 스마트 폰과 같은 모바일(mobile) 기기를 통해 웹툰과 웹소설을 즐기는 이들이 많아지고 있다. ㉣인기 웹소설이나 웹툰은 영화로도 만들어진다. ㉤웹툰과 웹소설의 인기는 스마트 폰의 대중화와 깊은 관계가 있다. ㉥사람들이 스마트 폰을 사용하면서 주제가 무겁지 않은 짧은 길이의 읽을거리를 원하기 때문이다. ㉦웹툰과 웹소설은 주로 로맨스(romance)와 판타지(fantasy)같은 가벼운 주제로 매회 짧은 길이로 연재된다.
>
> *취향, 연재되다, 모바일 기기, 로맨스, 판타지

7. 위 글에서 중심 문장을 찾아봅시다. 문단 처음, 마지막, 가운데 중 어디에 위치하고 있습니까?

8. 중심 문장을 뒷받침하는 세부 문장들을 찾아봅시다.

9. 세부 문장들은 중심 문장을 어떻게 뒷받침하고 있습니까?

   ㉮ 중심 문장의 내용을 자세히 설명한다.
   ㉯ 중심 문장의 내용에 대해 구체적으로 예를 든다.
   ㉰ 중심 문장의 주장에 대한 이유나 근거를 제시한다.

◆ **아래의 글을 읽고 질문에 답해 봅시다.**

> ⊙프랑스의 나폴레옹은 전쟁 중에도 말을 타고 책을 읽을 만큼 독서를 즐겼다고 한다. ⓒ다양한 독서를 통해 축적한 나폴레옹의 학식과 교양은 유명한 문학가인 괴테와 음악가인 베토벤을 감동시켰을 정도였다. ⓒ 발명왕으로 불리는 에디슨은 초등학교도 채 졸업하지 못했지만, 2만 권이 넘는 책을 통해 지식을 습득했다고 한다. @역사적으로 이름을 남긴 위대한 사람들은 독서를 통해 다양한 경험과 지식을 축적하여 세상을 변화시킬 지혜와 힘을 얻었다. ⑩한국에서도 독서로 유명한 역사적 인물이 있는데, 바로 세종대왕이다. ⑭세종대왕 역시 독서를 통해 지식을 습득하였으며 백성들이 쉽게 배울 수 있는 과학적인 한글을 만들게 되었다.
>
> *축적하다, 학식을 갖추다

10. 위 글에서 중심 문장을 찾아봅시다. 문단 처음, 마지막, 가운데 중 어디에 위치하고 있습니까?

11. 중심 문장을 뒷받침하는 세부 문장들을 찾아봅시다.

12. 세부 문장들은 중심 문장을 어떻게 뒷받침하고 있습니까?
    ㉮ 중심 문장의 내용을 자세히 설명한다.
    ㉯ 중심 문장의 내용에 대해 구체적으로 예를 든다.
    ㉰ 중심 문장의 주장에 대한 이유나 근거를 제시한다.

02 자료 읽고 요약하기 ②

2.2 요약하기 방법

강의 시간에는 다양한 자료나 글을 읽고 그 내용을 이해해야 한다. 글을 읽을 때에는 그 목적에 따라 읽기의 방법이 달라진다. 전공에 관한 자료나 학문적인 자료 읽기는 보통 관련 지식을 얻기 위해서이며, 깊이 있고 정확한 이해가 필요하다. 더구나 전공에 관련된 글은 새롭고 복잡한 내용이 많아서 이해하기 어려울 수 있다. 이때 글의 중심 내용을 이해하고 기억하기 위한 연습이 필요하다.

3) 일반화하기

세부(하위) 단어들을 포괄하는 상위 단어 또는 개념을 생각하여 중심 내용을 정리한다. 일반화하기는 여러 가지 단어들을 묶어서 하나의 단어로 표현할 수 있다.

아래는 여러 가지 하위 단어들을 묶어서 하나의 상위 단어로 표현한 예시이다.

상위 단어	한국 음식	아시아 국가	필기도구	대학 학부
하위 단어	김치 불고기 잡채 갈비 ……	한국 중국 일본 베트남 ……	연필 볼펜 지우개 종이 ……	경제학부 컴퓨터공학부 미술학부 교육학부 ……

연습하기

1. 아래 표의 빈칸을 채워 봅시다.

상위 단어	( )	( )	( )	( )
하위 단어	소 돼지 개 닭	추석 설날 단오 정월 대보름	벼 밀 콩 보리	비타민 무기질 단백질 탄수화물

2. 아래 표의 빈칸을 채워 봅시다.

상위 단어	교통수단	유럽	대중 매체	산업
하위 단어	( )	프랑스	인터넷	농업
	( )	( )	( )	( )
	( )	( )	( )	( )
	( )	( )	( )	( )

3. 아래의 글을 읽고 질문에 답해 봅시다.

　얼마 전 컴퓨터가 세계 최고의 바둑 기사를 이겨서 충격을 준 적이 있다. 이제 우리는 인간의 학습, 사고, 언어 능력 등을 컴퓨터가 대신할 수 있는 시대에 살고 있다.

　병원과 같은 의료 기관에서는 로봇을 이용해서 수술하기도 하며, 컴퓨터는 환자와 병의 각종 데이터를 분석하여 병을 발견하거나 진단하고 치료한다. 자율 주행 자동차나 버스는 운전자의 목적지로 자동 운행한다. 구글(google) 등과 같은 인터넷 검색 시스템에서는 인간의 언어를 듣고 이해하는 음성인식 정보검색 서비스를 제공하고 있다.

　컴퓨터가 인간의 두뇌 활동을 모방할 수 있는 이러한 기술은 앞으로 다양한 방면으로 확산될 예정이다. 그러나 이러한 컴퓨터 기술이 무기 개발로 악용될 가능성이 있으며, 많은 일자리를 대체하여 인간의 생계를 위협할 것이라는 반대 입장도 있다.

*바둑, 지능, 자율 주행 자동차, 음성인식, 모방하다, 우려, 대체하다, 위협하다

1) 위 글의 밑줄 친 개념이나 사례를 포괄하는 상위 단어는 무엇이 있습니까?

상위 단어	( )
하위 단어 (하위 개념)	−인간의 지능을 갖춘 컴퓨터 기술 −수술하는 로봇 −병을 진단하는 컴퓨터 −자율 주행 자동차 −인간의 언어를 이해하는 음성인식 정보검색 서비스 −인간의 두뇌 활동을 모방하는 컴퓨터 기술

2) 상위 단어를 이용하여 위 글의 중심 내용을 만들어 봅시다.

4. 아래의 글을 읽고 질문에 답해 봅시다.

> (가) 석탄, 석유, 천연가스와 같은 화석 연료가 점점 사라지고 있지만 여전히 화석 연료 사용에 대한 환경 오염의 문제가 지적되고 있다. 이에 대한 해결책으로 신재생 에너지에 대한 관심이 높아지고 있다.
>
> (나) 신재생 에너지란 화석 연료를 재활용하거나 햇빛, 지열, 물 등 재생이 가능한 에너지를 변환시켜 이용하는 에너지를 말한다. 현재 활발하게 논의되고 있는 신재생 에너지에는 풍력 에너지, 바이오 에너지, 조류 에너지, 태양열 에너지, 지열 에너지 등이 있다.
>
> (다) 신재생 에너지의 특징은 화석 연료와 달리 고갈되지 않으며, 이산화탄소의 배출이 적어서 환경오염을 줄일 수 있다. 다만 신재생 에너지는 발전소 설치의 초기 비용이 많이 들고 주변의 자연 환경, 날씨 등에 영향을 많이 받는 편이다. 이러한 한계들은 에너지 저장장치(ESS) 등의 기술 개발로 극복해 가고 있다.
>
> (라) 전 세계적으로 신재생 에너지의 비중이 점점 커지고 있으며, 국제에너지기구(IEA)는 지역마다 발전소를 세울 수 있기 때문에 신재생 에너지 사용의 확대가 필요하다고 하였다. 유럽에서는 일찍부터 신재생 에너지에 관심을 가지고 있다. 노르웨이의 신재생 에너지 비중은 90%가 넘으며, 스웨덴도 50%가 넘는다. 독일, 영국, 덴마크 등에서도 지역 사회와 협력하여 신재생 에너지의 발전소 설치를 점점 늘이고 있다. 최근 한국에서도 신재생 에너지에 관심을 갖고 태양력 발전소 등의 설치를 위해 노력하고 있다.
>
> * 재활용, 재생이 가능하다, 고갈되다, 이산화탄소, 배출, 한계, 유도하다,
>   국제에너지기구(IEA), 비중

1) 신재생 에너지란 무엇을 말합니까?

2) 위 글에서 상위어와 하위어를 찾아서 빈칸을 채워 봅시다.

상위 단어	화석 연료	( )	( )
하위 단어	석탄 ( ) ( )	태양열 에너지 ( ) ( ) ( ) ( )	노르웨이 ( ) ( ) ( ) ( )

3) 그 밖에 신재생 에너지에는 무엇이 있습니까? 찾아봅시다.

4) (나), (다), (라)단락의 제목을 붙여 봅시다.

단락	제목
(나)단락	
(다)단락	
(라)단락	

5) (나), (다), (라)단락의 중심 내용을 적어 봅시다.

단락	중심 내용
(나)단락	
(다)단락	
(라)단락	

4) 재구성하기

중심 문장이 분명하지 않은 경우, 주요 내용을 바탕으로 스스로 중심 문장을 만든다. 다양한 글을 읽다 보면 중심 문장이 분명히 나타나는 글도 있지만 중심 문장이 명시적으로 나타나지 않는 글도 많이 있다.

> 최근 K-POP 가수들이 해외에서 인기가 많다. ㉠K-POP의 인기는 여러 가지 면에서 긍정적인 파급효과를 가져왔다. ㉡한국 가수 싸이(Psy)의 '강남스타일'은 인터넷 매체를 통해 전 세계적으로 인기를 끌었다. ㉢경제 전문가들은 이러한 싸이의 인기가 한국 상품의 브랜드 가치를 높였다고 말한다. ㉣또한 K-POP에 대한 관심은 한글 배우기 열풍으로 이어지고 있다고 한다. ㉤결과적으로 해외에서 한국 상품과 한국문화에 대한 관심도 높아지게 되었다
>
> *파급효과, 브랜드, 열풍

☞ 위 글의 중심 문장은 다음과 같다.

K-POP의 인기는 한국 상품과 한국 문화에 대한 관심으로 이어지고 있다.

위 글의 화제는 'K-POP'이다. ㉠문장은 이 글에서 중요한 내용이지만, '긍정적인 파급효과'가 무엇인지 구체적으로 나타나지 않아서 중심 문장으로 적절하지 않다. ㉤문장은 '긍정적인 파급효과'가 무엇인지 구체적으로 말해주는 보충 문장이다. 따라서 두 문장의 내용을 합하여 한 문장으로 만들면 이 글의 중심 내용이 분명하게 드러난다.

연습하기

1. 아래의 글을 읽고 질문에 답해 봅시다.

> ㉠한복은 한국의 전통 의상으로, 그 모양과 길이는 시대마다 달랐다. ㉡고려 시대에 처음 저고리의 고름이 생겼다. ㉢1880년대에는 한복에 조끼가 나타났다. ㉣저고리의 길이가 짧을 때는 치마가 길어졌고, 저고리의 길이가 길 때는 치마가 짧아졌다. ㉤서양 의복이 유입된 이후로 일상생활에서 한복은 점점 활동하기 편한 양복으로 대체되었다. ㉥현대 한국인들은 명절, 결혼식 등 특별한 날에 한복을 입는다.

1) 위 글의 화제는 무엇입니까?

2) 위 글은 화제에 대해 무엇을 말하고 있습니까? 화제에 대한 세부 정보를 찾아봅시다.

3) 다음 단어들을 활용하여 위 글의 중심 문장을 만들어 봅시다.

> 한복, 전통 의상, 모양과 길이, 시대마다, 서양 의복, 유입, 현대, 특별한 날, 입다

_____

_____

2. 아래의 글을 읽고 질문에 답해 봅시다.

(가) 사람들은 재화와 서비스를 만들며 나누고 쓰면서 살아간다. 이를 경제 활동이라고 한다. 그러나 사람들의 욕구는 많은 반면 재화와 서비스를 만드는 자원의 양은 부족하다. ㉠따라서 사람들은 어떤 재화와 서비스를 소비할지 선택하게 된다.

(나) 사람들은 매일 경제 활동을 하면서 수많은 선택을 한다. 가장 큰 만족을 얻을 수 있도록 합리적으로 선택하는 것이 필요하다. 하나를 선택하면 다른 것을 포기해야 한다. 이때 포기한 것의 가치를 기회비용이라고 한다. ㉡경제적으로 합리적인 선택이란 기회비용을 가장 적게 할 수 있는 것을 말한다.

(다) ㉢합리적인 소비를 위해서는 기회비용을 높이는 충동구매를 조심해야 한다. 백화점에 갔다가 물건이 싸다고 해서 충동적으로 사지 않도록 해야 한다. 충동적으로 사다가는 돈이 부족해서 꼭 필요한 물건을 사지 못하는 경우가 생긴다. 필요한 물건을 사지 못할 때 포기한 것의 가치 즉 기회비용은 높아지게 된다.

* 재화, 서비스, 합리적, 충동구매

위에서 밑줄 친 ㉠-㉢문장들은 각각 (가)-(다)단락의 주제 문장이다. 그러나 전체 글의 중심 내용이라고 할 수는 없다. 전체 글의 중심 내용은 각 단락의 주제를 포함해야 한다. 즉, 각 단락의 주제 문장을 이해하여 글 전체의 중심 문장을 다시 만들어야 한다.

1) 아래의 빈칸을 채워서 중심 내용을 다시 만들어 봅시다.

경제 활동을 할 때에는 (   ) 선택이 중요하며 (   ) 선택은 (   )을 가장 적게 할 수 있는 것이다. 특히 (   )는 (   )을 높이기 때문에 조심해야 한다.

3. 아래는 뉴스 글입니다. 읽고 질문에 답해 봅시다.

(가) 사람들은 바쁜 생활을 벗어나 스트레스를 풀거나 새로운 것을 경험하기 위해 여행을 즐깁니다. 최근에는 가족들과 함께 추억을 만들기 위해 여행하는 사람들도 늘어나고 있다고 합니다. 이러한 수요를 만족시키기 위해 여행사측에서도 다양한 가족 여행 상품을 내놓고 있습니다.

(나) 부모님과 함께하는 효도 여행은 대표적인 예입니다. 몸이 불편하여 비행기나 자동차로 이동하지 못하는 부모님들을 위해 기차 여행 상품도 나타났습니다. 기차 여행 상품은 비싸지만 인기가 많아서 예약하기가 힘들 정도입니다. 또한 가족을 위한 호캉스 상품도 다양해지고 있습니다. 이러한 상품을 이용하는 사람들은 호텔에서 가족끼리 조용히 휴식하는 것을 즐깁니다. 호텔에서 제공하는 편의 시설을 이용하거나 체험 프로그램에 참여하면서 가족들만의 즐거운 추억을 만들기도 합니다. 명절 연휴에 집안일로부터 벗어나고 싶거나 명절 후에 피로를 풀기 위해 가족 여행으로 호캉스를 선택하기도 합니다.

* 호캉스: 이곳저곳을 다니며 휴가를 보내지 않고 호텔에서 머물면서 휴가를 보내는 것을 말한다. 호텔(hotel)과 바캉스(vacance)를 합한 단어이다.

1) 이 뉴스의 화제는 무엇입니까?

2) (가)단락과 (나)단락의 중심 내용을 각각 요약해 봅시다.

	중심 내용
(가) 단락	
(나) 단락	

3) 전체 글의 중심 내용을 요약해 봅시다.

2.3 보고서에서 요약하기의 활용

보고서에서 요약하기를 활용할 때는 다음과 같은 순서를 따른다.

① 주제와 관련된 자료 선택하기	– 보고서의 주제와 관련된 글을 선택하여 요약한다. – 보고서의 주제에 따라 글 전체를 요약할 수도 있지만 부분을 요약할 수도 있다.
② 요약하기	– 요약하고자 하는 부분의 중심 내용을 정리하여 전달한다. – 읽은 글의 내용을 그대로 전달하며 없는 내용을 덧붙이거나 내용을 바꾸어서는 안 된다. – 요약하기는 자기의 생각을 쓰지 않는다.
③ 자신의 의견 추가하기	– 자신의 생각을 쓰고 싶은 경우에는 요약하기가 다 끝난 후에 덧붙인다.

※ Tip: 보고서의 경우 요약하기는 모든 문장을 '-다'의 형태로 끝내며, 발표문의 경우 모든 문장을 '-습니다'의 형태로 끝을 낸다. (11장 발표문 쓰기 참조)

다음 글은 감상 보고서로 (나)와 (다)는 요약한 부분이다. '잘못된 요약하기'는 어떤 부분인지 찾아보자.

감상 보고서의 각 단락 내용을 분석하면 다음과 같다.

☞ (가)는 도입 부분으로 보았던 영화 작품 하나를 소개하겠다고 설명하고 있다.
　(나)는 영화의 내용을 요약하고 있다.
　(다)는 영화 전문가들의 평가를 요약하고 있다.
　(라)는 글쓴이의 생각을 덧붙이고 있다.

(가) 나는 지난달에 '기생충'이라는 영화를 인상 깊게 보았다. 이 영화는 칸 영화제에서 황금종려상을 받았고 아카데미 영화제에서는 작품상을 받았는데, 한국 영화로는 처음 있는 일이라고 한다. 영화 기생충은 두 가족 사이에서 일어나는 사건을 긴장감 있게 보여 주고 있다. 또한 상징적으로 해석될 수 있는 장면이 반복적으로 등장해서 특별한 주제를 전달하고 있다.

(나) 대학에 입학하지 못한 기우는 대학생으로 속이고 유명 기업의 CEO인 박 사장 딸의 과외를 시작한다. 기우의 가족은 모두 4명이며, 아버지 기택, 어머니 충숙, 여동생 기정이다. 아버지를 비롯해서 모두 직업이 없으며, 여동생 역시 미대 지망생이지만 대학에 입학하지 못했다. 기우는 가족임을 속이고 여동생, 아버지, 어머니를 박 사장 집에 취직시킨다. 가난한 사람과 부유한 사람이 서로 이해하고 함께 살아갈 수 있는 사회가 만들어졌으면 좋겠다.

> (나)에서 마지막 문장은 글쓴이의 생각을 추가한 것인데, 잘못된 요약하기다.
> ☞ 요약하기에서는 요약하는 내용과 글쓴이의 생각을 구별해야 한다. 따라서 요약하기가 다 끝난 후에 글쓴이의 생각을 추가한다. 여기에서는 '(나)영화 기생충 내용 요약', '(다)영화 기생충에 대한 전문가의 평가 요약'이 다 끝난 후에 (라)에서 글쓴이의 생각을 추가하는 것이 좋다.

(다) 영화 전문가들은 '기생충'에서 기우네 가족이 박 사장 집에 들어가면서 발생하는 사건들이 불평등한 계급 사회의 모습을 상징적으로 보여준다고 말했다. 특히 뉴욕 타임즈에서는 '기생충'이 계급 투쟁의 문제의식을 보여 주고 있다고 평가했습니다. '기생충'의 봉준호 감독에 의하면 빛이 가득한 박 사장의 집과 빛이 거의 들지 않는 반지하 기우네 집의 시각적 대비를 통해, 부유한 자와 가난한 자의 계급적 차이를 보여주려고 했다고 합니다.

> (다)에서는 '-습니다'로 끝나는 문장이 있는데, 잘못된 요약하기다.
> ☞ 이 글은 감상 보고서이기 때문에 모든 문장은 '-다'로 끝나야 한다.

(라) 영화 '기생충'은 계급의 문제를 현실적이면서도 상징적으로 다루고 있다. 현재 빈부의 불평등 문제는 전 세계적으로 나타나고 있다. 영화 '기생충'의 우수한 점은 계급의 불평등이라는 보편적 주제를 상징적으로 전달했다는 점이다. 이러한 보편적 주제 의식과 상징성 때문에 '기생충'은 세계적으로 공감을 얻을 수 있었을 것이다.

* 상징, 지망생, 계급, 불평등, 보편적, 빈부

1. '문화의 다양성을 인정하자'라는 주제로 보고서를 작성하려고 합니다. (가)의 글을 읽고 요약해서 (나)의 보고서를 완성해 봅시다.

(가) 유네스코(UNESCO)에서 문화의 다양성은 인류 공동의 문화유산으로, 문화의 다양성을 지키기 위해 약소국이나 약자의 문화를 보호할 필요가 있다고 말하고 있다. 유네스코의 노력으로 2007년 문화 다양성 협약이 국제사회에서 발효되었다. 문화 다양성 협약은 각 나라가 문화 정책을 수립할 수 있는 자주권을 보장하고 있으며, 개발도상국의 문화산업 강화 및 문화 약소국 지원에 관한 내용을 규정하고 있다. 또한 문화 교류 과정에서 발생하는 분쟁의 해결 방법 등을 제시하고 있다.

(나) 글로벌 시대에는 다양한 문화 교류가 활발하게 이루어지고 있다. 다른 나라의 영화나 드라마, 노래를 즐기는 것도 문화 교류에 해당한다. 문화 교류에 있어서 강대국의 문화만 우수하다고 생각하여 약소국의 문화를 무시하는 경우도 있다. 그러나 강대국의 문화만이 우수하다고 볼 수 없다.

　　유네스코에 따르면 _____

_____

_____

_____

　　약소국이나 약자의 문화가 열등하다고 생각할 경우 문화의 다양성이 사라질 가능성이 있다. 약소국의 문화 역시 인류 공동의 문화유산으로 그 고유성이 보호되어야 한다. 글로벌 시대에 다양한 문화를 보존하기 위해서는 서로의 문화를 이해하고 존중하는 태도가 필요하다.

* 문화 다양성, 인류 공동 유산, 협약, 국제사회, 발효되다, 자주권, 개발도상국, 약소국, 강대국, 분쟁, 고유성

위 글에서 밑줄 친 부분을 완성해 봅시다.

　　유네스코에 따르면 _____

_____

_____

_____

_____

2. 아래의 글을 읽고 질문에 답해 봅시다.

(가) 자유무역은 무역할 때 물건에 관세나 조건을 붙이지 않는 것을 말한다. 자유무역에 반대되는 개념에는 보호무역이 있다. 보호무역은 수입하는 물건에 관세를 붙이거나 품목 또는 수입량에 제한을 두는 무역이다. 자유무역은 국가가 되도록 개입하지 않지만, 보호무역은 국가가 주도적으로 무역에 개입한다.

(나) 영국의 경제학자 아담 스미스(Adam Smith)는 『국부론』(1776년)에서 자유무역의 필요성을 주장했다. 당시 영국은 중상주의 정책을 실시하였으며 무역에 적극적으로 간섭하였다. 이에 아담 스미스는 국가가 무역에 개입하지 말아야 하며 개인에게 무역할 자유를 주어야 한다고 주장하였다. 개인이 자신의 이익을 추구하다 보면 '보이지 않는 손(an invisible hand)'에 의해서 사회의 이익도 증가된다고 하였다. 즉 개인의 이익 추구가 보이지 않는 손에 의해 조화를 이루기 때문에 국가의 개입은 필요하지 않다는 것이다.

(다) 경제학자 데이비드 리카도(David Ricardo)는 『정치경제학과 조세의 원리』(1817년)에서 비교 우위에 의한 자유무역을 주장하였다. 한 국가에서 모든 상품을 생산하기보다는 다른 국가에 비해 상대적으로 유리한 상품을 생산하여 무역하는 것이 서로에게 합리적이라고 하였다. 오늘날의 자유무역협정(FTA) 역시 리카도의 비교 우위에 의한 자유무역 이론에 따른 것이며 FTA는 점점 확대되는 추세에 있다.

(라) 자유무역협정(FTA)은 나라와 나라 사이의 자유로운 무역을 위해서 무역 장벽을 제거하거나 완화하는 국제 협정을 말한다. 기업들은 FTA 체결국과의 무역을 통해 원재료를 수입하거나 완제품을 수출할 때 관세 혜택을 받는다. 따라서 기업들은 생산 비용을 줄이고 수출 경쟁력을 높일 수 있다. 반면 경쟁력이 약한 산업은 값이 싸고 품질이 좋은 외국 제품이 수입되기 때문에 불리하다. 그래서 경쟁력이 약한 산업이 성장할 수 있도록 일정 기간 수입을 제한하는 등 정부의 보호가 필요하다.

(마) 프리드리히 리스트(Friedrich List)와 존 스튜어트 밀(John Stuart Mill)은 유치산업 보호의 필요성을 주장했다. 프리드리히 리스트는 『정치경제학의 민족적 체계』(1841년)에서 제조업을 중심으로 일시적으로 유치산업을 보호해야 한다고 보았다. 존 스튜어트 밀 역시 『정치경제학 원리』(1848년)에서 잠재적으로 성장할 가능성이 있는 유치산업을 일시적으로 보호할 수 있다고 하였다. 프리드리히와 존 스튜어트 밀에 의하면, 국가는 성장할 가능성이 있는 유치산업을 일시적으로 보호할 수 있다고 하였다. 다시 말하면 유치산업은 외국 기업과 경쟁할 수 있을 때까지 정책적으로 지원받을 필요성이 있다는 것이다.

* 관세, 수입하다, 품목, 개입하다, 주도적, 중상주의, 간섭하다, 원재료, 완제품, 생산 비용, 수출 경쟁력, 유치산업

1) 자유무역이란 무엇입니까?

2) 자유무역협정(FTA)은 무엇입니까?

3) (나)는 경제학자 아담 스미스의 이론입니다. 다음의 단어를 사용하여 요약해 봅시다.

> 개인, 이익, 보이지 않는 손, 사회의 이익, 증가되다, 국가, 무역, 개입, 무역하다, 자유

_____

_____

4) (다)는 경제학자 데이비드 리카도의 이론입니다. 다음의 단어를 사용하여 요약해 봅시다.

> 다른 국가, 상대적으로, 유리하다, 생산하다, 무역하다, 합리적, 비교 우위, 자유무역

_____

_____

5) 유치산업 보호란 무엇입니까? 다음의 단어를 사용하여 요약해 봅시다.

> 국가, 성장하다, 가능성, 유치산업, 일시적, 보호하다

_____

_____

6) 아래의 빈칸을 채워 '자유무역'에 대해 설명하는 보고서를 작성해 봅시다.

자유무역은 무역할 때 관세나 조건의 제한을 두지 않는 것을 말한다. 경제학자 아담 스미스와 데이비드 리카도는 자유무역의 필요성을 주장하였다.

ⓐ 아담 스미스에 따르면 _____

ⓒ 데이비드 리카도는 _____

_____

반면 산업 발전의 초기 단계에 있는 국가는 유치산업을 보호할 수 있다는 견해도 있다. ⓒ 프리드리히 리스트와 존 스튜어트 밀에 따르면

오늘날 자유무역협정(FTA)은 점차 확대되고 있는 추세이다. 그러나 대부분의 국가에서는 자유무역과 보호무역 중에 어느 하나를 선택하기보다는 양쪽을 적절하게 시행하고 있다고 볼 수 있다. ⓔ각 나라의 정부는

_____

_____

ⓐ 아담 스미스에 따르면 _____

_____

_____

ⓒ 데이비드 리카도는 _____

_____

_____

ⓒ 프리드리히 리스트와 존 스튜어트 밀에 따르면 _____

_____

_____

ⓔ 각 나라의 정부는 _____

_____

_____

03 보고서 자료 이용하기 - 표절과 인용

학습목표

1. 표절과 인용을 이해할 수 있다.
2. 보고서 작성 시 인용하는 방법으로 글을 쓸 수 있다.
3. 참고 자료를 보고서 형식에 맞게 작성할 수 있다.

여러분, 보고서를 작성하는 것이 어렵지 않았습니까? 여러분은 전공 수업이나 교양 수업에서 받은 과제물이나 보고서를 쓸 때 어떻게 씁니까? 보고서를 작성하는 일은 대학을 다니면서 꼭 해야 할 일입니다. 그러나 보고서를 어떻게 써야 하는지 몰라서 대충 쓰거나 보고서를 완성하지 못하는 경우도 많았을 것입니다.

전공이나 교양 수업에서 보고서나 과제물 주제를 받았다면 먼저 생각할 것이 자료 조사와 정리일 것입니다. 보고서나 과제물을 자신의 생각만으로 작성할 수도 있지만 그렇게 쓰는 것은 내용이 풍부하지 않아 좋은 과제물이 될 수 없습니다. 따라서 자료 조사를 하고 자료를 어떻게 인용할 것인가를 고민해 보는 것이 필요합니다.

이번 시간에는 보고서를 작성할 때 인용하는 방법을 배우고 표절이 무엇인지 알아보도록 하겠습니다. 또한 참고 자료를 어떻게 제시해야 하는지도 배워보도록 합시다.

3.1 표절

보고서를 작성할 때 자신의 생각만으로 쓰기는 어렵다. 조사하거나 참고한 자료를 인용해야 하는데 조사한 자료를 읽고 자신의 생각인 것처럼 글을 쓰게 되면 표절이 된다. 또 자료의 내용을 그대로 썼는데 출처를 밝히지 않아도 표절이라고 한다. 그럼 표절이 정확하게 무엇일까? 표(剽)는 '훔치다'는 의미가 있고 절(竊)은 '몰래'라는 의미가 있다. 즉, 몰래 남의 글을 훔치는 것이 표절이다. 표절은 의도적으로 하기도 하지만 모르고 하는 경우가 더 많다. 그냥 베껴 쓰기도 출처가 없으면 표절이 되는 것을 잊지 말아야 한다.

보고서를 작성했을 때 자신의 경험을 생각해 보고 아래 내용을 점검해 봅시다.

◆ 표절 상황 점검하기(☑)

	내 용	네	아니오
1	인용 표시 없이 다른 사람의 글이나 의견, 주장의 일부를 가져와서 썼다.	☐	☐
2	다른 사람의 글 전부를 똑같이 쓰고 자신의 이름으로 제출하였다.	☐	☐
3	내가 쓴 글이 다른 사람이 쓴 자료와 비슷하다. (인용 표시 없이 다른 사람의 글을 약간 바꾸거나 요약해서 썼다. 또 다른 사람이 사용한 중요한 표현이나 중요 의미를 그대로 그냥 사용해서 썼다.)	☐	☐
4	다른 사람의 생각을 가져와 내 생각인 것처럼 썼다.	☐	☐
5	자료에서 다른 사람의 사진, 그림, 표, 그래프 등을 그냥 가져와서 썼다.	☐	☐
6	인터넷에 있는 자료와 글을 그냥 가져와서 썼다.	☐	☐
7	참고 자료에서 연속으로 6단어 이상을 똑같이 썼다.	☐	☐

위의 표에서 하나라도 표시가 되었다면 여러분도 표절을 한 것이다. 내가 쓴 글이 표절이 되지 않도록 항상 주의해야 한다.

표절을 하지 않으려면 다음과 같은 순서로 생각하고 출처를 밝혀야 한다. 먼저, 다양한 자료에서 내가 참고할 자료를 선정한다. 둘째, 자신의 생각과 다른 사람의 생각 또는 다른 자료의 의견을 구분할 줄 알아야 한다. 셋째, 보고서를 작성할 때 참고할 자료의 내용을 쓰되 누구의 자료인지 출처를 밝혀야 한다. 넷째, 보고서의 마지막 장에 참고 문헌 또는 참고 자료라고 쓰고 참고한 자료를 모두 쓴다.

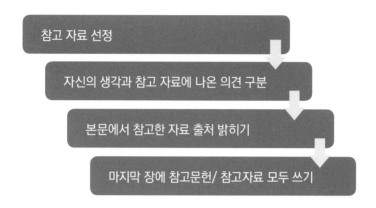

※ Tip: 요즘은 대학에서 자동으로 표절을 검사하는 프로그램을 쓰는 경우가 많다.

◆ 표절을 피하기 위한 도움말

1. 자료 조사 원칙을 지키기

➡ 내가 직접 본 자료가 아니라 다른 사람이 본 자료를 그대로 사용하거나 베끼지 않는다. 즉, 다른 사람이 어떤 책이나 전문가의 말을 인용한 부분을 자료로 사용하고 싶다면 '재인용'이라고 밝혀야 한다.

2. 자신의 의견과 다른 사람의 의견 구분하기

➡ 자료를 선정하고 읽을 때 필요한 부분은 반드시 그대로 기록하거나 요약해서 쓰되 자신의 의견처럼 쓰지 않는다. 다른 사람의 의견이라면 반드시 다른 사람의 의견이라고 밝혀야 한다.

3. 인터넷 자료 출처 제시하기

➡ 인터넷의 자료를 인용했다면 반드시 출처를 제시해야 한다. 그러나 먼저 해야 할 일은 인터넷 자료가 믿을 수 있는 자료인지를 확인해야 한다. 인터넷에 나온 자료 중 출처가 정확하지 않은 자료는 신뢰성이 없기 때문에 사용하지 않는다.

◆ 다음을 보고 표절인지 아닌지 생각해 봅시다.

> "한국말은 시각, 미각, 촉각, 청각 등 오감각에 의한 감각어가 발달한 말이다."
>
> 박인기, 박창균 『한국인의 말, 한국인의 문화』, 학지사, 2014, 86쪽

1. 한국말은 시각, 미각, 촉각, 청각 등 오감각에 의한 감각어가 발달한 말이다. (출처 없음)

　　⇨ 표절 (예,　　아니요)

　　　이유:

2. 박인기와 박창균은 한국말은 시각, 미각, 촉각, 청각 등 오감각에 의한 감각어가 발달한 말이다.

　　⇨ 표절 (예,　　아니요)

　　　이유:

3. 한국말은 감각적인 언어로 오감인 시각, 미각, 촉각, 청각, 후각이 발달한 말이다.

　　⇨ 표절 (예,　　아니요)

　　　이유: ①

　　　　　　②

4. 한국말은 오감각에 의한 감각어가 발달한 말이라고 하였다.

　　⇨ 표절 (예,　　아니요)

　　　이유:

3.2 자료 검색하기

보고서 쓰기를 위해 자료를 찾는 다양한 방법을 생각해 봅시다.

◆ **도서관에서 자료 검색하고 찾기**

보고서를 작성하기 위해서 전문적이고 객관적인 자료를 가장 쉽게 찾을 수 있는 곳이 도서관이다. 자신이 다니는 대학 도서관은 물론 국회도서관, 국립중앙도서관 등에서 자료를 찾을 수 있다. 만약 찾는 자료가 자신의 대학에 없을 때는 다른 대학의 자료를 교환하는 상호대차 협약을 통해 필요한 자료를 얻을 수 있다. 이 방법은 각 도서관 홈페이지에 들어가거나 도서관 안내를 이용하면 자세하게 설명이 되어 있다. 우선 자신이 찾는 자료가 도서관에 있는지 검색한 후 있으면 직접 방문해서 찾아보거나 대출할 수 있다. 마찬가지로 국회도서관과 국립중앙도서관은 직접 찾아갈 수도 있지만 온라인에서 자료를 검색하여 소장 여부와 열람 가능 여부를 확인해 볼 수 있다.

* 상호대차 협약, 소장 여부, 열람

국회도서관

국립중앙도서관

연습하기

1. 우리 대학 도서관에 유학생을 위한 글쓰기와 관련된 자료가 몇 권이 있는지 또 어떤 자료가 있는지 검색하여 찾아봅시다. (찾은 자료 중에서 5권 정도를 써 봅시다.) 찾은 자료는 어떻게 기록해야 할지 생각해 봅시다.

몇 권:

찾은 자료:

3.3 인용하기

1) 인용의 정의와 주의점

◆ **인용이란 무엇입니까?**

> 인용(引用, quotation)은 자신이 글을 쓸 때 다른 사람의 글, 말, 의견, 주장 등 필요한 부분을 가져와서 쓰는 것이다.

◆ **왜 글을 쓸 때 인용을 합니까?**

> 1. 내가 쓴 글이 객관적이고 타당하다는 것을 보여 주기 위해서 이유, 근거를 제시하는 것이다.
> 2. 읽는 사람을 좀 더 잘 설득하기 위해서이다. 인용을 하면 읽는 사람이 좀 더 이해하기 쉽고 필자의 주장이나 의견에 동의하기 쉽기 때문이다.

◆ **인용할 때 주의할 점**

> 1. 인용을 할 때는 믿을 수 있고 공식적인 자료를 사용해야 한다.
>   (예: 신문, 책, 논문 등등)
> 2. 다른 자료를 보고 글을 썼다면 반드시 어디에서 가져왔는지, 누구의 자료인지 정확히 써야 한다.
> 3. 다른 자료를 요약하거나 약간 바꾸어 써도 출처를 꼭 밝혀야 한다.
> 4. 글을 쓸 때 인용 자료가 더 많고 자신의 의견이나 생각이 적으면 좋지 않다.
>   인용한 자료는 꼭 필요할 때만 쓰는 것이 좋다.
> 5. 도표, 그래프, 그림, 사진 등도 출처를 꼭 밝혀야 하고 필요할 때만 사용한다.
> 6. 인터넷 등 웹 자료를 인용할 때는 우선 자료의 적합성, 자료의 신뢰성 등을 평가하고 선택해야 한다. 특히 인터넷 상에 있지만 분명하게 출처가 제시되지 않은 글은 사용하지 않는다.

◉ 아래 어휘의 의미를 찾아 문장을 만들어 봅시다.

어휘	문장 만들기
객관적	예) 평가하는 사람은 항상 객관적이어야 한다.
타당하다	
제시하다	
설득하다	
동의하다	
공식적	

2) 인용의 방법

인용의 방법에는 크게 두 가지가 있다. 글의 목적에 맞게 자료를 직접 인용하거나 요약 등 바꿔 써서 제시할 수 있으며 표나 그래프를 인용할 때도 사용한다. 이것을 정리하면 다음과 같다.

㉮ 직접 인용: 자료에 있는 문장 그대로 자신의 글에 똑같이 쓸 때 사용한다.

㉯ 간접 인용: 자료의 문장을 비슷하게 쓰거나 요약해서 쓸 때 사용한다.

㉮ 직접 인용

다른 사람의 글을 똑같이 옮겨야 할 때 직접 인용을 한다. 3줄 이내의 문장을 인용할 때는 큰 따옴표(" ")을 사용한다. 예를 들면 다음과 같다.

① 데이비드 싱글턴(2007, 76쪽)은 "단어들끼리 무리를 짓는 현상은 연어이며 연어를 형성하는 단어들은 반복적으로 함께 놓인다."라고 하였다.

② "단어들끼리 무리를 짓는 현상은 연어이며 연어를 형성하는 단어들은 반복적으로 함께 놓인다."(데이비드 싱글턴, 2007, 76쪽)라고 하였다.

③ 주석달기: 인용한 자료의 출처를 본문에 직접 쓰지 않고 쓴 글 맨 아랫줄에 쓰는 것을 주석달기라고 한다. "단어들끼리 무리를 짓는 현상은 연어이며 연어를 형성하는 단어들은 반복적으로 함께 놓인다."[1] 라고 하였다.

----

1) 데이비드 싱글턴 (2007), 배주채 역, 『언어의 중심 어휘』, 삼경문화사, 76쪽.

㉯ 간접 인용

데이비드 싱글턴(2007)은 연어를 단어들의 집합으로 보았으며 단어들이 반복적으로 짝을 이룬다고 하였다.

연습하기

1. 다음은 인용한 글입니다. 직접 인용인지 간접 인용인지 생각해 봅시다.

박인기 외(2014, 90쪽)는 "한국인들은 말할 당시의 '감정상태'에 적합한 다양한 의성어와 의태어를 쓴다."고 하였다.

⇨

◆ 주석 달기

인용을 할 때 주석 달기는 어떻게 하는지 알아봅시다.

① 한글파일일 때

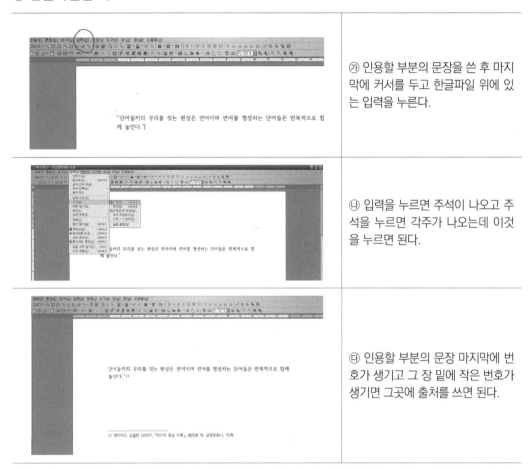

㉮ 인용할 부분의 문장을 쓴 후 마지막에 커서를 두고 한글파일 위에 있는 입력을 누른다.

㉯ 입력을 누르면 주석이 나오고 주석을 누르면 각주가 나오는데 이것을 누르면 된다.

㉰ 인용할 부분의 문장 마지막에 번호가 생기고 그 장 밑에 작은 번호가 생기면 그곳에 출처를 쓰면 된다.

② 마이크로소프트 워드(Microsoft word)일 때

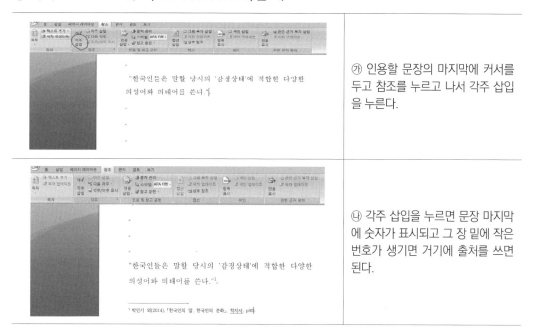

㉮ 인용할 문장의 마지막에 커서를 두고 참조를 누르고 나서 각주 삽입을 누른다.

㉯ 각주 삽입을 누르면 문장 마지막에 숫자가 표시되고 그 장 밑에 작은 번호가 생기면 거기에 출처를 쓰면 된다.

● 직접 컴퓨터로 연습해 봅시다.

3) 인용 표현과 문장 부호

◆ **인용을 하려면 특별한 문장부호가 필요하다. 다음은 인용할 때 필요한 문장부호이다.**

문장 부호	인용할 때 문장 부호의 의미
' ' (작은 따옴표)	자료에서 단어나 구를 인용할 때 사용. 자료에서 중요한 부분만 쓰거나 요약해서 인용할 때 사용.
" " (큰 따옴표)	자료에서 문장 이상을 인용할 때 사용.
「 」 (홑낫표) 〈 〉 (홑화살괄호)	인용 자료가 논문 제목일 때 사용.
『 』 (겹낫표) ≪ ≫ (겹화살괄호)	인용 자료가 책 제목, 신문 제목일 때 사용.

◆ **인용 표현**

1. 직접 인용

~은/는 " ~ " (이)라고 하다/ 말하다

> 예) 교수: "다음 주 수요일까지 보고서를 제출하세요."
>   학생들: "네, 알겠습니다."
> 직접인용 → 교수는 "다음 주 수요일까지 보고서를 제출하세요."라고 했다.
>   학생들은 "네, 알겠습니다."라고 대답했다.

2. 간접 인용

① (전문가, 인용 자료) ~은/는 ~ (는)다고/(이)라고 하다/말하다/생각하다
                주장하다/밝히다

> 예) 교수는 다음 주 수요일까지 보고서를 제출하라고 말했다.

② (뉴스, 신문기사, 조사, 인터넷 자료 등) ~에 따르면/에 의하면
                    ~다고 하다/ 말하다/ 주장하다

> 예) 뉴스에 따르면 CCTV설치로 해결한 범죄 사건이 많아졌다고 하였다.

③ (단체, 기관, 모임 등) ~에서는 ~ 다고 하다

> 예> 한국대학에서는 2020년 외국인 입학생을 더 늘린다고 했다.
>   정부에서는 올해 경제가 3% 성장할 것이라고 했다.

출처: 김은영 외(2019), 『외국인을 위한 교양한국어-글쓰기에서 TOPIK쓰기까지』, 박이정, 83쪽

1. 다음 자료를 보고 필요한 부분을 인용하십시오.

> 한국어와 영어의 가장 큰 차이는 바로 토씨(조사)다. 한국말은 같은 말이라도 토씨 하나만 바꾸면 뜻이 완전히 달라진다.
>
> 이어령(2009), 『너 정말 우리말 아니?』, 푸른숲

　1) 직접 인용을 한다면 어떻게 써야 할까요?
　⇨

　2) 간접 인용을 한다면 어떻게 써야 할까요?
　⇨

2. 아래의 자료를 참고 자료로 제시할 때 어떤 문장 부호가 필요할지 찾아서 써 봅시다.

　1)
책 제목: 유학생을 위한 교양한국어 말하기1
저자: 김주희, 고경민
출판사: 박이정 출판사
출판연도: 2019년
⇨

　2)
논문 제목: 한국어 학습용 '표준 외래어 목록' 선정을 위한 연구
저자: 이소영
발행지: 영주어문 제 36집
발행처: 영주어문학회
발행연도: 2017년
⇨

3.4 보고서 쓰기를 위한 참고 자료 정리

보고서를 쓸 때 인용한 모든 자료는 마지막 장에 참고 자료 또는 참고 문헌으로 정리해서 써야 한다. 보고서에 인용된 자료는 다음의 규칙대로 정리하면 된다.

◆ 참고 자료/참고 문헌 정리의 규칙 (일반적인 인문학 참조 자료 정리)

> 1. 자료의 종류에 따라 모아서 정리한다.
>   책 (단행본), 논문, 신문기사, 인터넷 기사 순서대로 정리해서 쓴다.
> 2. 저자의 이름은 가나다순으로 정리한다.
> 3. 저자가 두 사람 이상일 경우 모두 쓸 수 있고 또는 대표 저자 이름만 쓰고 'OOO 외'라고 쓸 수 있다.
> 4. 한국의 자료를 먼저 쓰고 동양의 자료, 서양의 자료 순서로 쓴다.
> 5. 전공에 따라 약간의 차이가 있을 수 있으니 전공 관련 책을 참고하는 것도 좋다.

각 자료는 종류에 따라 정리하는 순서가 있다.

◆ **책(저서, 단행본)을 인용할 때: 저자 이름, 출판 연도, 서명, 출판사, (인용 쪽수)**

　예)홍윤표(2013),『한글이야기』, 태학사, 194쪽
　　　김은영, 김주희, 안지민, 이진주(2019),『유학생을 위한 교양한국어: 글쓰기에서 TOPIK 쓰기까지』, 박이정, 32쪽

◆ **논문을 인용할 때:**

　저자 이름, 출판 연도, 논문 제목, 학술지명, 잡지의 권(호)수, 발행처, 인용 쪽수
　예)고경민(2012),「한국어 교재 변천사 연구」, 건국대학교 박사학위 논문, 30~35쪽.
　　　김주희 (2008),「몽골 전래 동화를 활용한 한국어 어휘 지도의 실제와 분석」,
　　　한말연구 22호, 한말학회, 21~45쪽.

◆ **신문 기사를 인용할 때: 기자 이름, 날짜, 기사 제목, 신문 이름, (면수)**

　예)남혜정(2019. 9. 28), "관람객은 교감? 동물들은 공포!",『세계일보』, 3면.

◆ **인터넷 자료를 인용할 때: 인터넷 매체 이름(조사 기관), 연도, 제목, 홈페이지 주소, (검색 날짜)**

　예)교육부 기본 통계(2018),「대학가의 이방인 외국인 유학생」,
　　　(https://www.moe.go.kr/boardCnts)

1. 다음 자료는 보고서를 쓸 때 본 자료들입니다. 위에서 배운 내용을 잘 기억해서 마지막에 참고 문헌/참고 자료를 정리하려면 어떻게 해야 하는지 순서대로 쓰십시오.

① 문금현(2008), 「외국인을 위한 한국어 인사 표현의 교육 방안」, 새국어교육, 제80호, 한국국어교육학회

② Bloom, D, (1987), *Literacy and schooling*, University of Michigan.

③ 이웃집 찰스 (http://program.kbs.co.kr/1tv)

④ 박인기 외(2014), 『한국인의 말, 한국인의 문화』, 학지사.

⑤ 국내통계 (2017), 「한국으로 유학 온 이유」 http://kosis.kr/index/index.do

⑥ 김정은(2005), 「한국어교육에서 언어문화교육을 위한 활용 자료와 방안」, 겨레어문학, 제35집, 겨레어문학회

⑦ 남혜정, (2019. 9. 28), "관람객은 교감? 동물들은 공포!", 『세계일보』, 3면.

⑧ 김은영 외(2019), 『유학생을 위한 교양한국어: 글쓰기에서 TOPIK 쓰기까지』, 박이정.

⑨ 김태훈(2019, 10, 28), "해외 '짝퉁 한류' 막을 방법 없을까", 『경향신문』, 문화면

⑩ 김동섭(2007), 『언어를 통해 본 문화 이야기Ⅱ』, 만남.

<참고 자료>

◆ 참고 자료 정리하기

여러분이 이번 학기에 써야 할 보고서를 전공과 교양으로 나누어 봅시다.

과목	보고서 주제
전공 과목	
교양 과목	

위에서 보고서 하나를 정해 참고할 자료를 검색해서 찾아봅시다.

보고서 주제:
참고 자료

◆ 아래의 <표절 금지 서약서>를 읽고 모두 서약을 한 후 표절을 하지 않도록 노력해 봅시다.

표절 금지 서약서

1. 나는 다른 사람의 표현이나 아이디어를 인용 표시 없이 사용하지 않겠습니다.

2. 나는 인용하거나 참고한 문헌에 대해 출처를 분명히 밝힐 것입니다.

3. 나는 참고 자료에서 무단으로 연속하는 여섯 단어 이상의 문구를 옮겨 오지 않겠습니다.

4. 나는 다른 사람의 그림, 표, 사진, 통계 자료 등을 출처 없이 무단으로 사용하지 않겠습니다.

5. 나는 내가 쓴 글이라도 또 다른 글을 쓸 때 상당 부분을 그대로 다시 사용하는 자기 표절을 하지 않겠습니다.

　나는 위의 윤리적 글쓰기 사항을 지켜 표절하지 않고 스스로 정당하게 보고서 쓰기를 수행할 것을 서약합니다.

대학교　　　　학과　　　　학번

이름　　　　　　(서명)

04 보고서를 쓰기 위한 담화표지 연습

학습목표

1. 담화표지의 종류를 구분할 수 있다.
2. 담화표지를 목적에 맞게 사용할 수 있다
3. 담화표지를 사용하여 글을 쓸 수 있다.

여러분, 보고서를 잘 쓰려면 어떻게 하면 될까요? 보고서는 형식이 자유로운 글이 아닙니다. 보고서는 주제를 정한 다음 서론, 본론, 결론에 맞게 내용을 구성하는 형식적인 글입니다. 형식만 지킨다면 잘 쓴 보고서일까요? 아닙니다. 서론, 본론, 결론의 내용도 서로 잘 연결되어야 하는데, 그 연결을 해 주는 것이 담화표지입니다. 그렇다면 담화표지라는 말을 들어 본 적이 있나요? 있다면 어떤 것이 있었는지 생각해 보고 없다면 이번 시간에 담화표지를 배울 테니까 걱정하지 마시기 바랍니다. 다양한 담화표지를 배우고 나면 여러분은 글의 목적에 맞게 유기적인 글을 쓸 수 있을 것입니다. 특히 앞 문장과 뒤 문장의 연결, 앞 문단과 뒤 문단의 연결, 서론, 본론, 결론의 연결이 자연스러워질 것입니다.

그럼, 지금부터 보고서를 잘 쓰기 위해 다양한 담화표지를 함께 공부해보도록 합시다.

1. 담화표지가 무엇인지 알고 있습니까?
2. 담화표지를 사용하여 글을 쓴 적이 있습니까?
3. 어떤 담화표지를 많이 씁니까?

4.1 보고서를 쓰기 위한 담화표지의 예

	담화표지
순서	우선, 먼저, 다음에, 끝으로, 첫째, 둘째, 마지막으로
첨가	그리고, 또한, 더구나, 게다가, 분만 아니라, 덧붙여
부연	다시 말해
예시	예컨대, 예를 들어, 예를 들면, 일례로,
대조	하지만, 그러나, 그런데, 반대로, 반면에
강조	무엇보다, 특히, 중요한 것은, 다시 (한번) 말하자면
요약	즉, 정리하자면, 이처럼, 지금까지, 요컨대
인과	그래서, 그리하여, 왜냐하면, 따라서, 그러므로, 왜냐하면~ 기 때문이다

◆ 담화표지의 의미와 사용

- 순서: 두 가지 이상의 내용을 연결할 때 사용한다.
- 첨가: 어떤 내용을 더 넣거나 덧붙일 때 사용한다.
- 부연: 이해하기 쉽도록 설명을 덧붙여 자세히 쓸 때 사용한다.
- 예시: 내용에 대해 예를 들어서 설명할 때 사용한다.
- 대조: 기준에 따라 앞의 내용과 뒤의 내용이 다를 때 사용한다.
- 강조: 어떤 내용이나 부분을 강하게 주장할 때 사용한다.
- 요약: 글의 가장 중요한 부분만 뽑아서 보기 쉽게 정리할 때 사용한다.
- 인과: 앞의 내용과 뒤의 내용의 관계가 원인과 결과를 나타낼 때 사용한다.

순서	**먼저** 세계 기후 변화에 대해 알아보겠습니다.
첨가	이번 주말은 미세먼지가 기승을 부릴 것으로 전망됩니다. **또한** 폭설로 인해 도로 곳곳이 통제될 것입니다.
부연	**다시 말해** 두 나라의 정상들은 그 문제의 해결점을 찾지 못했다.
대조	구기 종목 중에서 야구와 배구는 손으로 하는 운동인 **반면에** 축구는 발로 하는 운동입니다.
예시	**일례로** 가정에서 문제가 생겨 사회생활까지 영향을 끼친 경우가 있다.
강조	**무엇보다** 그 정책은 현재 세계가 처한 문제점을 제대로 보지 못했다는 것이다.
요약	**지금까지** 살펴봤듯이 각 나라마다 이어져 내려오는 설화가 있다.
인과	저출산 문제에 대한 국가 차원의 정책이 시급하다. **왜냐하면** 저출산으로 인한 생산인구의 감소가 국가 경쟁력을 떨어뜨리기 **때문이다.**

연습하기

1. 다음 글에서 어떤 종류의 담화표지가 사용되었는지 찾아봅시다.

> 많은 신입사원이 회사에 처음 들어가서 월급을 받았을 때 자신이 예상했던 급여보다 적어서 당황한다. 1) 예를 들어 자신의 급여가 300만 원이라 생각하고 열심히 일을 했는데 실제 받는 돈이 220만 원이라면 당황하지 않을 수 없을 것이다. 왜 이런 일이 발생하는가? 2) 왜냐하면 월급에서 공제된 부분이 있기 때문이다. 우리는 공제된 것을 세금이라고 한다. 공제에는 의료 보험, 산재 보험, 고용 보험 등이 포함된다. 3) 게다가 퇴직 연금도 월급에서 빼기 때문에 월급이 더 적어진다. 그래서 실제 월급과 연봉은 절대 똑같지 않다는 것을 알게 된다. 4) 하지만 신입사원들은 이 부분을 간과하고 생각보다 적은 급여 때문에 한숨을 쉬는 경우도 있다.
>
> * 공제되다, 산재 보험, 고용 보험, 퇴직 기금, 간과하다, 한숨을 쉬다

1) 예를 들어→ (예시)　　　　　　　2) 왜냐하면-기 때문이다. → (　　　)

3) 게다가 → (　　)　　　　　　　　4) 하지만 → (　　　)

◆ 다음 질문을 읽고 답해 봅시다.

여러분은 어떤 방식으로 돈을 절약하는가? 오늘 이 자리에서 나의 절약 방법을 간단히 소개하겠다.
절약하는 방법은 여러 가지가 있다. 1) <u>우선</u> 돈 관리 계획을 잘 세우는 것이다. 생활비를 사용할 때 계획을
잘 세우면 새는 돈을 막을 수 있다. 예를 들어 사람들은 장을 볼 때 필요 없는 것까지 구입하거나 충동구매
를 하기 때문에 생각하지도 못한 낭비를 하게 된다. 이런 낭비를 줄이기 위해서는 필요한 물건의 목록을 만
드는 것이 중요하다. 또한 생활비, 저축 금액, 여유 자금 등을 나누어 사용할 수 있도록 월초, 연초에 미리
계획하는 것이 필요하다.

2) <u>다음으로는</u> 매달 고정된 금액을 저금하는 것이다. 3) <u>다시 말해</u> 아르바이트를 하거나 일을 해서 버는
돈의 몇 %를 정해 저금을 하고 나머지 돈으로 생활을 하는 것이다. 저금하고 나머지 돈으로 생활하게 되면
불필요한 지출을 줄일 수 있다.

마지막으로 실생활에서 지나칠 수 있는 사소한 부분도 절약하는 습관을 기르는 것이다. 외식을 자주 하
기보다는 재료를 사서 집에서 해 먹는 것도 좋은 습관이고 전자기기를 사용하지 않을 때는 콘센트를 뽑아
놓는 것도 돈을 절약하는 방법이다. 4) <u>그리고</u> 가급적 일회용품도 줄이고 재활용도 할 수 있는 물건을 구입
해서 사용하면 환경 보호도 되고 절약도 할 수 있어서 일석이조의 효과를 볼 수 있다.

* 새다, 여유 자금, 고정되다, 일석이조

2. 밑줄 친 곳의 뜻과 비슷한 담화표지를 써 봅시다.

[보기] 먼저, 따라서, 또한, 즉, 둘째, 그런데, 특히

1) 우선 → (　　　　)　　　　　　　　2) 다음으로는 → (　　　　)

3) 다시 말해 → (　　　　)　　　　　　4) 그리고 → (　　　　)

3. 2번에서 찾은 담화표지 외에 또 어떤 담화표지를 사용했는지 찾아봅시다.

4. 알맞은 담화표지 찾기

1) 다음 문장은 연결이 어색합니다. 밑줄 친 담화표지를 앞 문장과 뒤 문장이 서로 어울리게 고쳐 써 봅시다.

① 현재 동남아의 많은 국가에서 한국어를 할 수 있으면 월급의 2배를 받을 수 있다고 합니다. 예를 들어 한국어를 배우려는 사람들이 늘고 있습니다.

（　그래서　）

② 국가의 리더 즉, 지도자의 책임과 역할은 매우 중요하다. 리더의 책임과 역할에 따라 국가가 번영할 수도 있고 그렇지 않을 수도 있기 때문이다. 하지만 리더는 세상이라는 넓은 바다에서 국민의 미래를 책임지는 항해사인 것이다.

（　　　　　　　）

③ IQ가 높다고 공부를 잘하거나 자신의 분야에서 뛰어난 성과를 내지는 않습니다. 우선 IQ와 EQ가 모두 높다면 다방면으로 뛰어난 감각을 가지기 때문에 성공할 확률이 높다고 합니다.

（　　　　　　）

④ 유학이 부정적인 면만 있는 것이 아니다. 일자리를 구할 때 유학한 나라와 자신의 나라를 고려할 수 있어서 선택의 폭이 넓다는 장점이 있다. 다만 외국에서 공부하면서 일도 하고 학교 동아리 활동도 할 수 있어서 사회 경험도 훨씬 풍부해질 것이다.

（　　　　　　）

⑤ 세상에 사람만큼 귀한 것은 없으며 직업에 귀천도 없다. 하지만 요즘은 사회 곳곳에서 감정 노동자들을 함부로 대하는 사람들이 많다. 사람 위에 사람 없고, 사람 밑에 사람 없다는 말이 있다. 일례로 모든 사람이 똑같이 존중받아야 한다.

（　　　　　　）

⑥ 덧붙여 미세먼지가 목 건강에 미치는 영향부터 살펴보겠다. 다음으로는 미세먼지의 주된 원인을 살펴볼 것이다.

（　　　　　　）

2) 문장에 맞는 알맞은 담화표지를 고르십시오.

① 지난달 정부가 내놓은 부동산 대책으로 지방의 집값은 어느 정도 안정이 됐다. (다음에 / 하지만) 서울 집값은 소폭 상승했다.

② 미세먼지는 건강에 나쁜 영향을 준다. (그러므로 / 마지막으로) 밖에 나갈 때는 마스크를 사용하는 것이 좋다.

③ 추운 겨울에는 사람들이 따뜻한 탕 종류의 음식을 많이 찾는다. (다음에 / 예컨대) 어묵탕, 설렁탕, 감자탕 등이다.

④ 나라의 경사스러운 날을 기념하기 위해 법으로 정한 날이 국경일이다. (그리고 / 예를 들면), 한국에는 삼일절, 제헌절, 광복절, 개천절, 한글날 등이 있다.

⑤ 사람들은 행복해지려고 많은 노력을 한다. (왜냐하면 / 또한) 행복을 추구하는 것은 인간의 본성이기 때문이다.

⑥ 많은 사람들은 건강한 환경에서 살고 싶어 한다. 하지만 세계는 미세 플라스틱 등 각종 쓰레기로 골머리를 앓고 있다. (다시 말해 / 반면에) 건강하고 깨끗한 지구에서 살려면 우리 모두가 플라스틱을 덜 사용하고 환경 보호에 힘쓰는 방법밖에는 없다.

5. <보기>에서 ( ) 안에 들어갈 담화표지를 찾아 쓰십시오.

〈보기〉 먼저, 무엇보다, 지금까지, 그리하여, 게다가, 정리하면, 예를 들어, 또한, 둘째

청년들의 실업 문제가 심각하다. 만 18세에서 39세까지 청년 실업률은 20%가 넘는다고 한다. 이러한 문제를 해결하기 위해서는 정부, 기업, 학교 등 다각적인 측면에서의 대책이 필요하다.

(먼저) 정부는 청년들이 어떤 직장을 원하는지 파악하여 적극적으로 일자리를 만들어야 한다. (①) 요즘처럼 한류의 인기로 한국을 찾는 외국인이 많아질 때 여행상품을 개발하고 관광 관련 직장에 더 많은 일자리를 만들어 내는 것도 좋을 것이다. 또한 창업이나 NGO사업 등의 다양한 정보를 제공하고 지원하는 것이 필요하다. (②) 정부가 적극적으로 돕는다면 청년 실업의 비율은 낮아질 것이다.

다음으로 기업은 대학을 졸업하기 전 학생들이 다양한 경험을 쌓을 수 있는 기회를 줘야 한다. (③) 인턴 제도를 잘 활용하면 청년들이 전공을 살려 경험을 쌓을 수 있고 자신의 흥미와 재능을 스스로 파악할 수 있는 기회가 될 수 있다. 기업은 경력자들을 선호하는 만큼 인턴 제도를 통해 능숙한 직원을 찾을 수 있고, 청년들은 인턴 제도를 통해 자신의 직업 선택에 도움을 받을 수 있으므로 이러한 제도의 확대가 필요한 것이다.

마지막으로 학교는 졸업 전 본인이 원하는 기업체에서 일을 해볼 수 있는 기회가 많아지도록 교육과정 및 교육 프로그램을 개선해야 한다. 또한 기업과 협력하여 인턴 제도를 적극적으로 활용하도록 안내하고 교과목에서도 창업 교육 및 구직이나 일자리를 위한 강좌를 개설하여 구직을 고민하는 청년들에게 도움을 주어야 할 것이다.

(④) 정부, 기업, 학교가 함께 협력하여 이 문제를 해결한다면 청년실업은 지금보다 많이 줄어들 것이다. 더 나아가 실업 문제에 대한 단기적, 장기적 대책을 마련해서 지속적인 지원을 해야 할 것이다.

* 실업률, 다각적, 파악하다, NGO사업

① ＿＿＿＿＿＿＿＿＿＿＿＿＿＿＿＿＿＿ ② ＿＿＿＿＿＿＿＿＿＿＿＿＿＿＿＿＿＿

③ ＿＿＿＿＿＿＿＿＿＿＿＿＿＿＿＿＿＿ ④ ＿＿＿＿＿＿＿＿＿＿＿＿＿＿＿＿＿＿

6. 다음 글을 읽고 질문에 답해 봅시다.

요즘 젊은 사람들의 가장 큰 고민은 취업과 결혼, 출산에 관련되어 있다. 젊은 여성들일수록 결혼과 출산을 기피하는 것으로 보인다. 직장 생활도 해야 하고 아이도 키워야 하고 집안일을 해야 하기 때문에 많은 스트레스를 받기 때문이다. 많은 여성이 결혼과 출산을 미루고 있다. 결혼을 했어도 출산은 더 미루고 있는 현실이다. 예전과 달리 결혼 후 출산이 필수가 아닌 선택이 되었다. 불과 몇 년 전까지만 해도 가장 완벽한 가정의 형태는 부부와 그 사이의 아이로 이루어진 구성이었다. 아이가 기쁨과 행복을 가져다주는 것은 부인할 수 없는 사실이다. 아이가 없으면 부부가 여행도 갈 수 있고, 여성들의 사회생활을 할 수 있는 기간도 더 길어지기 때문에 점점 변하고 있다.

* 기피하다, 부인하다

1) 이 글은 무엇에 대한 글입니까?

① 여성들의 사회 진출 현황　　　　② 청년 실업률의 원인

③ 낮아지는 출산율의 원인　　　　④ 저출산과 노령화의 관계

2) 다음 글은 위의 글을 더 자연스럽게 고친 글입니다. (　　)에 어떤 담화표지가 들어가면 좋을지 써 봅시다.

요즘 젊은 사람들의 고민은 취업과 결혼, 출산이다. (　①　) 나이가 젊을수록 결혼과 출산이 중요하지 않다고 생각하는 경향이 있다. (　②　) 직장 생활과 함께 아이도 키워야 하고 모든 집안일을 하는 것은 많은 스트레스가 있기 때문이다. (　③　) 많은 젊은이들이 결혼과 출산을 미루고 있다. 결혼을 했어도 출산을 고민하는 사람들이 많아지고 있다. (　④　) 예전과 달리 결혼 후 출산은 필수가 아닌 선택이 된 것이다. 불과 몇 년 전까지만 해도 완벽한 가정의 형태는 부부와 그 사이의 자녀로 이루어진다고 생각했다. 자녀가 주는 기쁨이 무엇과도 바꿀 수 없는 행복이라고 생각했기 때문이다. (　⑤　) 아이가 없으면 경제적으로 여유가 생기고 시간적으로도 자유로울 수 있다. 또한 자신의 능력을 계속 키울 수 있기 때문에 젊은 사람들의 생각은 점점 변하고 있다.

〈보기〉 마지막으로, 왜냐하면, 다시 말하면, 그래서, 정리하자면, 더구나, 특히, 무엇보다, 그러나

①＿＿＿＿＿＿＿＿＿＿＿＿　　　　②＿＿＿＿＿＿＿＿＿＿＿＿＿＿

③＿＿＿＿＿＿＿＿＿＿＿＿　　　　④＿＿＿＿＿＿＿＿＿＿＿＿＿＿

⑤＿＿＿＿＿＿＿＿＿＿＿＿

7. 각 문단을 간략하게 정리하고 알맞은 담화표지를 사용해 봅시다.

문화 충격
- 유학생들이 한국에 와서 느낀 점 -

(가) 한국으로 유학하는 학생들이 날로 늘고 있다. 한국의 문화를 접한 유학생들은 본인들의 나라에도 이런 문화가 있었으면 좋겠다고 말하지만 이해가 되지 않는 문화를 경험한 후에 많이 놀랐다고 한다. 그런 것들에는 어떤 것들이 있는지 한번 알아보면서 개선할 부분에는 귀 기울일 필요가 있을 것이다.

(나) 화장실용 휴지를 식탁에서 사용한다. 유학생들은 한국에 오래 살아도 이해하기 힘든 부분은 "밥 먹는 식탁에서 두루마리 휴지(화장실용) 사용하는 것"이라고 했다. 두루마리 휴지는 화장실에서 사용하는 것이지 밥을 먹는 식탁에서 사용하는 것이 아니라는 것이다. 화장실용 휴지와 일상용 휴지를 구분하는 것이 좋겠다는 의견이 있었다.

(다) 침을 너무 많이 뱉는다. 한국은 깨끗한 나라라고 생각했었다. 거리를 다니다 보면 길바닥에 침을 뱉는 한국인들이 매우 많다고 했다. 본인들의 나라에서 이러한 행동은 불법으로 벌금을 낼 수도 있을 정도로 좋지 않은 행동이라고 한다.

(라) 바쁘지 않은 상황에서도 '빨리빨리' 행동하기를 원한다. 한 유학생이 마트에 가서 쇼핑을 다 하고 계산하려고 물건을 내려놓았다. 다시 물건을 확인하고 있었는데 뒤에 있던 한국 사람이 빨리하라고 말하자, 직원은 그 유학생의 물건을 봉투에 빠르게 넣었다고 얘기했다. '저기, 잠시만요. 물건 좀 정리하면서 넣게 10초만 주실래요?'라고 했다며 그때 정말 불편했다고 말했다.

(마) 음식 먹을 때 소리를 낸다. 유학생들은 식사할 때 왜 소리를 내는지 이해할 수 없다고 했다. 특히 같이 식사를 하면서 국수를 먹을 때 후루룩, 쩝쩝 등의 소리가 너무 시끄럽다고 했다. 입을 다물지 않고 음식을 먹거나 씹을 때도 소리를 내서 괴로웠다고 지적했다.

(바) 식당에서 밑반찬을 공짜로 준다. 한국 음식점에서 밑반찬을 공짜로 주는 것은 정말 신기한 경험이었다고 말한다. 원하면 여러 번 갖다 주는 경우가 있어서 정말 고마웠다고 한다. 자신의 나라에서는 밑반찬도 많이 없고 공짜로 주는 곳이 없다고 했다. 이런 음식 문화는 정말 좋다고 했다.

◆ (나)~(바) 문단의 내용을 2~3줄 정도로 짧게 정리하고 적합한 담화표지를 넣어 문장을 만들어 봅시다.

(가) 한국으로 유학을 오는 유학생들이 많아지고 있다. 한국의 다양한 문화를 접한 유학생들은 한국 문화 중 닮고 싶은 문화가 있는 **반면에** 이해가 되지 않는 문화도 많아서 놀랐다고 한다.

(나) _____

_____

_____

(다) _____

_____

_____

(라) _____

_____

_____

(마) _____

_____

_____

(바) _____

_____

_____

05 보고서를 쓰기 위한 표현 연습

1. 형식과 목적에 맞는 표현을 구분할 수 있다.
2. 형식과 목적에 맞는 표현을 쓸 수 있다.

4장에서 보고서는 자유로운 형식이 아니라 일정한 형식이 있다고 한 것을 기억합니까? 보통은 서론, 본론, 결론의 형식이 있습니다. 여러분은 보고서를 쓸 때 서론, 본론, 결론에 맞게 글을 씁니까? 잘 사용하고 있다면 여러분은 이번 시간은 그냥 점검하는 시간이 될 것이고 잘 모르고 있었다면 각 단계에 맞는 표현을 열심히 배워서 사용하면 됩니다. 다시 말해서 서론, 본론, 결론에서 많이 사용하는 표현을 배우고 이것을 사용해서 연습을 할 겁니다. 이러한 표현을 잘 사용하면 좋은 글이 될 수 있으며 글의 내용도 자연스럽고 풍부해질 수 있습니다.

자유 글쓰기가 아닌 이상 우리는 항상 목적에 맞게 글을 써야 합니다. 보고서 또한 목적이 있습니다. 또 목적에 맞게 쓰려면 일정한 형식도 갖추어야 합니다. 우리는 이번 시간에 글쓰기 단계에 따른 형식과 표현에 대해서 공부할 겁니다. '보고서는 왜 형식을 지켜야 하고 다양한 표현이 써야 하지?'라고 힘들어하지 마시고 형식을 이해하고 기본적인 표현들을 배워서 좋은 보고서를 써 보도록 합시다.

5.1 보고서를 쓸 때 자주 사용하는 표현 연습하기

◆ **보고서를 시작할 때 사용하는 표현**

보고서를 시작할 때 가장 앞에 쓰는 부분을 서론이라고 한다. 서론은 본론에 들어가기 전에 내용의 전개를 위한 길잡이 역할을 하는 것이다. 서론에서는 쓰고자 하는 내용에 대한 화제를 언급하거나 글의 목적을 쓰는 경우가 많다.

	-을/를	주장하려고 한다.
이 보고서에서 이 글은/ 이 연구는/ 이 보고서는	-에 대해	
	-을/를 목적으로 한다.	
	-은/는 배경에서 시작되었다.	
	-을/를 살펴보고자 한다.	
	-고자 한다.	

ㄱ **이 보고서는** 젊은 사람들이 귀농 또는 귀촌을 하게 된 **배경에서 시작되었다.**

ㄴ **이 글은** 한국에서 유학 중인 학부 유학생의 한국어 **실력 향상을 목적으로 한다.**

ㄷ **이 연구에서는** 요즘 사회 문제로 대두되고 있는 **저출산과 고령화에 대한 해결 방법을 찾고자 한다.**

1. 보고서에서 글을 시작할 때 많이 사용하는 표현을 사용하여 문장을 만들어 봅시다.

미세먼지와 폐암과의 관계	신조어로 인한 세대 갈등	출산으로 인한 경력 단절

1) **이 보고서에서는** 미세먼지로 인한 폐암 증가의 관계를 **설명하고자 한다.**

2) _____ 신조어로 인한 세대갈등 _____

3) _____

◆ **보고서 내용의 논리적 강화 표현**

본론에 들어갈 표현은 보고서 내용을 조금 더 풍부하게 만들어 준다. 여기에는 반드시 '근거' 가 들어가야 한다. 근거를 더 풍부하게는 만드는 것에는 정의하기, 예시하기, 비교·대조하기, 분류·분석하기 등 다양한 글쓰기 방법이 있다. 그리고 본론에서는 주장하는 글을 뒷받침해 주는 사례가 있어야 하며 단락들은 논리적인 연계성을 지녀야 한다.

1. 정의하기 표현

어떤 대상의 개념과 특징을 활용하여 그것의 의미를 나타내는 설명 방법을 '정의'라고 한다. 다시 말해서 정의는 어떤 말이나 사물의 뜻을 정확히 설명하는 것이다. 어떠한 단어나 문장에 대해 정의를 할 때는 그것이 어떤 분야에 포함이 되는지, 어떤 특징이 있는지에 대해 알아야 한다.

-은/는 ~이다	-은/는 ~(이)며 - 은/는 ~이다.
-(이)란 을/를 말한다. -(이)란 ~이다	-은/는 -을/를 의미한다./일컫는다.
-(이)라고 정의되고 있다/정의할 수 있다./한다.	

예> **민주주의란** 국가의 주권이 국민에게 있고, 국민이 권력을 가지며 그 권력을 스스로 행사하고 국민을 위하여 정치를 하는 제도를 말한다. 또는 그러한 정치를 지향하는 **사상을 말한다.**

⊙ 한글은 대한민국의 고유 문자**를 의미한다.**

⊙ 토픽(TOPIK)시험의 응시 **대상은** 한국어를 모국어로 하지 않는 재외동포 및 외국인으로서 한국어 사용 능력 **평가를 원하는 사람이다.**

⊙ 보고서란 일정한 양식을 갖춰서 보고하거나 설명하기 위해 쓰는 **글이다.**

연습하기

1. 다음 글에서 <정의하기 표현>을 찾아 써 봅시다.

1)

애완동물(pet)은 인간이 주로 즐거움을 위해 키우는 동물을 말한다. 하지만 오늘날에는 인간의 즐거움을 위해 존재하는 애완동물의 의미보다 사람과 더불어 같이 사는 반려동물이라는 의미를 더 선호한다. 따라서 사람의 장난감이 아닌 인간과 더불어 같이 살아가는 존재로서의 반려동물이라고 부르는 것이 좋을 것이다.

☞ _____

2)

요즘 방송이나 주위에서 흔히 들을 수 있는 단어 중에 '꼰대'라는 단어가 있다. 국립국어원 표준국어대사전에 따르면 꼰대란, 학생들의 은어로 권위적인 생각을 가지고 그렇게 행동하는 사람들을 일컫는다. 최근에는 어른들이 자신의 경험이나 생각을 일반화하여 자신보다 어리거나 지위가 낮은 사람에게 일방적으로 강요하는 것을 '꼰대질'이라고 한다.

☞ _____

2. <정의하기 표현>으로 쓴 문장을 살펴봅시다.

화제: 인공지능(AI)	
상위 개념	화제의 내용
컴퓨터 시스템	사고, 학습, 자기 계발

☞ 인공지능(AI)은 인간의 지능으로 할 수 있는 사고, 학습, 자기 계발 등의 기능을 갖춘 컴퓨터 시스템으로 컴퓨터 공학의 한 분야이다.

3. <정의하기 표현>을 사용하여 문장을 만들어 봅시다.

1)	화제: 고령화 사회
상위 개념	개념
인구 비율	총인구 중 65세 이상의 인구가 차지하는 비율이 7% 이상

☞ _____

_____

2)	화제: 문화충격
상위 개념	개념
문화인류학	완전히 다른 문화 환경이나 새로운 사회 환경을 접했을 때의 감정의 불안, 판단하기 어려운 상태

☞ _____

_____

2. 예시 표현

　구체적인 예를 통해 대상을 설명하는 방법을 '예시'라고 한다. 여러 가지 조건들을 나열할 수도 있다. 예시는 구체적인 예를 통해서 쉽게 이해할 수 있도록 설명하는 것이다. 예시에는 나열하기와 설명하기가 있다.

-이/가 그런 예이다.　　예를 들면　　예를 들어　　예컨대
A,B,C을/를 그 예로 들 수 있다.　　-이/가 대표적인 예라고 할 수 있다.
-의 예로-　　다음과 같이 열거할 수 있다.
을/를 예로 들어보자./보겠다.　-등이 있다.

　예> 영화 장르에는 여러 가지가 있다. **대표적인 예**로 로맨틱 코미디가 있다. 이 특징**의 예로** 우선 남녀가 있어야 하고, 코미디가 있어야 하며 사랑의 이야기가 나타나야 한다. (나열 방식)

　예를 들어 로맨틱 코미디 영화는 두 남녀의 갈등에 코미디 요소가 더해져 나중에는 사랑으로 결실을 맺는 영화다. (설명 방식)

- ㉠ 지구 온난화로 인해 세계가 몸살을 앓고 있다. **온난화의 현상을 예로 들면** 여름은 점점 더워지고, 겨울에도 춥지 않으며, 태풍은 계절에 상관없이 자주 발생하는 것이다.
- ㉡ 요즘은 말을 많이 줄여서 사용한다. 혼자 밥을 먹는 혼밥, 혼자 술을 마시는 혼술, 혼자 영화를 보는 혼영 **등을 그 예로 들 수 있다.**
- ㉢ 세계 정치에 영향을 미친 정치인이 많다. 영국의 윈스터 처칠, 미국의 에이브러햄 링컨 등이 **대표적인 예라고 할 수 있다.**

연습하기

1. 다음 글에서 <예시 표현>을 찾아 써 봅시다.

1)

> 한국 문화와 한국어가 인기를 끌면서 한국을 방문하는 외국인이 늘고 있다. 외국인들이 부러워하는 한국 문화의 예로 배달 문화, 24시간 영업, 인터넷 속도, 편리한 대중교통을 들 수 있다.

☞ _____

2)

> 한국 속담 중에 '세 살 버릇이 여든 간다.'라는 말이 있다. 좋은 습관, 잘못된 습관들로 인해 평생 이로울 수도, 해로울 수도 있다는 의미의 속담이다. 예를 들어 손톱을 깨무는 버릇이라든지 다리를 떨거나 하는 등의 안 좋은 습관을 어릴 때 고치지 않는다면 평생 잘못된 습관을 고치기 어렵다는 것이다.

☞ _____

2. <예시 표현>으로 쓴 문장을 살펴봅시다.

100세까지 건강하게 사는 방법
– 좋은 생활 습관, 긍정적인 마음, 주변 사람들과의 교류, 규칙적인 식습관

☞ 이제는 100세 시대라고 불리는 세상이 왔다. 100세까지 건강하게 사는 방법에는 어떤 것들이 있을까? 좋은 생활 습관, 힘들고 우울한 일이 있어도 스트레스를 받지 않고 긍정적으로 생각하는 마음, 혼자만 지내지 말고 주변 사람들과 교류도 하면서 즐겁게 지내는 것, 또한 규칙적인 식사가 대표적인 예라고 할 수 있다.

3. <예시 표현>을 사용하여 문장을 만들어 봅시다.

1)

외국인이 가장 좋아하는 한국 음식
불고기, 삼겹살, 잡채, 치킨, 비빔밥, 삼계탕

☞ _____

_____

_____

2)

한국의 국경일
3.1절(3월 1일), 제헌절(7월 17일), 광복절(8월 15일), 개천절(10월 3일), 한글날(10월 9일)

☞ _____

_____

_____

3. 비교, 대조하기 표현

대상 간의 공통점과 차이점을 사용하여 설명하는 방법을 '비교, 대조'라고 한다. 비교와 대조는 같은 범주 안에 속해 있어야 한다. 비교는 둘 이상 사물 간의 유사점을 말하고, 대조는 다른 점을 말한다.

A와 B는	-(이)라는 공통점이 있다./ -이/가 유사하다. -와/과 동일하다./ -(이)라는 점이 비슷하다.
A와 B는	-(이)라는 차이점이 있다./-이/가 다르다. -와/과 반대로 -는다는 점에서 차이가 있다./다르다
이와 마찬가지로, 이와는 반대로, 대조적으로, 반면에	

예> 엘리뇨(El Nino)와 라니냐(La nina)는 모두 지구 온난화 때문에 생겨난 **단어라는 공통점이 있다. (비교)** 하지만 엘리뇨는 해수의 온도가 상승하여 홍수나 폭우를 만들어 내고, 라니냐는 해수의 온도가 하강하여 한파를 만들어 **낸다는 점에서 차이가 있다. (대조)**

> ㉠ 언어 측면에서 보면 **한국, 중국, 일본은** 모두 **한자권이라는 공통점이 있다.**
> ㉡ 백화점에 비해서 **마트와 시장은** 물건을 싸게 살 수 있다는 점이 다르다.
> ㉢ **축구와 야구는** 모두 구기 종목이라는 **공통점이 있지만** 축구는 발로 하는 운동이고, 야구는 손으로 하는 운동**이라는 차이점이 있다.**

연습하기

1. 다음 글에서 <예시 표현>을 찾아 써 봅시다.

   1)

   > 연극과 영화는 모두 등장인물의 연기를 통해 이야기를 표현한다. 연극과 영화는 대본에 의존하는 종합예술이라는 점이 유사하다. 영화는 스크린을 통해 관객과 만나지만 이와는 반대로 연극은 배우와 관객이 직접 만난다는 차이점이 있다.

   ☞비교: _____

   ☞대조: _____

   2)

   > 우리나라의 대표적인 술로 막걸리와 소주를 들 수 있다. 막걸리와 소주는 곡식이 주원료라는 공통점을 가진다. 막걸리는 더운 남쪽에서 더 많이 마셨다. 땀을 많이 흘리기 때문에 수분이 많은 막걸리를 애용했고, 이와는 반대로 소주는 북쪽에서 더 많이 마셨다. 춥기 때문에 몸을 따뜻하게 하기 위해서다.

   ☞비교: _____

   ☞대조: _____

2. <비교, 대조하기 표현>으로 쓴 문장을 살펴봅시다.

종이책 / 전자책(e-book)	
공통점	정보 전달, 상상력, 교훈
차이점	가격, 휴대의 편리성

☞ 종이책과 전자책은 모두 문자로 정보를 전달해 주고, 상상력을 키워주며 교훈을 준다는 점이 비슷하다. 종이책은 전자책에 비해 가격이 비싸고 휴대하기가 불편하다. 이와는 반대로 전자책은 종이책에 비해 싸며, 종이책과 다르게 휴대하기가 편리하다는 차이가 있다.

3. <비교, 대조하기 표현>을 사용하여 문장을 만들어 봅시다.

1)

띠(Year of Animal) / 별자리(Horoscope)	
공통점	숫자 (12), 시간
차이점	동양과 서양, 음력과 양력

☞

2)

텔레비전 / 라디오	
공통점	
차이점	

☞

4. 분류, 분석하기 표현

일정한 기준으로 나누어 설명하는 방법을 '분류'라고 하며, 하나의 대상을 이루는 구성 요소들을 하나하나 설명하는 방법을 '분석'이라고 한다. 분류는 상위 개념과 하위 개념을 사용하여 체계를 보여주며 분석은 분석된 요소가 어떤 기능을 하는지 또 어떤 연관이 있는지 전체적으로 파악하기 위해 하나하나 나눠 설명한다.

분류	-은/는	-에는 - 가 포함된다. -(으)로 분류된다.
		-에 따라 -(으)로 나눌 수 있다. -에 속한다.
분석	-은/는	-(으)로 이루어져 있다. -는 역할을 한다.
		-(으)로 구성된다.

예>교통수단은 공간을 기준으로 육상교통, 항공교통, 수상교통으로 분류하는 것이 일반적이다. (분류) 여러 교통수단 중 자동차의 전면부는 보닛, 윈드실드(앞유리), 범퍼, 라디에이터 그릴, 헤드램프로 이루어져 있다. (분석)

○ **쓰기 수업은** 쓰기 전 단계, 쓰기 본 단계, 쓰기 후 단계**로 구성되어 있다.**
○ **서양 악기는** 연주 형태에 따라 현악기, 관악기, 타악기**로 나눌 수 있다.**
○ **현악기는** 줄의 진동으로 소리를 내는 악기를 뜻하며 서양 악기의 바이올린, 한국 악기의
   가야금이 **여기에 포함된다.**

연습하기

1. 다음 글에서 <분류, 분석하기 표현>을 찾아 써 봅시다.

> 올림픽은 IOC가 4년마다 개최하는 국제 스포츠 대회이다. 여름에 열리는 하계 올림픽, 겨울에 열리는 동계 올림픽으로 이루어져 있다. 올림픽은 고대 그리스에서 전쟁을 끝내기 위한 명분으로 올림피아제를 제안하여 시작되었다. 동계 올림픽은 하계 올림픽에 비해 경기 종류가 다양하지는 않다. 동계 올림픽은 크게 설상 종목, 빙상 종목, 슬라이딩 종목으로 분류된다. 빙상 종목은 모두 스케이트화를 신는데 그중 피겨 스케이팅(Figure skating)에서 신는 스케이트화는 부츠와 스케이트 날로 이루어져 있으며 부츠는 발목, 신발, 밑단, 굽으로 구성된다.

☞분류: _____

☞분석: _____

2. <분류, 분석하기 표현>으로 쓴 문장을 살펴봅시다.

한류 (K-culture)	한국 음악
	한국 영화
	한국 드라마

> 1990년대 시작, 한국, 신조어, K-POP, 해외 진출, H.O.T, 보아, 싸이, BTS

[분류] 한류는 한국 음악, 한국 영화, 한국 드라마 등으로 나눌 수 있다.

[분석] 한류는 1990년대 한국 문화가 다른 나라에 급속하게 전파되고 영향력이 많아지면서 등장한 신조어이다. 1998년 본격적으로 한국의 대중음악이 해외로 진출하기 시작하면서 등장했는데 특히 K-POP은 H.O.T를 시초로 보아(BoA), 싸이(Spy), BTS 등이 세계의 이목을 끄는 데 큰 역할을 했다.

3. 아래의 내용으로 <분류, 분석하기 표현>을 써 봅시다.

1)

문학	시
	소설
	수필

> 소설의 내용, 인물, 사건, 배경

[분류] _____

_____

[분석] _____

_____

2)

한국 방언	지역에 따라	경상도
		전라도
		충청도
		강원도
		제주도

> 경상도 방언, 사투리, 구어체와 문어체를 같이 사용, ~나,~노,~마 등으로 끝나는 말이 많음, 억양에 따라 의미가 달라짐.

[분류] _____

_____

[분석] _____

_____

◆ **보고서를 마무리할 때 사용하는 표현**

보고서를 끝낼 때 마지막에 쓰는 부분을 결론이라고 한다. 결론은 지금까지 쓴 내용을 정리하는 부분이다. 즉, 본문을 마무리하는 기능으로 새로운 기능이 추가되어서는 안 되고 본론의 내용을 요약해서 간략하게 언급하거나 자신의 의견, 생각을 쓴다. 또한, 마지막에 보고서 내용의 한계에 대해서 간단하게 기술해도 좋다.

지금까지	-에 대해 살펴보았다. -에 대해 고찰해 보았다.
	-에 대해 살펴본 것이다.
	이 글을 정리하면 -(이)다. 이 보고서를 종합하면 다음과 같다.
	이 보고서에서는 - 을/를 검토하였다. -기 위해서 - 해야 할 것이다.

ㄱ **지금까지** 보고서를 잘 쓰는 방법**에 대해 살펴보았다.**
ㄴ **지금까지** 기회비용의 장점과 단점**에 대해 고찰해 보았다.**
ㄷ **이 보고서에서는** 유학생들의 한국 역사 인식**을 검토하였다.**

연습하기

1. 배운 표현을 사용하여 문장을 만들어 봅시다.

한국 영화의 변천사	외환위기	국제결혼 비율

1) **지금까지** 한국 영화의 변천사**에 대해 살펴보았다.**

2) _____ 외환위기 _____

3) _____

5.2 정리하기

앞에서 배운 표현을 활용해 짧은 보고서를 써 봅시다. 여러분이 쓰고 싶은 주제를 하나 선택해서 정의를 내리고, 그것을 예를 들어 설명하거나 비교 및 대조, 분류, 분석하는 보고서를 쓰십시오.

1. 〈보기〉 대중 매체의 기능

서론	대중 매체의 사회적 영향에 대해 살펴보고자 한다.
본론	· 정의: 의사 전달 수단이다. · 예시: 영화, 드라마, 책, 블로그, 신문 등이다. · 비교 및 대조: 정보 전달 / 영상매체, 인쇄 매체 · 분류 및 분석: 텔레비전, 라디오, 컴퓨터-전파나 영상을 사용하는 매체. 　　　　　　　요즘은 인터넷의 쌍방향 소통도 가능해짐.
결론	**이 보고서에서는** 대중 매체가 사회에 끼치는 다양한 기능을 **검토하였다.**

1) 여러분은 본론에서 어떤 표현으로 설명할 것입니까? (예: 예시하기)

_____

_____

2) 위의 1)에서 선택한 형식으로 써 봅시다.

_____

_____

_____

_____

_____

◆ 주제를 선택해서 글을 완성해 봅시다.

2. 〈보기〉 학교 폭력 (집단 따돌림)   빈부격차

서론	
본론	· 정의: · 예시: · 비교 및 대조: · 분류 및 분석:
결론	

06 보고서 화제 선정과 제목 정하기

학습목표

1. 보고서를 쓸 때 화제를 구체적으로 정할 수 있다.
2. 보고서 주제에 맞는 제목을 정할 수 있다.
3. 보고서 주제에 따라 목적과 독자를 설정할 수 있다.
4. 보고서의 형식에 맞게 보고서를 계획할 수 있다.

여러분, 보고서를 계획할 때 어떻게 하고 있나요? 무작정 주제를 받고 쓰고 있지 않나요? 보고서를 쓰기 전에 해야 할 일들이 많습니다. 우선 내가 어떤 주제로 보고서를 쓸 것인지를 결정해야 합니다. 물론 교수님께서 내준 주제대로 보고서를 쓸 수 있지만 그 주제에 자신만의 생각이 첨가된다면 더 좋습니다.

보고서를 다 쓰고 나서 보고서를 제출할 때도 그냥 보고서 또는 리포트, 과제물이라고 쓰고 제출하지는 않나요? 보고서를 제출할 때 자신의 보고서에 제목을 붙여서 제출한다면 다른 과제물과 차별성을 둘 수 있습니다. 또한 교수님께 다른 학생의 보고서와 차이가 있다는 인식을 줄 수 있어서 더 좋습니다.

이번 시간에는 보고서를 쓰기 위해서 어떻게 계획해야 하는지 그 방법을 배우고 자신의 보고서에 제목을 붙이는 방법도 배워보도록 하겠습니다. 자신의 보고서에 제목을 붙이면 좀 더 특별한 보고서가 될 테니까 함께 해 봅시다.

> 1. 보고서를 쓰기 위해 가장 먼저 생각해야 할 것은 무엇입니까?
> 2. 주제를 정하고 나서 보고서 제목을 어떻게 만들어야 합니까?
> 3. 보고서를 계획하려면 어떻게 해야 합니까?

6.1 보고서 계획하기의 요소

보고서를 쓰기 위해서는 먼저 전체적인 계획이 필요한데 그 계획에 앞서서 필요한 요소들을 생각해 봐야 한다.

화제 설정	화제를 쉽게 말하면 글의 재료다. 보통 교수님이 보고서를 제출하라고 할 때 제시하는 경우가 많다. 화제는 교수님이 제시해 주기도 하지만 좀 더 구체적으로 정하거나 범위를 좁혀서 화제를 정하면 글을 쓸 때 더 도움이 되고 좋은 글을 쓸 수 있다. 　화제와 주제를 비슷하다고 생각할 수 있지만 화제라는 재료를 가지고 글을 쓰는 사람이 자신의 의견과 생각을 함께 제시한 것이 주제라고 할 수 있다.
독자 설정	독자는 글을 읽는 사람이다. 독자는 글쓴이가 글로써 설명하고 설득하려는 대상이다. 대학 보고서를 읽는 사람은 교수님이나 평가자이므로 독자를 항상 고려해야 한다.
목적 설정	'글을 왜 쓰는가'를 항상 생각하고 써야 한다. 글의 목적이 분명하지 않으면 좋은 글이 될 수 없다.

◆ **다음 글을 읽고 화제, 독자, 목적을 생각해 봅시다.**

> 대학 도서관에 가 봤는가? 대학 도서관에 있는 학생들을 보면 대부분 전공 공부보다는 취업 공부를 하는 학생들이 많은 것을 볼 수 있다. 취업을 위한 외국어 공부나 취업, 면접 공부를 하는 학생들이 많은 것이다. 한국 학생들은 고등학교 때는 대학 입시를 위해 공부하고, 대학생 때는 취업을 위해 공부하는 것 같다. 그러면 대학은 취업을 위한 사다리 역할만을 하는가? 대학의 사회적 역할은 무엇인가를 생각해 보지 않을 수 없다.
>
> 대학의 최종 목표는 학문 탐구에 있다. 그러나 요즘은 그 역할을 제대로 수행하지 못하고 있는 것 같다. 대학의 평가는 학문 탐구보다는 얼마나 많은 학생이 취업을 했는가에 달려 있으며, 대학에 대한 사람들의 인식도 학문 탐구보다는 단순히 취업 전 거쳐야 할 장소라고 생각하고 있다. 그래서 대학의 존재 이유를 다시 생각해보아야 한다. 즉, 대학의 역할인 학문 탐구에 더 집중할 필요가 있는 것이다. 그렇지 않다면 '대학'이라는 존재가 취업을 위한 학원으로 전락할 수 있다는 것을 잊지 말아야 한다.

글의 화제: 대학과 취업
글의 독자: 대학생
글의 목적: 대학의 존재 이유를 생각해 보고 대학의 최종 목표를 바로잡기 위해 설득하고자 한다.

1. 글을 구상할 때 화제, 독자, 목적을 충분하게 생각해 보는 것이 중요합니다. 아래는 다양한 보고서 주제들입니다. 앞에서 배운 것처럼 글의 화제, 독자, 목적을 나누어서 작성해 봅시다.

1) 대학생들이 쓰는 언어를 조사한 후 분석해서 외국인 유학생에게 알리는 글을 쓰려고 한다. 이 주제에서 화제와 독자, 목적을 생각해 보고 아래의 빈칸에 써 봅시다.

글의 화제	예〉 대학생이 쓰는 신조어 조사
글의 독자	
글의 목적	

2) 뉴미디어의 등장에 따른 매체의 변화와 미래 사회에 대한 내용으로 글을 쓰려고 한다. 이 주제에서 화제, 독자, 목적을 분류해서 빈칸에 써 봅시다.

글의 화제	예〉 유튜브의 성장과 발전
글의 독자	
글의 목적	

3) 한류와 자국의 문화 비교라는 주제로 글을 쓰고자 한다. 이 주제를 가지고 글을 쓸 때 화제, 독자, 목적을 구분해서 아래의 빈칸을 써 봅시다.

글의 화제	예〉 한국의 K-pop과 고향의 노래 비교
글의 독자	
글의 목적	

6.2 보고서 화제 좁히기와 수정하기

1. 화제 좁히기

　글쓰기를 할 때 화제가 넓을 때보다 화제가 좁을 때 쓰기가 더 편하다. 예를 들어 '언어생활'이라는 화제는 글을 쓰기가 막막하다. '언어생활'보다는 현대인의 언어생활이 범위를 더 좁힌 것이고 현대인 중에서도 '대학생의 언어생활'이 화제의 대상을 더 좁힌 것이라고 할 수 있다. 더 나아가서 '대학생이 쓰는 신조어와 유행어'라고 화제의 내용을 좁히면 내용이 더 명확하고 구체적이어서 글을 쓰기에 적당하다. 화제 좁히기는 <2장 요약하기>의 일반화하기에서 하위 항목을 찾는 방법과 비슷하다. 2장에서 배웠던 것을 다시 확인하면서 화제를 좁혀 봅시다.

하위 항목으로 화제 좁히기

2. 화제 수정하기

　보고서 주제를 받았을 때 구체적인 화제가 주어질 때도 있지만 보통은 그렇지 않다. 주어진 화제에 대해 글을 잘 쓰기 위해서는 자신에게 맞는 화제로 수정할 필요가 있다. 예를 들어 문화 수업에서 '한국의 문화와 다른 나라의 문화 비교'라는 화제가 주어졌다면 자신이 좀 더 잘 알고 잘 쓸 수 있는 화제인 '한국의 K-POP과 자국의 최신 노래 비교'로 화제를 수정하는 것이 좋다. 또는 '한국의 드라마와 자국의 드라마 비교' 라는 주제로 수정할 수 있다. 그 외에도 자신이 관심이 있는 화제를 생각해 보고 구체적으로 화제를 수정할 수 있다.

화제 수정하기

한국의 문화와 다른 나라 문화의 특성 비교 →	관심 분야	화제를 구체적 내용으로 수정
	대중문화	한국의 드라마와 자국의 드라마 비교
		한국의 K-POP과 자국의 노래 비교 (선택)

1. 앞에서 배운 것처럼 넓은 화제를 좁히는 연습을 해 봅시다. 자신이 쓸 수 있는 화제를 정하는 것이 무엇보다는 중요합니다. 또 주제가 정해져도 자신이 쓸 수 있는 구체적인 화제로 수정해보도록 합시다.

1) 사회적 차별

먼저 차별하면 떠오르는 것들을 생각해 봅시다.

예〉 여성 차별, 장애인 차별, 외국인 차별........

2) 뉴미디어와 생활

먼저 뉴미디어에 대해서 생각나는 대로 써 봅시다. 그중에서 관심 있는 화제를 정해 구체적으로 수정해 봅시다.

예〉 스마트폰, 유튜브, SNS....

뉴미디어와 생활	→	관심 분야	
		스마트폰	①
			②

→ ①과 ② 중에서 더 관심 있고 잘 쓸 수 있는 화제 선택

6.3 보고서 제목 정하기

보고서를 제출할 때 보고서의 제목이 있는 것이 좋을까? 아니면 없는 것이 더 좋을까? 그냥 보고서, 리포트, 과제물이라고 써서 제출하는 것보다는 제목을 작성해서 제출하는 것이 더 좋다.

다음 글을 읽고 어떤 제목을 정하면 좋을지 생각해 봅시다.

제목은 보고서를 쓰기 전에 정하고, 보고서를 쓴 후 고쳐 쓰기를 할 때 다시 한 번 수정하는 것이 좋다. 보고서를 쓰기 전에 제목을 정하면 글을 쓸 때 어렵지 않게 쓸 수 있다. 제목이 정해져 있으면 그 제목에 맞게 글의 구성이나 세부 문장 표현 등을 쓸 수 있어서 글의 일관성이 생긴다. 보고서를 쓴 후 고쳐 쓰기를 할 때 제목을 수정해야 한다면 처음에 구상했던 내용과 달라지기 때문에 보고서 제목을 수정할지 고민해야 한다. 즉 내가 쓴 보고서의 내용이 잘 표현된 제목인지를 생각하고 그렇지 않다면 다시 정해야 한다.

글을 읽는 사람은 제목만 보고도 그 글을 읽고 싶은지 아니면 글을 읽고 싶지 않은지를 결정하게 된다. 제목을 통해 보고서의 내용을 추측하고 읽을지를 결정하는 경우가 많기 때문이다. 보고서의 내용과 맞지 않는 제목이라면 결국 글을 읽는 사람은 잘 이해할 수 없을 뿐만 아니라 읽기를 포기할 수도 있기 때문에 보고서 제목은 신중하게 정해야 한다.

* 일관성

1. 위의 글을 읽고 맞는 답을 고르십시오.

　① 보고서 제목은 항상 재미있고 특징이 있게 지어야 한다.
　② 보고서 제목은 독자에게 흥미나 호기심을 유발할 수 있다.
　③ 보고서 제목을 한번 정하고 나면 다시 수정할 필요가 없다.
　④ 보고서 제목은 글을 쓴 후 맨 마지막에 정하는 것이 더 좋다.

2. 위의 글의 제목으로 어울리는 것을 고르십시오.

　① 신중하게 결정한 보고서 제목
　② 보고서 제목의 일관성과 수정
　③ 보고서 제목을 정하기 위한 과정과 제목의 기능
　④ 보고서 제목에 대한 목적과 내용을 예측하는 방법

1. 보고서 제목을 짓는다는 것은 보고서의 얼굴을 만드는 것과 같습니다. 제목을 만들기 위해 서는 아래의 보기와 같은 표현을 쓰면 좋습니다. 여러분도 아래의 어휘를 보고 보기의 표현 중에서 알맞은 것을 골라 제목을 정해 봅시다.

보기			
~의	~에 대한/~에 관한	~을/를 위한	~에 따른

1) 기후 변화, 대학 교육, 프로그램 개발

예〉 기후 변화를 위한 대학 교육 프로그램 개발

2) 저출산 문제, 인구 감소, 해결 방안

3) 유학생, 대학 생활 적응, 유학생회, 활성화 방안

4) 한류 문화 확산, 유학생 증가, 현상 분석

5) 한국 전래동화, 중국 전래동화, 주인공의 성별, 비교 연구

6) 외국인 유학생, 보고서 쓰기, 전략 연구

6.4 화제 좁히기와 제목 정하기

교수님이 <기후 변화>에 관해서 보고서를 제출하라고 한다. 기후 변화에 대해 여러분은 무엇을 쓸 것인지 생각해 봐야 한다.

화제는 <기후 변화>이지만 이것을 보고서로 작성하기에는 범위가 너무 넓다. 따라서 화제를 좀 더 좁혀서 구체적으로 정하는 것이 좋다.

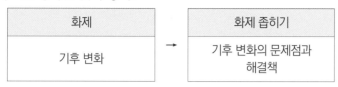

화제		화제 좁히기
기후 변화	→	기후 변화의 문제점과 해결책

좁힌 화제로 보고서를 쓰기 위해서 먼저 제목을 정하고 글쓰기를 준비하는 것도 좋다. 그러기 위해서는 글을 쓰는 목적을 다시 생각하고 독자는 누구인가 등도 고려해야 한다.

1) 왜 이 글을 씁니까?

> 예〉 기후 변화로 사람들에게 피해가 많아지고 있으므로 원인과 위험성을 알리고 해결책을 제시하려고 한다.

➡

2) 이 글을 읽는 독자는 누구입니까?

> 예〉 교수님, 같은 수업을 듣는 대학생(외국인 유학생)

➡

3) 제목을 정한다면 무엇이 좋습니까? 여러분이 한번 정해 봅시다.

4) 위에서 정한 제목이 어떻습니까? 보고서의 제목으로 알맞습니까?
   옆의 친구들과 생각을 나눠 보고 가장 좋은 제목을 다시 결정해 봅시다.

6.5 보고서 작성 계획

다음은 글을 작성하기 위한 과정이다. 즉, 보고서를 쓰는 목적에서 실제 글의 내용까지의 과정을 순서대로 제시한 것이다. 앞에서 제시한 <기후 변화의 문제점과 해결책>이라는 화제를 가지고 순서대로 진행 과정을 보여줄 것이다.

① 먼저 글을 쓰기 위해서는 왜 이 글을 써야 하는지 목적을 생각하고 써 본다.
② 구체화된 화제를 생각하고 그 글의 전체 주제가 가장 잘 표현될 수 있도록 제목을 정한다.
③ 제목을 보고 전체 글을 포함할 수 있는 주제문을 정리해서 써 본다.
④ 전체 주제문을 생각하면서 개요를 짠다.
⑤ 개요에 맞게 각 문단 안에 각각의 소주제가 나타나게 써 본다.

① 보고서를 쓰는 목적	기후 변화의 현상과 심각성을 알리고 현실적인 대책을 마련하기 위해 글을 쓴다. 특히 개인적으로 유학생이 실천할 수 있는 방법을 알아보고자 한다.

↓

② 제목 정하기	기후 변화의 문제점과 개인의 해결방안

↓

③ 글의 주제	기후 변화로 위험한 기상 현상이 발생하고 있기 때문에 현실적으로 유학생 개인이 해결할 수 있는 방법이 필요하다.

↓

④ 개요 짜기	1) 기후 변화의 정의와 현상 2) 기후 변화의 문제점 3) 기후 변화에 대한 개인적 해결책

↓

⑤ 개요에 맞게 글쓰기	1) 기후 변화의 정의와 현상	일정 지역에서 오랜 기간에 걸쳐 진행되는 기상의 변화를 기후 변화라고 한다. 최근 지구온난화로 인해 폭염과 가뭄, 홍수 등 기상 현상의 발생이 증가하고 있는데, 이러한 현상이 기후 변화에 해당된다.
	2) 기후 변화의 문제점	기후 변화로 인해 물 부족 사태, 농작물의 감소, 영양실조로 사망하는 사람들의 증가, 해수면의 상승으로 인해 사라지는 국가가 발생하며 개인적으로도 피해를 본다.
	3) 기후 변화에 대한 개인적 해결책 (국가와 개인)	안전한 지구와 인간의 미래를 위해 기후 변화에 대한 해결책이 필요하다. 국가와 사회는 국제적 협력을 통해 대책 마련을 해야 하고 유학생 개인이 할 수 있는 방법도 적극적으로 실천해야 한다. 자신의 모국어와 한국어로 기후 변화의 위험성을 알리고 개인이 할 수 있는 방법을 교육받을 수 있도록 프로그램을 제안하며 적극적인 홍보와 실천을 겸해야 한다.

1. 다음은 경영학 과목에서 <저출산 사회>와 관련된 내용으로 조사·분석 보고서를 만들려고 합니다. 앞에서 배운 대로 해 봅시다.

   1) 화제 좁히기에서는 화제를 가지고 여러분이 어떤 내용으로 구체적인 보고서를 쓸 것인지 다시 정해 보는 과정입니다.

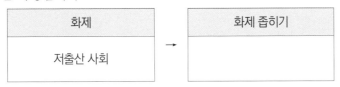

화제		화제 좁히기
저출산 사회	→	

   2) 보고서를 쓰는 목적은 무엇입니까?

보고서를 쓰는 목적	

   3) 글의 제목 정하기

   4) 글의 주제문 정하기
   예> 한국은 저출산 국가로 가장 빠른 증가 추세를 보이고 있다. 기업들은 저출산 사회에 대비하려면 청년층을 위한 판매 마케팅에 대한 준비가 철저해야 한다.

   5) 글의 개요 짜기
   제목과 주제문에 맞게 글의 내용을 쓰려고 한다. 다음 <보기>를 보고 내용의 순서를 생각해서 개요를 간단히 짜 봅시다. 수정할 내용이 있으면 고쳐 봅시다.

   <보기> 기업의 가구별 판매율, 저출산의 정의, 출산율 저하의 원인, 한국 저출산의 현상, 마케팅 대상의 변화에 대한 대책

   1)
   2)
   3)
   4)
   5)

2. 다음은 <한국의 관광지>에 관련해서 보고서를 쓰려고 한다. 앞에서 배운 대로 쓰기 과정을 따라가 봅시다.

1) 화제 좁히기

화제	화제 좁히기	
	지역의 구체화	내용의 구체화
한국의 관광지	예> 충주 지역	예> 충주 지역의 관광지 개발

→

2) 보고서를 쓰는 목적은 무엇입니까?

보고서를 쓰는 목적	

3) 글의 제목 정하기

4) 글의 주제문 정하기

예> 관광자원은 여행객에게 관광활동을 촉진하게 하는 수단으로 충주지역은 외국인에게 널리 알려져 있지 않은 매력적인 장소다. 역사적, 자연적, 문화적으로 평가해 보았을 때 관광지로 개발이 필요하다

5) 개요 짜기

어떤 내용으로 보고서를 구성하면 좋을지 팀별로 의논해서 개요를 짜 봅시다.

예> 관광자원의 조건, 충주지역의 위치, 충주지역의 볼거리와 먹거리, 충주지역의 관광자원 등

제**2**부

보고서 쓰기 단계

보고서 개요 쓰기

1. 개요 쓰기의 개념을 이해할 수 있다.
2. 글의 구조에 따라 개요 쓰기를 할 수 있다.
3. 개요 쓰기 조직도를 완성할 수 있다.

여러분은 글을 쓰기 전에 개요 쓰기를 먼저 합니까? 개요 쓰기를 한다면 나만의 개요 쓰기 방식이 있습니까? 개요 쓰기를 하지 않는다면 하지 않는 이유는 무엇입니까? 개요 쓰기를 하지 않는 이유가 혹시 개요 쓰기가 어렵다고 느끼기 때문은 아닌가요?

보고서 개요 쓰기는 글 전체의 구성을 생각하면서 시작부터 마무리까지 구체적이고 세부적인 계획을 짜는 글쓰기의 과정입니다. 우선 보고서를 쓰기 전에 화제를 좁히고 주제를 정해야 합니다. 그런 다음에 주제에 맞게 보고서의 형식을 생각하여 개요 쓰기를 하게 됩니다. 문제를 해결하는 과정이 중심이 되는 보고서, 조사·분석 과정이 중심이 되는 보고서, 창의적인 감상이 중심이 되는 감상 보고서 등 각 주제에 맞는 보고서 형식을 고려하여 개요 쓰기를 하게 됩니다.

하지만 개요 쓰기를 하지 않고 보고서를 쓸 수도 있습니다. 글을 잘 쓰는 사람은 머릿속에서 개요가 모두 정리가 되기 때문에 이 과정을 생략하고 바로 글을 쓰기도 합니다. 그런데 대부분은 그렇지 않습니다. 보고서는 개요 쓰기를 철저하게 하면 할수록 더 좋은 결과물을 만들 수 있기 때문에 우리는 개요 쓰기를 연습해야 합니다.

그럼, 이번 시간에는 개요 쓰기 방법을 배워서 연습을 하겠습니다. 자, 준비가 되셨습니까? 출발해 봅시다.

1. 나는 글을 쓸 때 개요 쓰기를 하는 편입니까?
2. 개요 쓰기를 할 때 어떤 점이 어렵습니까?
3. 보고서의 주제에 따른 개요 쓰기를 할 수 있습니까?

◆ **개요 쓰기 점검하기**

- 나는 글을 쓸 때마다 개요 쓰기를 (하는 / 안 하는) 편이다.
- 나는 개요 작성을 하면 개요를 (수정하는/ 수정 안 하는) 편이다.
- 나는 개요 쓰기가 (귀찮다고/ 필요하다고) 생각한다.
- 나는 개요 쓰기가 글을 쓸 때 (시간 낭비/ 시간 절약)(이)라고 생각한다.

7.1 개요 쓰기

개요 쓰기는 지도와 같다. 모르는 곳을 찾아갈 때 지도가 있으면 빠르고 쉽게 찾아갈 수 있듯이 글을 쓰기 전에 개요 쓰기를 하면 글을 보다 쉽게 쓸 수 있다는 장점이 있다. 개요는 진술 방식에 따라 화제 개요와 문장 개요로 나뉘는데 본인에 맞게 개요를 작성하면 된다. 화제 개요는 주요 논점, 보충 논점, 제목 등의 항목을 핵심 어휘로 나타낸다. 문장 개요는 주요 논점과 보충 논점 등을 완전한 문장으로 나타낸다.

◆ **화제 개요**

1. 제목: 외국인 유학생을 위한 시간제 근로 제도의 문제점과 해결 방안
2. 주제문: 유학생 시간제 근로 제도는 불법 취업, 환경 열악, 불법적 일 등의 문제점이 나타나므로 개인, 학교, 국가 차원에서 해결해야 한다.
3. 개요
   1. 서론: 유학생 시간제 근로제의 실제
   2. 시간제 근로제의 개념과 현황
      1) 시간제 근로제의 개념
      2) 시간제 근로제의 현황
   3. 시간제 근로제의 문제점과 개선 방안
      1) 시간제 근로제의 문제점
      2) 시간제 근로제의 개선 방안
         (1) 유학생 차원
         (2) 학교 차원
         (3) 국가 차원
   4. 결론

1. 제목: 외국인 유학생을 위한 시간제 근로 제도의 문제점과 해결 방안

2. 주제문: 유학생들의 성공적인 한국 생활을 돕기 위해서는 시간제 근로 제도의 문제점을 찾아 유학생, 대학, 국가 차원에서 개선 방안을 마련하는 것이 필요하다.

3. 개요

1. 최근 뉴스 기사를 보면 유학생 시간제 근로에 대한 문제가 발생하고 있다.

2. 유학생들의 시간제 근로는 무엇이고 우리 대학에서의 상황은 어떠한지를 살펴 보는 것이 필요하다.

   1) 시간제 근로제는 유학(D-2) 또는 일반연수(D-4)의 체류 자격으로 해당하는 요건을 갖춘 유학생들이 체류 자격 외 활동 허가를 받아 한국에서 근로를 하는 것을 말한다. 아르바이트를 하려면 여러 조건을 충족해야 한다.

   2) 우리 대학 유학생들의 시간제 근로제의 현황을 살펴보기 위해 다양한 항목을 만들어 설문지를 작성하여 살펴보는 것이 필요하다.

3. 설문 조사 결과를 통해 시간제 근로제의 문제점을 찾아서 그 문제를 해결할 수 있는 방안을 마련하고자 한다.

   1) 설문 조사 결과 시간제 근로제의 문제점은... 이렇다.

   2) 시간제 근로제의 개선 방안을 찾기 위해서는 차원을 달리하여 제시하는 것이 좋을 것이다.

      (1) 유학생 개인 차원에서 이렇게 하면 좋을 것이다.

      (2) 학교 차원에서 이렇게 하면 좋을 것이다.

      (3) 국가 차원에서 이렇게 하면 좋을 것이다.

4. 유학생들의 시간제 근로제를 잘 활용하면 유학생들이 학업적인 성취할 수 있는 것이 많고 생활면에서도 도움이 많이 되므로 적극적으로 개선할 필요가 있다.

⊙ Tip: 화제 개요와 문장 개요는 쓰는 방식이 다르지만 보고서를 잘 쓰기 위한 과정임을 잊어서는 안 된다. 나에게 맞는 개요 쓰기를 하면 된다. 우리가 개요 쓰기를 할 때 가장 중요하게 생각해야 할 것은 제목과 주제문, 그리고 각 항목이 잘 연결되도록 하는 것이다.

1. 아래의 글 제목과 주제문을 바탕으로 개요를 작성하려고 합니다. 문장 개요를 화제 개요로 바꿔 봅시다.

제목: 음식문화 교육을 활용한 문화갈등 해소 방안

주제문: 나라마다 독특한 음식 문화가 있으므로 다양성을 인정하는 시민 의식이 필요하다.

1) 화제 좁히기

문장 개요	화제 개요
1. 다른 나라의 문화를 이해하는데 가장 쉽게 접근할 수 있는 것이 음식문화이다. 아시아권이라도 한국, 일본, 중국, 베트남은 많은 차이가 있다. 한국에 있는 유학생들의 나라별로 음식 문화를 아는 것은 필요하다.	
2. 각 나라의 음식 문화를 비교하기 위해서는 비교 기준이 있어야 한다. 1) 각 나라의 음식 문화를 비교하기 위해 명절 음식을 중심으로 설명한다. 명절은 o, o, o 으로 나누어 설명한다. 2) 한국, 일본, 중국, 베트남의 명절 음식에는 ~공통점과 차이점이 있다. 3) 한국, 일본, 중국, 베트남의 명절 음식에는 ~공통점과 차이점이 있다.	
3. 각 나라마다 다른 음식 문화가 있는 것을 알게 되었다. 다양성을 존중하고 다른 문화를 이해할 수 있는 성숙한 태도를 가진 유학생이 되도록 하자.	

개요 쓰기를 할 때는
- 상위 항목과 하위 항목의 관계가 잘 나타나게 써야 한다.
- 전체가 균형을 이룰 수 있도록 써야 한다.
- 글의 주제에 집중해서 써야 한다.
- 내가 쓰고자 하는 주제가 잘 나타날 수 있게 써야 한다.

2. 아래의 예문은 '청소년 흡연의 문제점과 해결책'에 대한 글의 개요와 관련된 내용입니다. 내용에 포함될 예문을 골라 그 이유를 설명해 봅시다.

① 청소년 흡연은 사회적 일탈 행위를 일으킬 수 있다.
② 청소년 흡연은 개인의 사생활이므로 간섭할 수 없다.
③ 청소년 흡연은 사회적 문제가 되었다.
④ 청소년 흡연의 이유를 분석하면 몇 가지가 있다.
⑤ 청소년 흡연을 막기 위한 방법으로 예방적 차원이 중요하다.

☞ 위 예문에서 ②는 주제에 해당하는 '청소년 흡연의 문제점'과는 내용적으로 관련이 적다. 주제는 청소년의 흡연을 걱정하는 사회적 입장에서 흡연이 청소년에게 미치는 문제점과 관련이 있는데 ②는 개인적인 문제로 한정을 짓기 때문에 개요로 적당하지 않다. ③의 경우는 글의 첫 부분에서 청소년 흡연의 실태를 파악하는 것으로 사용할 수 있다. ④와 ⑤는 본문에서 청소년이 흡연을 하게 된 원인, 이유를 분석하고 그 분석한 내용을 바탕으로 개선 방안을 제시한다면 좋을 것이다. ①의 경우는 글을 어떻게 전개할 것인가에 따라 개요에 포함될 수도 있고 포함되지 않을 수도 있다. 청소년 흡연의 문제점에 대한 정보를 독자들에게 설득력 있게 제시하기 위해서는 청소년 흡연의 극단적인 예까지도 쓸 수 있다. 개요는 단순한 내용뿐만 아니라 내용 간의 관계가 밀접하게 연결되어야 글이 체계적으로 조직된다.

3. 아래의 예문은 '지구 온난화의 문제점과 해결 방안'에 대한 글의 개요와 관련된 내용입니다. 내용에 포함될 예문을 골라 보고 그 이유를 설명해 봅시다.

① 지구 온난화가 일어나는 원인에는 여러 가지가 있다.
② 지구 온난화는 우리 생활에 직접적인 피해를 주는 사례가 많다.
③ 지구 온난화를 막기 위해 우리가 할 수 있는 일을 찾아야 한다.
④ 지구 온난화는 그 내용이 너무 어렵고 복잡해서 해결할 방법이 없다.
⑤ 지구 온난화는 지구 온실가스로 인해 지구의 온도가 상승하는 것이다.

7.2 개요 쓰기의 구성

개요의 형식은 다양하지만 보통 제목, 주제, 내용으로 구성된다. 내용을 구성할 때 주제에 따라 서론-본론-결론이 기본적이다. 보고서는 시작과 마무리가 있으므로 3단 구성이 가장 기본적이라고 할 수 있다. 개요를 작성할 때 보통 3단 구성으로 나누어 쓰면 어렵지 않을 것이다. 그런데 본론 부분의 내용이 많아질 경우 4단 구성이 되거나 5단 구성이 될 수도 있다. 그러므로 글의 내용에 따라 구성을 달리할 수 있어야 할 것이다.

구성	내용
서론 (시작)	**문제 제기: 화제에 대한 집중과 흥미 유발** 1) 경험적 일들을 소개하면서 시작 2) 시사적, 일반적 사실의 제시로 시작 3) 해당 분야의 전문가, 권위자의 말, 잘 알려진 명제, 또는 인용할 만한 글로 시작 4) 수사적 표현을 제시하면서 시작 5) 문제 제기의 방식: 예를 들어 질문으로 시작하거나 최근 문제에 대한 단정적 주장으로 시작 6) 글 쓴 동기와 의도를 밝힘, 즉 글을 쓰는 목적과 앞으로 글을 쓰는 전개 과정에 대한 소개로 시작
본론 (중간)	**주제의 전개** 1) 사실 제시, 글을 쓰는 사람의 의견 진술 2) 글을 쓰는 사람의 의견을 정당화할 수 있는 근거 제시 3) 통계, 숫자, 권위자의 학설, 사례와 일화 등을 소개하여 주제를 강화 4) 예상되는 문제점을 고려하여 그에 대한 반론 제시 5) 문제 해결의 방안을 제시하거나 문제 해결 방법의 유효성 설명
결론 (마무리)	**주제의 재확인, 제안** 1) 본론의 요약 및 정리하기와 대안 제시 2) 앞으로 전망 제시 3) 전문가나 권위자가 한 말 또는 잘 알려진 명제 이용해서 전체 정리하기, 즉, 중요 내용 다시 강조하여 마무리 4) 선택적 판단 및 부연 설명으로 끝내기 5) 문제에 대한 해결 방법 제시 또는 문제 상황을 다시 생각하면서 정리하기

7.3 개요 쓰기에 사용되는 부호

개요 쓰기를 할 때는 순서와 단계, 근거의 크고 작음, 핵심 내용과 보충 내용을 생각하여 숫자나 부호를 붙여서 쓰면 된다. 이때는 내용의 일관성이 중요하다.

숫자를 사용하는 방법			문자를 사용하는 방법	
1. 　1.1. 　1.2. 　　1.2.1. 　　1.2.2. 　　　1.2.2.1 2. 　2.1. 　2.2. 　　2.2.1 　　　2.2.1.1 　　2.2.2 3.	1. 2. 　1) 　　(1) 　　　① 　2) 3. 　1) 　　(1) 　　　① 　　　② 4.	Ⅰ. Ⅱ. 　1. 　2. 　　1) 　　　(1) Ⅲ. 　1. 　　1) 　　　(1) Ⅳ.	제1장 　제1절 　제2절 　　제1항 　　제2항 제2장 　제1절 　제2절 　　제1항 　　제2항 제3장 제4장	제1장 　1. 　2. 　　2.1. 　　2.2. 제2장 　1. 　2. 　　2.1. 　　2.2. 제3장 제4장

다음은 '유학생의 시간제 근로 제도의 문제점과 개선 방안'이라는 주제로 보고서를 쓸 때 개요를 작성한 것이다.

제목: 외국인 유학생을 위한 시간제 근로 제도의 문제점과 개선 방안
주제문: 유학생들의 시간제 근로 제도는 불법 취업, 환경 열악 등의 문제점이 나타나는데 성공적인 유학 생활을 위해서는 개인, 학교, 국가 차원의 방안이 필요하다.

1. 서론 2. 유학생 시간제 근로제 개념과 현황 　1) 시간제 근로제의 개념 　2) 우리 대학의 시간제 근로제의 현황 3. 시간제 근로제의 문제점과 개선 방안 　1) 시간제 근로제의 문제점 분석 　2) 시간제 근로제의 개선 방안 4. 결론	1. 서론 2. 유학생 시간제 근로제 개념과 현황 　2.1. 시간제 근로제의 개념 　2.2. 우리 대학의 시간제 근로제의 현황 3. 시간제 근로제의 문제점과 개선 방안 　3.1. 시간제 근로제의 문제점 분석 　3.2. 시간제 근로제의 개선 방안 4. 결론	Ⅰ. 서론 Ⅱ. 유학생 시간제 근로제 개념과 현황 　1. 시간제 근로제의 개념 　2. 우리 대학의 시간제 근로제의 현황 Ⅲ. 시간제 근로제의 문제점과 개선 방안 　1. 시간제 근로제의 문제점 분석 　2. 시간제 근로제의 개선 방안 Ⅳ. 결론

1. 아래의 글을 읽고 개요를 작성해 봅시다.

드라마를 보면 재미있을 뿐만 아니라 그 나라의 문화나 그 나라 사람들의 생각을 이해할 수 있다. 드라마 속 주인공의 태도, 행동, 언어는 각 나라마다 특징적인 것들이 있다. 이 보고서는 외계인이 나오는 각국 드라마 속에 나타난 등장인물의 태도와 인식에 대한 내용이다. 보통 낯선 사람을 대하거나 타인을 대할 때 사람의 성격이나 성향을 알 수 있듯이 미지의 외계인을 어떻게 대하는지 드라마를 살펴보면 그 나라 사람들의 생각이나 태도를 알 수 있다고 생각했기 때문이다. 우선 한국 드라마와 미국 드라마, 일본 드라마를 중점적으로 비교하려고 한다.

먼저 한국 드라마 〈별에서 온 그대〉라는 드라마를 살펴보겠다. 〈별에서 온 그대〉는 2014년에 21부작으로 제작된 드라마다. 주인공 천송이는 배우이면서 늦깎이 대학생이고 외계인인 도민준은 대학 강사로 나온다. 주인공과 외계인은 사랑하는 관계로 발전한다. 이 드라마에서 외계인은 몇 백 년을 살아오면서 인간과 좋은 관계를 유지하고 있다. 외계인 도민준은 순간 이동이나 시간 정지와 같은 특별한 능력을 가지고 있지만 인간들과 어우러져 그 사회의 구성원으로 살아간다. 우리가 외계인을 본 적은 없지만 과학적 상상력을 펼쳐 본다면 한국인들은 외계인을 인간과 비슷한 존재로 인식하는 것 같다. 또 친근한 관계로 인식하며 더 나아가 그 사회의 구성원으로 인정하고 사랑할 수 있는 관계로 보고 있다는 것을 알 수 있다. 한국 드라마에서 외계인은 주인공과 감정을 풍부하게 나누고 긴밀한 관계를 맺는 데 초점을 두고 있다.

두 번째, 미국 드라마 〈x-file〉이다. 시즌10이 나올 정도로 인기 있었던 드라마며 영화로도 제작이 되었다. 1993년부터 2018년까지 시리즈로 계속된 드라마다. 초자연적 현상, 괴물, 과학적으로 설명할 수 없는 사건을 해결하려는 FBI 요원 멀더와 스컬리의 이야기를 다룬 드라마다. 이 드라마에서 나타난 외계인은 두려운 존재이면서 인간의 능력을 훨씬 뛰어넘는 존재다. 외계인이 지구에 온 것은 지구를 식민지화하거나 지구인을 납치해서 실험하려는 목적 때문이다. 이 드라마에 나오는 외계인은 인간의 모습을 하고 있지 않으며 과학적 상상력에 따라 다양한 형태로 그려진다. 미국인들은 외계인을 부정적 관점에서 바라보는 경향이 있다. 외계인은 인간을 지배하고 파괴하려 한다. 인간이 알지 못하는 존재에 대한 두려움을 이렇게 제시한 것이라고 생각해 볼 수 있다.

마지막으로 일본 드라마 〈러브러브 에일리언〉이다. 4명의 여성이 사는 아파트에 손바닥 크기의 외계인과 같이 살면서 드라마가 시작된다. 시즌 2까지 제작되었고 2016년부터 2018년까지 방송되었다. 이 드라마는 만화를 원작으로 제작된 드라마다. 일본은 만화 콘텐츠가 발달한 나라로 만화가 원작인 드라마가 제작되는 경우가 많다. 이 드라마에 나오는 외계인은 인형 같은 귀여운 모습을 하고 있다. 특별한 능력을 가지고 있지만 여주인공 4명의 연애 이야기를 들어주거나 아픔을 치유하는 데에 초점이 있다. 특히 여기에 나오는 외계인은 미국에 있는 NASA에 전화하지 말라는 소극적인 태도를 보이기도 하고 주인공의 소소한 문제를 해결해 주기도 한다. 이 드라마에 나타난 외계인은 지구인보다 능력이 많지만 인간에게 도움을 주는 단순한 친구 정도의 관계로 그려진다. 또한 가끔 인간의 도움을 필요로 할 정도로 나약해 보이며 착하기까지 하다. 일본인들이 생각하는 외계인은 두렵거나 무서운 존재가 아니고 귀엽지만 인간보다 월등한 존재, 인간의 도움도 필요로 하는 관계, 또 주인공의 문제를 해결해 주는 상호 협력적 존재로 나온다.

지금까지 세 나라의 드라마에 나타난 외계인에 대한 등장인물들의 인식과 태도를 살펴보았다. 정리하자면 한국 드라마에 나타난 외계인은 인간처럼 친근하면서 사회 구성원으로 사랑을 나눌 줄 아는 존재로 보았고 반면에 미국 드라마에서는 무섭고 이상한 형태로 나타나며 외계인을 두려움의 대상으로 인식했다. 그들은 지구를 멸망시키거나 파괴하려고 지구에 왔으며 인간은 이에 대항하여 공격과 방어로 대처하려고 한다. 그에 비해서 일본 드라마에서 외계인은 인간의 모습도, 괴기한 모습도 아닌 귀여운 형태로 비춰진다. 그들은 인간보다 월등한 존재이지만 인간과 비슷하게 나약한 면도 있고 착하다. 인간과 긴밀한 관계를 맺기보다는 일정한 거리를 두고 약간의 도움을 주고받는 관계로만 그려진다는 점에서 한국이나 미국 드라마와 다르다고 볼 수 있다. 이처럼 외계인이라는 소재로 드라마를 제작했을 때 그 나라 사람들의 인식과 문화에 따라서 외계인이 다양하게 제시된다는 것을 알 수 있었다. 무엇이 좋고 나쁘다고 판단을 할 수는 없지만 각 나라에서 만든 드라마를 보고 그 나라 사람들의 생각을 읽을 수 있다는 점에서 유용한 비교였다고 생각한다. 지금까지 세 나라의 드라마만 비교해 보았지만 앞으로 세 나라 이외의 다른 나라의 드라마도 보고 더 심층적으로 분석하고 비교할 필요가 있다고 생각한다.

글을 쓰는 목적	
예상 독자	
글의 제목	
글의 주제	

〈개요〉

08 보고서 서론 쓰기

1. 서론 쓰기의 다양한 방법을 알 수 있다.
2. 보고서 주제에 따라 다양한 방법으로 서론을 쓸 수 있다.
3. 다른 사람이 쓴 서론을 여러 방법으로 고쳐서 쓸 수 있다.

　　여러분, 보고서를 처음 쓸 때 잘 써집니까? 사람들은 보통 글을 처음 쓰거나 보고서를 처음 써야 할 때 어떻게 써야 할지 힘들어하는 경우가 많습니다. 그래서 보고서를 못 쓰겠다고 포기하는 경우도 있습니다. 그러나 대부분의 사람들이 글을 쓸 때 힘들어하니까 나만 힘들다고 생각하지 마시기 바랍니다.

　　그러면 보고서의 처음을 어떻게 쓰면 좋을까요? 좋은 방법이 있을까요? 네, 있습니다. 보고서의 시작 부분을 쓸 때 다양한 방법을 배우면 여러분도 어렵지 않게 서론을 쓸 수 있습니다. 주의할 점은 우선 보고서의 제목이나 주제를 항상 생각하고 서론을 써야 한다는 것입니다. 또 여러분이 쓸 본론과 결론과도 잘 연결될 수 있도록 여러 방법 중에서 좋은 방법을 선택해야 한다는 것입니다.

　　그럼, 이번 시간에는 보고서를 쓰기 위해서 서론을 어떻게 시작해야 할지 다양한 방법을 배워보도록 하겠습니다. 이 장을 같이 배우면 여러분도 주제와 맥락에 맞게 보고서의 서론을 쓸 수 있을 것입니다.

1. 보고서의 서론을 쓸 때 중요한 것은 무엇이라고 생각합니까?
2. 보고서의 서론을 쓰는 특별한 방법이 있다고 생각합니까?
3. 독자의 관심을 끄는 서론은 어떤 것이라고 생각합니까?

8.1 보고서 서론을 쓰는 다양한 방법

보고서의 처음 부분을 서론이라고 한다. 사람들은 보고서의 서론 부분을 쓸 때 어떻게 써야 할지 고민하게 된다. 잘 쓴 보고서를 참고해서 정리해 보면 보통 아래의 5가지 방법으로 서론이 시작되는 것을 알 수 있다.

① 경험적 일을 소개하면서 시작하기

글쓴이가 자신의 경험으로 글로 시작하면 그것을 읽는 독자는 흥미나 관심을 가지고 글을 읽게 된다. 다음은 한국과 다른 나라의 음식 문화 중 식사 도구에 관련된 글이다. 문화 비교 보고서를 쓸 때 글쓴이의 경험으로 시작한 글이다.

> **① 경험적 일을 소개하면서 시작하기**
>
> 나는 유학하면서 여러 나라의 친구와 식사를 하게 되었다. 식사를 같이 하면서 식사 도구가 각 나라마다 다르다는 것을 알게 되었다. 손으로 음식을 먹는 인도 친구에 놀라기도 했고, 스푼과 포크를 사용하는 독일 친구와 식사를 같이 하기도 했다. 또 식사 도구가 비슷한 한국 친구와 식사도 하였다. 처음에는 식사 도구에 관심이 없었지만 다른 나라 친구들과 식사하면서 신기하다고 생각했다. 한국, 중국, 태국, 미국, 인도, 프랑스 등의 식사 도구가 다양했다. 음식 문화는 사람들이 쉽게 받아들이기도 하고 누구나 접할 수 있는 문화이기도 하다. 사람들은 음식을 먹기 위해서 다양한 방법을 사용한다. 크게 구분해 보자면 손으로 음식을 먹는 문화와 스푼과 포크를 사용하는 문화, 그리고 숟가락과 젓가락을 사용하는 문화가 있다. 보고서 주제도 한국 문화와 다른 나라 문화를 비교하라는 것이었는데 각 나라의 식사 도구를 비교해 보면 재미있을 것 같다는 생각에서 글을 쓰게 되었다. 다시 말해서 이 보고서는 식사 도구가 각 문화권마다 다르다는 배경에서 시작되었다. 그중에서 화제를 좁혀 젓가락을 쓰는 아시아 나라를 비교해 보는 것도 의미가 있을 것이라고 생각한다. 아시아 국가에서 젓가락의 사용은 비슷하면서도 조금 다른 것 같은데 어떻게 다른지 비교, 분석해 보고자 한다.

⊙ Tip: 자신의 경험을 지나치게 많이 설명하면 서론이 길어지게 된다. 따라서 서론에서 쓰는 자신의 경험은 주제를 나타낼 수 있는 내용으로 간단하고 명확하게 쓰는 것이 중요하다.

1) 앞의 글에서 경험적 내용을 쓴 곳을 찾아서 써 봅시다.

➡

2) 여러분은 식사 도구에 대한 특별한 경험이 있습니까? 있다면 어떤 경험이 있었는지 간단히
글로 써 봅시다.

연습하기

1. 외국인 차별에 대해서 보고서를 쓰려고 합니다. 자신의 경험을 정리해서 다음 순서에 맞게
서론을 써 봅시다.

1) 차별과 차이는 어떻게 다릅니까?
➡   차별:

차이:

2) 차별에는 어떤 차별이 있다고 생각합니까?
예) 장애인 차별, 성 차별......
➡

3) 여러분은 차별을 경험했습니까? 유학 생활을 하면서 겪었던 차별적인 경험을 생각해 보고
<외국인 유학생 차별과 개선 방안>으로 서론을 써 봅시다.

② 시사적이거나 일반적인 일들을 소개하면서 시작하기

　　최근 문제가 되고 있는 일이나 현재 상황에 맞는 사회적 일들을 제시하면서 글을 시작하면 독자들은 흥미와 관심을 갖게 된다. 특히 시사적인 내용으로 시작하게 되면 본론의 내용에 대한 전제가 되거나 기본적인 사실을 제시하는 기능을 하기 때문에 이러한 방법으로 서론을 많이 쓴다. 다음은 <외국인 유학생을 위한 시간제 근로에 대한 개선 방안>에 대한 주제로 글을 쓸 때의 서론이다.

---

② 시사적인 일들을 소개하면서 시작하기

　　"한국어 미숙으로 정상적인 아르바이트 구하기 어려워... 마사지·유흥업소 등 불법 취업으로"는 최근 머니투데이 신문기사의 제목이다. 이 기사에 따르면 중국 유학생 A 씨는 번역 아르바이트를 하다가 여러 번 돈을 떼인 뒤로 유학생 친구들 사이에서 성행하는 일명 '해외 배송 아르바이트'를 시작했다고 한다. 한국 화장품, 가전제품을 구매해 비싸게 중국으로 배송, 차익을 남기는 형태의 아르바이트는 사실 불법이다.

　　본격적으로 유학생이 유입된 2005년 기준 2만여 명에 불과했던 유학생은 2017년 기준 13만여 명으로 증가하였으며, 2013년 이후부터는 감소세 없이 꾸준한 증가 추이를 보이고 있다. 현재의 추세로 간다면 2023년에는 20만 명 이상의 유학생이 유입될 것으로 보인다. 유학생의 증가에 따라 불법으로 일을 하는 것을 막기 위해 유학생들의 학습 환경이나 시간제 근로 제도에 대한 개선은 시급한 문제가 되었다. 이 보고서의 목적은 외국인 유학생들을 위한 시간제 근로 제도의 문제점을 찾고 개선할 수 있는 방안을 모색하는 것이다. 이를 통해 유학생들의 학업 성취는 물론 성공적인 유학 생활을 할 수 있도록 도움을 주고자 한다.

---

1) 시사적인 일을 소개하는 부분을 찾아봅시다.

➜

2) <보기>를 참고해서 서론에서 사용하는 표현을 찾아봅시다.

〈보기〉 이 글은/보고서는 ~에 대한 내용이다.　이 글은/보고서는 ~을/를 목적으로 한다.
　　　　~ㄴ/는/은 배경에서 시작되었다.　~을/를　~고자 한다.

➜

3) 시간제 근로 제도에 관해서 시사적인 일이나 문제가 되는 일이 있는지 자료를 찾아봅시다.

➜

4) 3)에서 찾은 내용을 정리해서 시사적 내용으로 서론을 다시 써 봅시다.

1. <유튜브와 우리의 생활>이라는 화제로 글을 쓰려고 합니다. 서론을 시사적인 내용으로 시작하려고 합니다. 다음 순서대로 서론을 써 봅시다.

1) 유튜브로 인해 우리의 생활이 불편해졌거나 나빠진 것을 써 봅시다.

➜

2) 유튜브로 인해 우리의 생활이 편리해졌거나 좋아진 것을 써 봅시다.

➜

3) 여러분은 1)와 2) 중에서 어느 쪽에 더 관심이 갑니까?

➜

4) 관심이 가는 내용을 선택해서 그것에 대한 시사적인 내용이나 문제가 되는 내용을 찾아서 서론을 써 봅시다.

③ 권위자, 전문가의 말이나 명제를 인용하면서 시작하기

　　보고서의 서론을 쓸 때 권위자, 전문가, 유명인의 말을 인용하거나 많은 사람들이 알고 있는 내용 등을 인용하면서 시작하는 방법이 있다. 이러한 방법은 독자에게 어떤 주제에 대한 신뢰를 주거나 권위를 부여하기 때문에 서론에서 많이 쓰는 방법이다. 또는 속담이나 관용 표현, 명제를 인용하면서 자신이 쓴 글에 대한 문제점을 제기할 수도 있는 방법이어서 탐구 보고서나 조사 보고서에서 많이 사용한다. 다음은 <온실가스 감축을 위한 탄소세 도입>에 관한 보고서의 서론이다.

---

② 권위자, 전문가, 유명인 말이나 명제를 인용하면서 시작하기

　　유엔기후변화위원회(IPCC)의 위원이자 저명한 기후학자인 한스 요아킴 쉘렌후버(Hans Joachim Schellnhuber)는 2017년에 "앞으로 지구촌을 지키기 위해 남은 시간은 3년뿐"이라고 말했다. 이 발언은 지구 온난화의 위험을 명확하게 제시한 것으로, 2020년까지 온실가스 감축이 이루어지지 않는다면 지구는 기후 변화의 위기로 내몰릴 수 있다는 의미이다.

　　한국 환경부 온실가스 종합정보센터가 발표한 통계에 따르면 2016년 기준 한국의 온실가스 총 배출량은 중국, 미국, 인도 등에 이어 11위로 나타났다. 한국은 급속한 경제 성장으로 2016년 온실가스 배출량이 1990년도 대비하여 137% 증가하였다. 온실가스의 감축을 위한 각국의 실천 방안을 촉구하는 목소리가 높은 가운데, 한국도 온실가스 감축을 위한 실천적인 정책 마련이 필요한 시점이다.

　　국제통화기금(IMF)는 2019년 10월 보고서 Fiscal Monitor 에서 탄소세(carbon tax)야말로 가장 효과적으로 온실가스를 감축할 수 있는 방법이며 전 세계적인 실천 방법이 될 수 있다고 하였다. 탄소세는 이산화탄소를 배출하는 석유, 석탄 등 화석 연료의 사용량에 따라 부과하는 세금을 말한다. 이 보고서에서는 온실가스 감축을 위한 탄소세의 효과를 조사 · 분석하여 탄소세 도입의 방안에 대해 검토해 보도록 하겠다.

---

1) 권위자나 전문가가 말한 부분을 찾아서 써 봅시다.

➡

2) <보기>를 참고해서 서론에서 특별하게 사용된 표현이 있다면 찾아봅시다.

〈보기〉 이 글은/보고서에서 ~에 대한 내용이다.　　~ ㄴ/는/은 배경에서 시작되었다.
　　　　이 글은/보고서는 ~을/를 목적으로 한다.　~을/를　~고자 한다. /~도록 하겠다.

➡

3) 기후 변화에 대해 권위자, 전문가, 유명인이 한 말을 찾아서 써 봅시다.

➜

4) 3번에서 찾은 내용을 바탕으로 서론 부분을 바꿔봅시다.

연습하기

1. 한국 영화 중 <베테랑(Veteran)>을 보고 감상 보고서를 쓰려고 합니다. 아래의 줄거리를 읽고 서론을 써 봅시다.

> 줄거리〉 아는 사람의 소개로 재벌의 술자리에 초대를 받은 형사 서도철은 마약을 하는 신진물산의 아들 조태오를 만난다. 서도철은 중고차 사기범을 찾다가 알게 된 화물차 기사 배철웅이 신진물산에 항의하러 갔다가 자살시도로 죽었다는 소식을 듣게 된다. 철웅의 아들은 아빠가 신진물산에서 잔뜩 맞고 수표를 받았다는 이야기를 한다. 서도철은 바로 신진물산에 가서 사건을 알아보지만 CCTV는 점검 때문에 꺼져 있었고, 철웅의 사건을 맡은 경찰도 자살로 마무리하려는 걸 알게 되면서 베테랑 형사의 육감으로 그들이 무엇인가를 감추려고 한다는 것을 느낀다. 혼자 사건을 파헤치는 서도철에게 조태오는 권력을 사용해서 사건을 감추려고 한다. 서도철은 조태오가 화물차 기사를 때린 것도 모자라 다친 사람을 높은 곳에서 밀어 자살로 위장했다는 것을 알게 된다. 서도철은 사회 정의를 위해서 조태오를 구속시키려고 온 힘을 다해 조태오를 잡는다.

1) 주인공 서도철 형사는 어떤 사람입니까? 또 재벌3세 조태오는 어떤 사람입니까?

➜서도철:

조태오:

2) 사회 정의란 무엇입니까?

➜

3) 사회 정의 또는 정의에 대해 유명한 사람이 한 말을 찾아서 서론을 써 봅시다.

④ 수사적인 표현으로 시작하기

수사적인 표현은 일반적인 표현이나 평범한 단어를 쓰는 것이 아니라 더 화려하게 표현하거나 비유적인 표현으로 제시하는 것을 말한다. 수사적인 표현으로 시작하는 방법은 보통 어떤 목표를 위해서 독자를 움직이게 하거나 동기부여가 될 수 있게 한다. 예를 들어 '그는 갔지만 나는 그를 보내지 않았습니다.'라는 표현은 의미적으로는 모순되지만 나는 그를 매우 그리워하고 있다는 것을 강조하기 위한 수사적 표현이다. 또 '기분이 좋다' 보다는 '와, 날아갈 것 같은 기분'이라고 비유적으로 표현하는 것을 말한다. 다음은 <광고가 현대인에게 미치는 영향>에 대한 보고서를 수사적 표현으로 시작한 서론이다.

④ 수사적인 표현으로 시작하기
흔히 광고를 '30초의 종합 예술'이라고 비유하기도 한다. TV 광고의 경우 짧게는 15초, 길게는 30초 안에 모든 것을 보여주어야 하기 때문이다. 30초 안에 시각적, 청각적 요소는 물론 음악, 미술, 건축, 연극, 스토리, 편집 등등 다양한 요소의 예술이 섞여 있다. 또한 많은 사람들의 노력이 한 편의 광고로 이루어짐으로써 시청자는 정보를 얻을 뿐만 아니라 예술적 감흥을 얻기도 한다. 그러나 한편으로는 대량의 광고 때문에 광고에 대해 부정적 인식이 심화되고 있는 것도 사실이다. 우리는 거리에서, 텔레비전에서, 휴대전화 속에서, 인터넷 속에서 수많은 광고를 보고 있지만 오히려 광고는 사람들 관심에서 더 멀어지는 상황에 처하게 되었다. 이런 광고가 넘치는 세상에서 광고를 '사용 안 된 쓰레기'에 비유하기도 한다. 광고가 대상과 목적, 상황과 시간에 맞지 않는다면 그것은 곧 인간에게 사용되지 못하고 쓸모가 없이 그냥 버려지는 쓰레기와 다를 바 없다는 것이다.

1) 수사적 표현이 사용된 곳을 찾아봅시다.

➜

2) 광고의 특징은 무엇인지 써 봅시다.

➜ 예> 비용이 든다. 광고하는 사람과 광고를 보는 사람 간의 의사소통 행위이다. 등등

3) 광고의 특징을 생각하고 이것을 비유한다면 무엇에 비유하고 싶습니까? 왜 그렇게 비유했습니까?

➜

4) 2, 3번을 정리하고 비유의 표현으로 광고에 대한 글을 써 봅시다.

[ ]

1. <보호무역과 자유무역>에 관한 보고서를 쓰려고 합니다. 수사적 표현을 이용해서 다음 순서대로 서론을 써 봅시다.

1) 보호무역은 무엇입니까?
➜

2) 보호무역을 비유한다면 무엇에 비유하면 좋을지 생각해 봅시다.
➜

3) 자유무역은 무엇입니까?
➜

4) 자유무역을 비유한다면 무엇에 비유하면 좋을지 생각해 봅시다.
➜

5) 자유무역과 보호무역에 대한 비유 표현으로 서론을 써 봅시다. 그리고 자유무역에 대한 정의와 보호무역에 대한 정의도 함께 써 봅시다.

[ ]

⑤ 질문으로 시작하기

　　보고서를 작성할 때 질문으로 문제를 제기하면서 시작하는 방법이 있다. 보고서는 어떤 문제, 현상을 설명하거나 문제를 해결하기 위해서 쓰는 경우가 많다. 또 글쓴이가 어떤 내용을 주장할 때, 글쓴이의 관점을 나타낼 때, 토론에서 찬성이나 반대의 내용을 쓸 때도 이 방법을 많이 사용한다. 다음은 영화 <완벽한 타인>을 보고 감상 보고서의 서론을 쓸 때 질문으로 시작한 예이다.

---

⑤ 질문으로 시작하기

　　과연 우리는 타인의 겉모습, 보이는 것으로 그들을 다 안다고 할 수 있을까? 보이는 모습이 진실일까? 상황에 따라 내 편이 되기도 했다가 타인이 되기도 하는 현대인의 모습을 잘 보여주는 영화 <완벽한 타인>을 보았다.

　　이 영화는 나와 타인의 관점만을 다룬 영화는 아니다. 영화에서는 물질만능주의, 가부장적 사상, 성적 농담, 성 소수자 희화화, 현대판 계급사회 등 아직도 우리 사회 곳곳에서 나타나는 문제들을 보여준다. 영화 <완벽한 타인>은 2018년 10월 31일에 개봉한 영화이고, 이재규 감독의 영화로 이탈리아 영화 <퍼펙트 스트레인지>를 리메이크한 작품이다. 이 영화는 현대인들에게 빠질 수 없는, 편리함의 대명사. 타인과의 소통이 목적인 물건이지만 결국은 자신만의 공간이 되어 버린 이중적인 물건. '휴대폰'으로 이야기는 시작된다. 이 글은 휴대폰의 내용을 공유하면서 시작된 진실게임을 통해 인간관계의 다층적 측면을 발견해 가는 '완벽한 타인'에 대한 감상문이다.

---

1) 질문으로 시작하는 부분을 찾아봅시다.

2) <보기>를 참고해서 서론에서 사용하는 표현이 있는지 찾아봅시다.

〈보기〉 이 글은/보고서에서 ~에 대한 ~ 이다.　　~ ㄴ/는/은 배경에서 시작되었다.
　　　　이 글은/보고서는 ~을/를 목적으로 한다.　　　~을/를　~고자 한다.

3) 여러분이 주제에 맞게 다른 질문으로 서론을 간단히 써 봅시다.

예〉 여러분은 완벽하게 타인을 이해할 수 있습니까?
　　➜

1. 존엄사에 대한 여러분의 주장을 글로 쓰려고 합니다. 다음의 순서대로 서론을 써 봅시다.

1) 존엄사는 무엇인지 찾아보거나 아래의 의미를 정리해서 자신의 언어로 써 봅시다.
    단, 정의하기 방법을 사용해서 쓰십시오. (5장 정의하기 표현 참고)

> 예) 존엄사: 임종 단계에 있는 환자가 생명을 연장하는 연명 치료를 중단하고 자연적으로 죽음을 받아들이는 것.
>
> 출처: 다음 백과사전

2) 존엄사를 찬성합니까? 반대합니까?

3) 찬성이나 반대의 이유를 생각하고 아래의 빈칸에 이유를 쓰십시오.

찬성 이유	반대 이유
① 예) 고통이 심하다면 인간의 행복을 위해서 죽을 권리가 있다.	① 예) 인간의 생명을 인위적으로 뺏는 것은 어떤 이유라도 옳지 못하다.
②	
	②
③	
	③

4) 존엄사에 대해 찬성이라면 찬성에 대한 질문을, 반대라면 반대에 대한 질문을 하면서 서론을 써 봅시다.

1. 다음의 주제를 보고 이 장에서 배운 서론 쓰기 방법을 활용해서 서론을 써 봅시다.

> 주제: 한류 문화의 영향과 발전 방향

1) 위의 주제를 보고 여러분이 선택한 서론 쓰기 방법은 무엇인지 <보기>에서 찾아봅시다.

> 〈보기〉 경험적 일을 소개하면서 시작하기, 시사적 일을 소개하면서 시작하기,
> 유명한 사람의 말로 시작하기, 수사적 표현으로 시작하기, 질문으로 시작하기

➤

2) 1번의 서론을 작성하기 위해서 어떤 준비가 필요하겠습니까? 찾은 자료의 내용을 간단히 정리해 봅시다.

> 예〉 사전 찾기, 인터넷 자료 찾기, 관련 서적 찾기 등등

➤

3) 한류 문화가 무엇인지 찾아서 정리해 봅시다.
➤

4) 1, 2, 3 번을 정리해서 자신이 생각한 방법으로 서론을 써 봅시다.

09 보고서 본론 쓰기 ①

학습목표

1. 3단 구성에 따른 본론 쓰기의 의미를 이해할 수 있다.
2. 논리 전개 방법을 이해하여 사용할 수 있다.
3. 보고서 유형에 따라 적절하게 본론의 내용을 전개할 수 있다.

여러분, 보고서의 주제와 유형이 정해졌나요? 보고서의 주제, 유형, 목적에 따라 개요를 만들고 서론을 썼다면 이제 본론을 써야 합니다.

서론은 보고서의 주제, 목적 등을 간략하게 소개하는 단계라면 본론은 글쓴이가 하고 싶은 이야기를 구체적으로 쓰는 단계입니다. 따라서 서론, 본론, 결론으로 구성되는 보고서에서 본론은 가장 분량이 많습니다.

보고서의 주제를 효과적으로 전달하기 위해서는 본론을 구성하는 단락들이 긴밀하게 연결되도록 주의해야 합니다. 이를 위해 논리적으로 내용을 전개하고 체계적으로 단락을 구성하는 연습이 필요합니다. 또한 일정한 방법과 순서에 따라 전략적으로 쓰는 연습도 필요합니다.

이 장에서는 본론의 내용을 논리적으로 전개하기 위해 필요한 방법을 살펴보고 보고서에서 어떻게 활용할 것인지 배울 것입니다.

1. 본론은 전체 글에서 어떠한 역할을 합니까?
2. 주장만 있고 근거가 없는 보고서를 읽어 본 적이 있습니까?
3. 결론에 나타나는 주제나 주장이 본론에서 충분히 설명되지 않을 때, 어떤 느낌이 듭니까?

9.1 본론의 의미

본론은 3단 구성에서 서론과 결론 사이에 온다. 따라서 서론과 결론을 이어주는 역할을 한다. 본론을 쓸 때 구체적이지 않거나 충분한 근거를 제시하지 않으면 결론이 이해되지 않는다. 따라서 본론에는 보고서의 주제가 설득력 있도록 충분한 이유와 근거가 제시되어야 한다.

본론 쓰기는 글쓰기의 목적과 유형에 따라 전개 방법이 달라진다. 보고서에서 본론 쓰기는 분량이 가장 많으며 보통 여러 단락으로 구성된다. 본론을 구성하는 단락들이 논리적으로 긴밀하게 연결되도록 체계적으로 나열해야 한다. 그렇게 해야 보고서를 읽는 교수님이나 독자가 글쓴이의 주장이나 핵심 생각을 쉽게 파악할 수 있기 때문이다.

9.2 논리 전개 방법

본론을 구성하는 단락들이 논리적이고 체계적으로 연결되기 위해서는 일정한 전개 방식이 필요하다. 이러한 전개 방식 중 대표적인 방법은 분류하기, 분석하기, 비교하기, 논증하기(문제 해결하기) 등이 있다.

1) 분류하기

분류하기는 일정한 기준에 따라 대상을 나누거나 묶는 것을 말한다. 분류하기를 적절하게 활용하면 복잡한 개념이나 이론을 쉽게 전달할 수 있다. 또한 순서를 정해서 설명할 수 있어서 체계적인 글을 완성할 수 있다.

분류하기는 우선 분류하고자 하는 대상이 무엇인지 살펴서 일관성 있는 분류 기준을 정해야 한다.

◆ **다음은 9개의 대상들을 하나로 묶어 분류하였다. 아래의 분류에서 잘못된 점을 찾아봅시다.**

> 파리, 영국, 서울, 워싱턴 D.C, 독일, 비엔나, 베이징, 베트남, 도쿄

☞ 영국, 독일, 베트남은 국가 이름이며, 파리, 서울, 워싱턴 D.C, 비엔나, 베이징, 도쿄는 한 나라를 대표하는 수도 이름이다. 분류의 기준이 2가지로 일관적이지 않다.

다음으로 분류하기는 추상적인 정도와 구체적인 정도가 같은 대상끼리 묶어야 한다. 이를 층위가 같다고 한다.

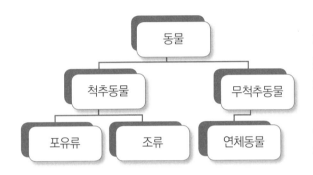

동물을 분류할 때 척추동물과 무척추동물로 나눌 수 있다. 등뼈(척추)가 있는 동물을 척추동물, 등뼈(척추)가 없는 동물을 무척추동물이라고 한다.

척추동물에는 포유류, 조류, 파충류, 양서류, 어류가 있으며, 무척추동물은 연체동물, 편형동물, 절지동물, 환형동물이 있다.

위 그림에서 척추동물과 무척추동물이 층위가 같으며, 포유류, 조류, 파충류, 양서류, 어류가 같은 층위를 이룬다. 따라서 동물은 같은 층위인 척추동물과 무척추동물로 분류할 수 있으며, 척추동물은 같은 층위인 포유류, 조류, 파충류, 양서류, 어류로 분류할 수 있다.

◆ **다음 보기를 확인해 봅시다.**

㉠ 동물은 척추동물, 조류, 연체동물로 나눌 수 있다. (○ / ×)
㉡ 동물은 무척추동물, 조류, 포유류로 분류할 수 있다. (○ / ×)
㉢ 척추동물에는 포유류, 조류, 파충류, 양서류, 어류가 있다. (○ / ×)
㉣ 무척추동물은 연체동물과 편형동물로 나눌 수 있다. (○ / ×)

1. 다음의 대상들은 모두 척추동물에 속하는 동물입니다. 대상들을 살펴보고 공통점을 가진 대상끼리 묶어서 분류해 봅시다.

닭, 사자, 비둘기, 악어, 참새, 독수리, 말, 호랑이, 도마뱀, 고양이, 거북이

	포유류	조류	파충류
특징	– 새끼를 낳아 젖을 먹임. – 털 또는 두꺼운 피부를 가짐. – 체온을 일정하게 유지함.	– 알을 낳음. – 깃털이 온몸을 덮고 있으며, 날개가 있어 하늘을 날 수 있음. – 체온을 일정하게 유지함.	– 알을 낳음. – 비늘이 온몸을 덮고 있음. – 기온에 따라 체온이 변함.
해당 동물			

2. 다음 단어들은 대학교의 학부와 세부 전공들입니다. 질문에 답해 봅시다.

정치학과, 화학과, 사회과학부, 경영학과, 역사학과, 언어학과, 생물학과,
자연과학부, 영문학과, 철학과, 물리학과, 법학과, 천문학과, 인문과학부, 경제학과

1) 위 단어들에서는 상위 항목과 하위 항목이 섞여 있습니다. 우선 상위 항목 단어들(3개)을 찾아봅시다.

2) 대상들을 살펴보고 아래의 빈칸을 채워 분류해 봅시다.

대학 학부(상위 항목)	세부 전공 (하위 항목)
인문과학부	언어학과, (　　　), (　　　), (　　　)

2) 분석하기

분석하기는 대상의 구성요소와 특성을 밝히거나 어떠한 사건의 원인과 이유를 설명하는 것을 말한다. 따라서 분석은 크게 대상의 기능이나 성분을 분석하는 경우와 사건의 원인 및 결과, 과정 등을 분석하는 경우로 나눌 수 있다. 분석하기는 분석 결과에 대한 객관적인 증거를 제시하기 위해, 종종 설문 조사 자료나 통계 자료를 활용한다.

◆ **다음은 컴퓨터의 구성 성분을 분석하고 그 기능을 설명하고 있다.**

> 컴퓨터를 구성하는 하드웨어 장치는 본체, 모니터, 키보드, 마우스 등이 있다. 컴퓨터 본체는 컴퓨터 케이스(CASE)라고 하며, 중앙 처리 장치(CPU)를 포함한다. 모니터는 그 결과를 화면으로 출력해 주는 장치이다. 키보드나 마우스는 컴퓨터에 정보를 입력하는 장치이다.

◆ **다음은 '외국인 유학생의 시간제 근로 현황'에 대해 분석한 글이다. 설문지를 활용하여 자료를 수집하였다.**

> (가) 우리 대학의 유학생들을 대상으로 시간제 근로에 대해 설문 조사를 하고 이를 바탕으로 시간제 근로에 대한 문제점을 찾아 성공적인 유학 생활을 위한 방법을 제시하고자 한다. 먼저, 설문지를 작성하기 위해 설문 내용을 만들었다.
> (나) 우선 유학생들의 기초 사항을 조사하고 시간제 근로 제도에 대한 이해 정도, 시간제 근로의 업종, 시간, 문제점, 불법에 대한 인식 여부를 설문 항목에 포함시켰다.
> (다) 우리 대학의 유학생들이 대부분 베트남 국적을 가지고 있고, 한국 법무부에서 유학생의 선발 자격에 대한 요건을 강화하고자 하는 나라도 베트남이라서 함께 공부하고 있는 베트남 유학생 50명을 대상으로 설문 조사를 했다. 대부분 토픽 3급 이상이므로 쉬운 한국어로 설문지를 만들었고 이해가 되지 않는 설문은 베트남말로 적게 하였다. 설문에 응답한 베트남 유학생은 남자 18명, 여자 32명으로 한국에 온 지 평균 2년 6개월 정도 되었다. 경영학부가 가장 많은 22명이고 뷰티 디자인학부 15명, 한국어문화콘텐츠학부 13명이다.

☞ (가)는 설문 조사 목적에 대해, (나)는 설문 조사 내용에 대해, (다)는 설문 대상자에 대하여 각각 설명하고 있다. 설문 자료를 활용하여 분석하는 글을 쓰는 경우는 이렇게 설문 조사 목적, 내용, 대상에 대한 설명이 먼저 있어야 한다.

아래의 글은 설문 조사한 자료를 바탕으로 외국인 유학생들의 시간제 근로 현황을 분석한 것이다. 근로 시간, 근로 유형에 대한 조사 결과를 알아보기 쉽게 표나 그래프로 보여주고 있다.

◆ 아래의 표와 그림을 보고 분석하는 글을 완성해 봅시다.

⟨표1⟩ 유학생들의 일주일 근로 시간

근로시간	20시간 이상	20시간	15시간이상-20시간 미만	15시간 미만
명(50)	1	44	4	1
%(100)	2	88	8	2

시간제 근로 시간에 대한 내용에서는 88%가 일주일에 (   ), 15시간이상 20시간 미만으로 일하는 유학생은 (   )%, 나머지 4%는 (   )과 (   )으로 일하고 있었다.

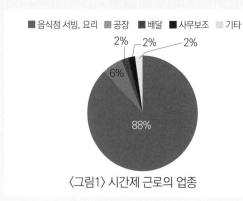

⟨그림1⟩ 시간제 근로의 업종

시간제 근로 업종을 살펴보면, (   ) 경우가 88%로 가장 많았다. 이중 6%는 공장에 나가서 부품 조립을 하고 있었고 2%는 배달, 2%는 (   )을/를 하고 있었다.

연습하기

1. 아래의 그래프와 표는 위의 설문 조사 '외국인 유학생 시간제 근로 현황'의 일부분입니다.

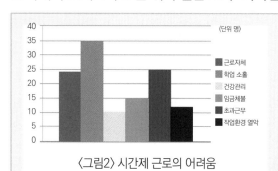

⟨그림2⟩ 시간제 근로의 어려움

※ '시간제 근로의 어려운 점'에 대한 응답은 중복 선택이 가능하도록 하였다.

⟨표2⟩ 시간제 근로의 어려운점

시간제 근로의 어려운 점	근로자체	학업 소홀	건강관리	임금체불	초과근무	작업환경 열악
단위 (명)	24	35	10	15	25	12

1) 위의 표와 그림을 보고 아래 글의 빈칸을 채워 봅시다.

시간제 근로를 하다가 (①)에 대하여는 학업과 병행하다보니 (②)게 된다는 응답이 가장 많았다. 두 번째는 자주 (③)를 하지만 정당한 대가를 지불받지 못하는 점에 대한 불만도 많았다. 세 번째로는 (④)라고 대답한 학생들도 많았다. 과로로 인해 건강을 제대로 관리하기 힘들다는 어려움을 토로한 학생들도 (⑤)이나 되었다. (⑥), (⑦), (⑧) 등은 일하는 가게나 회사 자체의 문제이기 때문에 여러모로 개선점이 필요하다는 생각이 들었다. 또한 위의 표에는 나타나지 않았지만 서툰 한국어 때문에 손님과 오해가 생겨 싸움이 일어날 뻔한 경우도 있었다는 유학생도 10명이나 되었다.

①: ②:

③: ④:

⑤: ⑥:

⑦: ⑧:

2. 다음은 지구 온난화를 일으키는 온실가스에 대한 통계자료입니다. 자료를 읽고 질문에 답해 봅시다.

〈표3〉 연도별 온실가스 배출량

** 단위: 백만톤 CO_2 eq.

분야	1990년	2000년	2010년	2017년	1990년 대비 증감률
에너지	240.4	411.8	566.1	615.8	156.2%
산업공정	20.4	51.3	54.7	56.0	174.1%
농업	21.0	21.2	21.7	20.4	−2.6%
폐기물	10.4	18.8	15.0	16.8	62.2
총배출량	292.2	503.1	657.6	709	142.7%

〈출처: 『2019년 국가 인벤토리(1990-2017)』 (환경부 온실가스 종합정부센터)〉

〈표4〉 2017년 온실가스별 배출 현황

** 단위: 백만톤 CO_2 eq.

온실가스	이산화 탄소 (CO_2)	메탄 (CH_4)	아산화질 소 (N_2O)	수소불화 탄소 (HFCs)	과불화 탄소 (PFCs)	육불화황 (SF_6)	총 배출량
2017년 배출량	650.0	26.7	14.0	9.6	2.1	6.6	709.1
배출비중	91.7%	3.8%	2.0%	1.4%	0.3%	0.9%	100%

**단위 CO_2eq 는 이산화탄소 환산량을 말한다. 즉 온실가스 배출량을 이산화탄소로 환산한 양이다.

〈출처: 『2019년 국가 인벤토리(1990-2017)』 (환경부 온실가스 종합정부센터)〉

1) 위 〈표3〉과 〈표4〉에서 조사 대상은 무엇입니까?

    〈표3〉:

    〈표4〉:

2) 다음 글은 위 표를 보고 분석한 글입니다. 빈칸을 채워서 분석하기를 완성해 봅시다.

    온실가스는 온실 효과 즉 지구의 표면 온도를 상승시키는 원인이 되는 대기 중의 가스를 말한다. 온실가스는 (＿＿＿＿＿＿)(CO_2), 메탄(CH_4), 아산화질소(N_2O), 수소불화탄소(HFCs), 과불화탄소(PFCs), 육불화황(SF_6) 등이 있다.

    환경부 자료에 따르면 한국은 1990년에 비하여 2017년에 (＿＿＿＿＿＿)가 142.7% 증가하였다. 특히 경제 성장 및 산업의 발달로 인해 (＿＿＿＿＿＿)분야와 (＿＿＿＿＿＿) 분야에서 온실가스가 급증하였다. 또한 온실가스 배출량의 91.7%는 (＿＿＿＿＿＿)로 (＿＿＿＿＿＿)가 지구 온난화 현상의 주된 원인임을 알 수 있다. 따라서 이산화탄소의 배출을 억제해야 (＿＿＿＿＿＿)를 감축할 수 있는 것이다.

* 온실가스, 온실 효과, 지구 온난화, 환경부, 배출, 억제, 감축

3) 비교하기

비교하기는 2가지 이상의 대상을 서로 비교하여 설명하는 것을 말한다. 대상들의 무엇이 서로 비슷하고 무엇이 서로 다른지를 비교하면서 설명한다. 공통점과 차이점을 비교하다 보면 각 대상들의 특징이 두드러져서 보다 쉽고 깊이 있게 이해할 수 있다.

일반적으로 대상들의 비슷한 점 즉, 공통점을 중심으로 설명하는 것을 '비교'라고 하며 다른 점 즉, 차이점을 중심으로 설명하는 것을 '대조'라고 한다. 그러나 여기에서 말하는 '비교하기'는 넓은 의미에서 비교와 대조를 모두 포함한다. 왜냐하면 2가지 이상의 대상을 같이 설명하다 보면, 공통점 또는 차이점 어느 한쪽만 쓰기보다는 공통점과 차이점을 모두 사용하여 비교하게 된다. 따라서 비교와 대조를 엄격히 구별하기보다는 비교와 대조를 포괄하여 '비교하기'로 한다.

◆ 어떠한 대상들을 비교할 수 있습니까?

비교할 수 있는 대상들은 공통의 상위 개념이 있어서 하나로 묶을 수 있어야 한다.

다음에서 비교할 수 있는 대상을 찾아봅시다.

> 태권도, 한국어, 배구, 태극기, 영어, 아오자이, 농구, 사과, 지하철, 유도, 한복, 성조기, 공수도, 오성홍기, 프랑스어, 핸드볼, 버스, 수영, 택시, 탁구, 기모노

상위 개념	비교할 수 있는 대상
대중교통	지하철, 버스, 택시
언어	
운동 경기	
국기	태극기,
전통 의상	

◆ 왜 비교를 합니까?

비교를 하기 위해서는 비교의 목적이 분명해야 한다. 비교의 목적이 명확해야 비교의 기준을 세울 수 있다. 또한 비교하는 목적에 따라서 어떠한 방식으로 비교할 것인지를 결정할 수 있다.

비교의 목적은 크게 두 가지가 있다. 우선 새로운 대상을 설명하기 위해 기존에 알려진 대상과 비교하는 경우가 있다. 두 번째로 두 대상의 우열을 가리기 위해 비교한다.

◆ 대상별 비교와 기준별 비교는 무엇이 다를까요?

비교하기에는 대상별 비교와 기준별 비교의 2가지 유형이 있다. 한국의 전통 의복인 한복과 일본의 전통 의복인 기모노를 '대상'으로 모양과 색의 '기준'에 따라 비교해 보자. 대상별 비교와 기준별 비교는 각각 다음과 같이 표현할 수 있다.

〈대상별 비교〉
① 한국의 전통 의복
  −한복의 모양
  −한복의 색

② 일본의 전통 의복
  −기모노의 모양
  −기모노의 색

〈기준별 비교〉
③ 전통 의복의 모양
  −한복의 모양
  −기모노의 모양

④ 전통 의복의 색
  −한복의 색
  −기모노의 색

연습하기

1. 한국에는 다양한 발효 음식이 있습니다. 발효 음식은 몸에 좋은 건강식품이며 가장 많이 알려진 음식은 김치와 된장입니다. 김치와 된장을 대상으로, 만드는 방법과 효능의 기준에 따라 비교하고자 합니다. 대상별 비교와 기준별 비교를 다음 밑줄 친 곳에 써 봅시다.

〈대상별 비교〉
① _____
  _____
  _____

② _____
  _____
  _____

〈기준별 비교〉
③ _____
  _____
  _____

④ _____
  _____
  _____

2. 다음의 글을 읽고 질문에 답해 봅시다.

> 지금까지 쌀을 주식으로 하는 아시아 4개국의 젓가락에 대한 비교를 해 보았다. 비교를 위해 동영상도 보았고 자료도 찾아보았다. 또 다른 나라 친구들을 관찰하고 인터뷰해 본 결과 아시아 국가의 여러 나라들이 젓가락을 사용해도 같은 젓가락이 아니라는 것을 알게 되었다. 소재면에서 중국, 베트남, 일본은 나무 젓가락이 일반적인데 비해 한국은 쇠 젓가락이 일반적이다. 형태면에서는 중국과 베트남의 젓가락이 길이가 길고 굵으며 끝이 뭉툭한 반면 한국의 젓가락은 길이가 중간이고 끝인 납작한 형태가 일반적이다. 일본의 젓가락은 가장 길이가 짧고 끝이 뾰족한 편이다. 젓가락의 시작은 중국에서 시작되었지만 각 나라에 들어와 음식 문화와 조리 방법, 지리적 환경에 맞게 다양하게 변형됐다고 할 수 있는 것이다. 음식을 먹는 방법은 다양하다. 앞서서 말했듯이 손으로 먹을 수도 있고 포크와 나이프를 사용할 수도 있고 숟가락과 젓가락을 쓸 수도 있다.
>
> * 〈젓가락이라고 모두 똑같지는 않다〉 보고서 중에서

1) 위 글에서 비교의 대상은 무엇입니까?

2) 위 글에서 비교의 기준은 무엇입니까?

4) 논증하기(문제 해결하기)

논증하기는 어떤 결론이나 주장을 뒷받침하는 근거나 이유를 제시하여 상대방을 이해시키거나 설득하는 것을 말한다.

논증하기에서 필요한 것은 주장과 근거이다. 주장하는 문장 즉 주제문은 명확해야 하며, 뒷받침하는 근거들로 증명할 수 있어야 한다. 근거는 정확하고 주장과 연결되어 긴밀해야 한다. 그리고 되도록 다양한 근거들을 제시하여 주장하는 바가 더욱 설득력 있도록 해야 한다.

논증하기는 일반적으로 주장하고 근거를 제시하거나 문제점을 제시하고 이를 해결하는 방법으로 이루어진다.

연습하기

1. 아래의 문제와 해결하기를 참고하여서 '탄소세 도입의 문제점과 해결 방안'에 대하여 글쓰기를 해 봅시다.

문제	– 온실가스는 주로 제조 산업 분야에서 발생함. – 제조업에 탄소세를 부과할 경우 국가 GDP가 감소하고 경제 성장에 방해가 될 것으로 예상됨. * GDP(Gross domestic product) 국내총생산: 일정 기간(보통 1년) 한 국가에서 생산된 재화나 용역의 시장 가치를 합한 것
해결하기	탄소세의 부정적 전망을 최소화하고 탄소세를 성공적으로 도입하기 위해서는 다음과 같은 노력이 필요함. ① 탄소세 도입 시기와 탄소세율, 탄소세 부과 방법 등에 대하여 모든 이해 관계자들의 논의 과정이 필요함. ② 국민적인 합의를 위해서 탄소세의 긍정적인 경제적 효과에 대한 홍보가 필요함. ③ 한국의 조세 제도에 맞는 적절한 탄소세 체제가 필요함. 부가세의 형태는 효율적으로 과세할 수 있을 뿐만 아니라 납세자가 쉽게 수용할 수 있도록 하는 장점이 있음.

탄소세의 도입에 관해서는 다음과 같은 부정적인 의견이 있다. 온실가스는 주로 제조 산업 분야에서 발생하는데, 제조업에 탄소세를 부과할 경우 _____. 실제로 탄소세를 도입하고 있는 노르웨이, 덴마크, 핀란드, 네덜란드, 스웨덴의 국가에서조차 제조업에는 낮은 탄소세를 부과하고 있다.

　　점점 고갈되고 있는 화석연료의 사용을 줄이고 온실가스를 감축하기 위해서는 탄소세의 도입이 필요하다. 다만 _____, 다음과 같은 노력이 필요하다.

　　우선은 _____. 이해관계자들 간의 합의가 이루어지지 않는다면 탄소세가 도입되더라도 많은 시행착오를 겪을 것이기 때문이다. 두 번째는 _____.

탄소세가 도입되면 단기적으로는 물가가 상승되고 화석연료를 사용하는 기업들에서 상당한 실업률이 예상된다. 그러나 탄소세 시행으로 인해 장기적으로 에너지 소비 구조가 변화되어 온실가스 배출이 감축되는 것은 물론, 재생에너지 분야에서 새로운 일자리가 창출되어 경제도 성장할 것이라고 홍보하면 국민들의 지지를 얻는 데 도움이 될 것이다. 세 번째는 _____. 탄소세는 추가적으로 세목을 마련하여 부과하는 방법과 에너지세, 환경세, 소비세 등 기존의 세목에 세율을 높여서 부가세로 거두어들이는 방법이 있다. 부가세의 형태는 _____ 장점이 있다. 전병목 외의 「탄소세와 에너지 과세의 조화 방안」(한국조세연구원, 2012)에 따르면 한국에서는 부가세 형태로 탄소세를 부과하는 것이 효과적이라고 하였다. 기존 교통, 환경, 에너지 등에 부과된 세금이 있기 때문에 별도로 세목을 형성하기보다는 _____ 개념으로 부과하는 것이 좋다고 말한다.

　　한국에서 탄소세의 도입이 실효성을 가지기 위해서는 우선 탄소세와 관련한 _____, 탄소세의 _____ 효과에 대하여 적극적으로 _____도 필요하다. 더불어 한국의 _____에 맞는 탄소세의 체제가 마련되어야 할 것이다.

09 보고서 본론 쓰기 ②

9.3 보고서 유형에 따른 내용 전개 방법

보고서 유형은 여러 가지가 있다. 설명 보고서, 논증 보고서, 조사 · 분석 보고서, 감상 보고서가 대표적인 유형이다. 각 보고서는 한 가지 이상의 다양한 논리 전개 방식을 사용한다. 논리 전개 방식은 앞에서 언급한 분류하기, 비교하기, 분석하기, 논증하기 외에도 정의하기, 인용하기, 묘사하기 등의 방법이 있다. 보고서를 쓸 때는 보고서의 주제, 목적, 유형에 따라서 다양한 논리 전개 방식을 사용하여 설득력 있는 본론을 완성해야 한다.

본론 쓰기를 할 때 가장 주의해야 할 점은 주제 또는 주장의 일관성과 각 단락의 연결성이다. 본론의 각 단락에서 관점이나 생각이 일관적으로 서술되는지, 서로 긴밀하게 연결되는지를 확인해야 한다. 더불어 본론이 서론과 결론을 이어주는 역할을 잘하고 있는지도 살펴야 한다.

1) 설명 보고서

설명 보고서는 특정한 주제나 대상에 대한 객관적이고 정확한 정보를 체계적으로 써 내려가는 유형이다. 특히 정의하기, 분류하기, 비교하기 등의 논리 전개 방법이 많이 사용된다.

다음은 '젓가락이라고 모두 똑같지는 않다'라는 제목의 설명 보고서이다.

제목 〈젓가락이라고 모두 똑같지는 않다〉

1. 서론

2. 중국의 젓가락 소재와 형태

(가) 첫 번째로 중국의 젓가락을 살펴보면 중국은 젓가락이 처음 발생한 지역이다. Q애드워드 왕(2017:45)에 따르면 중국의 젓가락 역사는 약 5천 년을 거슬러 올라간다고 한다. 중국에서 시작한 젓가락은 베트남, 한국, 일본 등으로 전달되어 각 나라의 음식 문화에 따라 달라졌다는 것이다.

중국의 젓가락 소재는 대부분 나무이다. 젓가락을 뜻하는 한자어 저(箸)라는 글자를 보더라도 젓가락의 소재가 대나무였다는 것을 보여준다. 중국의 환경에서 가장 쉽게 접할 수 있는 대나무가 많이 사용된 것이다.

형태면에서도 중국의 젓가락은 다른 나라에 비해 가장 젓가락이 길고 끝이 뭉툭하며 굵은 편이다. Q애드워드 왕(2007:162)은 젓가락이 음식의 조리 방법과 식사 예절과 관계가 깊다고 하였다. 중국의 음식은 볶거나 튀기는 음식이 많기 때문인데 긴 나무젓가락은 열전도율이 낮아서 음식을 조리할 때 용이하다고 하였다. 또한 기름이 많은 음식을 집기에 굵고 뭉툭한 젓가락이 편리해서 지금의 형태

로 발전한 것이라고 하였다. 중국이 쌀 문화권이긴 하지만 국수 음식이 발달하였고 국물 음식도 국물보다는 건더기에 초점이 있기 때문에 그에 필요한 뭉툭하고 굵고 긴 젓가락이 필요했던 것이다. 또한 중국의 식탁은 대부분 원형으로 큰 접시에 음식이 나오기 때문에 먼 음식을 집기 위해서는 긴 젓가락이 필요했을 것이다.

3. 한국의 젓가락 소재와 형태

(나) 다음으로 살펴볼 것은 한국의 젓가락이다. 한국의 젓가락은 소재면에서 가장 차이점을 드러낸다. 한국도 베트남처럼 중국의 젓가락 문화를 받아들였지만 음식 문화에 따라 변형되었다.

소재면에서는 나무보다는 쇠 젓가락이 일반적이다. 물론 처음 생겼을 때는 계급에 따라 금, 은, 쇠, 나무 등의 다양한 소재로 만들어졌다. 최근에는 가벼운 스테인리스 재질의 젓가락이 많이 사용되고 있다.

또한 형태면에서도 중국과 베트남의 젓가락보다 길이가 짧은 편이고 끝이 뾰족하고 납작하고 무겁다. 이러한 소재와 형태는 지역과 환경적 측면에서도 원인을 찾을 수 있는데 중국과 베트남처럼 나무가 많은 편이 아니기 때문이며 금속을 다루는 기술이 좋았던 것으로 보인다.

더불어 음식 문화와 연결해서 생각해 볼 수 있는데 한국의 음식은 볶거나 튀기는 음식보다는 삶거나 무치거나 발효한 음식들이 있으며 조리할 때 젓가락을 많이 사용하지 않았다. 조리 도구의 역할이 아니라 식사 도구로 충실한 역할을 했으며 김치를 찢거나 나물류의 반찬을 집을 때는 납작하고 뾰족한 젓가락이 용이했다. 특히 젓가락이 길면 반찬을 집을 때 더 불편했기 때문에 중국의 젓가락 길이에서 적당한 길이로 줄어든 것이다.

4. 결론

연습하기

1. 위 글에서 베트남의 젓가락 특징을 추가하여 비교하고자 합니다. (가), (나)단락에 나타나는 담화표지, 내용 등을 참고하여, 베트남의 젓가락 특징은 어디에 들어가면 좋을지 아래에서 선택해 봅시다.

㉮ <2.중국의 젓가락 소재와 형태>앞에
㉯ <2.중국의 젓가락 소재와 형태>와 <3.한국의 젓가락 소재와 형태>의 사이에
㉰ <3.한국의 젓가락 소재와 형태>의 뒤에

2. 아래의 정보는 베트남의 젓가락 특징입니다. 책, 인터넷 등에서 베트남 젓가락의 특징을 찾아서 채워 봅시다.

> 베트남 젓가락의 특징:
> 중국과 지리적으로 맞닿아 있어서 중국의 젓가락과 가장 비슷함.
>
> ㉠ 소재: 나무로 만듦. 지리적 환경에 따라 많이 접할 수 있는 재료를 사용함.
> ㉡ 용도: 1. 음식을 먹기 위해서 뿐만 아니라, 요리를 만드는 데 사용함.
>   2. 베트남의 요리는 볶는 요리와 튀기는 음식이 많아서 나무젓가락이 조리 도구로 적합함.
>   3. (   )
>
> ㉢ 형태
>   1. 길이:
>
>   2. 두께:

3. 위 베트남 젓가락의 특징에 대한 정보를 활용하여 아래 글을 완성해 봅시다.

>   중국에서 발명된 젓가락은 주변의 나라에 전파되었다. 베트남의 경우 중국의 젓가락과 가장 비슷하다고 볼 수 있다. 베트남은 _____
> _____ 아/어서 중국 문화의 전파도 빠르고 그대로 전달될 가능성이 높았다.
>
> _____
>
> _____
>
> _____
>
> _____
>
> _____
>
> _____
>
> _____
>
> _____

2) 논증 보고서

논증 보고서는 특정한 주제를 증명하거나 문제를 해결하는 방법으로 내용을 전개하는 유형이다. 주제에 대한 객관적이고 타당한 근거를 제시해야 하기 때문에 논증하기 외에도 분석하기, 분류하기, 인용하기 등이 많이 사용된다.

다음 글은 <외국인 유학생을 위한 시간제 근로제의 문제점과 개선 방안>에 대한 논증 보고서이다.

제목 <외국인 유학생을 위한 시간제 근로제의 문제점과 개선 방안>

1. 서론

2. 시간제 근로 제도의 개념

(가) 유학생들이 시간제 근로를 하기 위해서는 유학 비자(D-2) 또는 일반 어학연수 비자(D-4)를 가지고 별도로 체류 자격 외 활동 허가를 받아야 한다. 유학 비자에 해당하는 경우는 전문 학사(D-2-1), 학사 유학(D-2-2), 석사 유학(D-2-3), 박사 유학(D-2-4), 연구 유학(D-2-5), 교환학생(D-2-6)으로 세분화된다. 일반 어학연수 비자는 대학부설 어학원 연수(D-4-1), 초·중고생(D-4-3), 외국어 연수(D-4-7)로 다시 나눌 수 있다. 이중 시간제 근로를 하기 위해서는 유학생으로 재학 중인 경우로서 6개월 이상 공부한 사람, 석사·박사 졸업하거나 이수 후 논문 준비 중인 사람, 어학연수 중인 경우로 6개월 이상 연수를 받은 사람에 한정한다.

시간제 근로를 할 수 있는 영역에는 전공과목과 밀접한 관계가 있다고 인정되는 직종, 통역·번역, 도서관 정리, 구내 환경 정비, 음식업 보조, 일반 사무 보조, 학업과 연구가 병행되는 연구실 프로젝트, 일시적인 강의 조교, 실험 조교 등의 한시적·일시적 연구 활동 등 사회 통념상 학생이 통상적으로 행할 수 있는 범위 내의 직종이 있다.

(나) 유학은 비취업 특성이 강하지만 많은 외국인 유학생들은 학업과 함께 노동을 겸하고 있다. 리창(2019)은 외국인 유학생들이 경험하는 가장 큰 불안감은 학업과 경제적인 문제로 보고 있으며 실제 함께 유학하고 있는 동료들은 경제적인 문제가 한국에서 유학하는 동안 겪을 수 있는 고통이라고 말한다. 본국에 있는 부모님들에게 전적으로 유학비를 제공받는 학생들도 있지만 많은 학생들은 학업에만 전념할 수 없고 부모님의 부담을 덜어주기 위해 시간제 근로를 하고 있다. 장한정(2013)의 연구에서도 한국에 있는 많은 유학생들은 외국어 과외, 음식점 서빙, 공장 노동 등 시간제 근로를 하고 있다는 것을 알 수 있다.

3. 우리 대학 유학생들의 시간제 근로 현황

---

4. 시간제 근로제의 문제점과 개선 방안

　유학생들은 시간제 근로가 유학 생활을 하는 동안 가장 필수적인 활동이라고 생각한다. 그러나 대학교 외부에서 하는 시간제 근로는 다음과 같은 문제점이 있다.

_____

_____

_____

따라서 시간제 근로제를 위해서 다음과 같은 개선 방안이 필요하다. _____

_____

_____

_____

5. 결론

연습하기

1. <외국인 유학생을 위한 시간제 근로제의 문제점과 개선 방안>에 대한 논증 보고서를 쓰기 위해서 '외국인 유학생의 시간제 근로제의 현황'에 대해 설문 조사를 실시하였습니다. 설문 조사 결과를 바탕으로 현재 외국인 유학생 시간제 근로제의 문제점을 밝히고 이를 해결하기 위한 방법을 제시하고자 합니다.

　아래의 표는 설문 조사 결과를 한눈에 알아보기 쉽게 작성한 것입니다.

〈표5〉 시간제 근로의 어려운 점 (중복응답 가능)

시간제 근로의 어려운 점	근로자체	학업 소홀	건강관리	임금체불	초과근무	작업환경 열악
단위(%)	19.8	28.9	8.3	12.4	20.7	9.9

1) 위 설문 결과에 따르면 외국인 유학생의 시간제 근로제의 문제점은 무엇입니까? 여러분이 생각하는 외국인 유학생의 시간제 근로제의 문제점은 무엇입니까? 나아가 개선 방안은 무엇이 있습니까? 아래의 표를 완성해 봅시다.

외국인 유학생의 시간제 근로제의 문제점	1. 학업에 소홀해져서 학업 생활과 병행하기 힘듦. 2. 피로가 누적되어 건강관리가 힘듦. 3. _____
개선 방안	해결책 ①: 대학교에서는 교내에서 할 수 있는 다양한 시간제 근로 일자리를 만들어야 함. ➡ 근거 ①: 안전하게 일할 수 있고, 시간도 절약되어 학업과 병행할 수 있음. 해결책 ②: 대학교와 산업체, 기업체들이 협약을 맺어 시간제 일자리를 마련해 주는 것이 필요함. ➡ 근거 ②: 대학교 내부에서는 시간제 일자리가 한정되어 있음. 학교 외부에서도 안정적으로 일하면서도 전공과 관련된 일자리를 찾아 주는 것이 필요함. 해결책 ③: _____ _____ ➡ 근거 ③: _____ _____ _____

2) 위의 문제점과 개선 방안을 참고해서 144쪽의 유학생들의 <4. 시간제 근로제의 문제점과 개선 방안>을 완성해 봅시다.

4. 시간제 근로제의 문제점과 개선 방안

　유학생들은 시간제 근로가 유학 생활을 하는 동안 가장 필수적인 활동이라고 생각한다. 그러나 대학교 외부에서 하는 시간제 근로는 다음과 같은 문제점이 있다.

_____

_____

_____

_____

　따라서 시간제 근로제를 위해서 다음과 같은 개선 방안이 필요하다.

_____

_____

_____

_____

_____

3) 조사·분석 보고서

조사·분석 보고서는 분석할 문제를 제시하고 문제에 대한 세부 분석 자료를 제시하는 유형이다. 세부 분석 자료는 객관적이어야 하고 주제와 관련되어야 한다. 따라서 분석하기, 인용하기, 논증하기 등의 방법이 많이 사용된다.

아래는 '온실가스 감축을 위한 탄소세의 효과와 도입 방안'에 대한 조사·분석 보고서이다.

제목 〈온실가스 감축을 위한 탄소세의 효과와 도입 방안〉

1. 서론

2. 탄소세 도입의 배경

3. 탄소세의 효과와 도입 방안

(가) 2015년 파리협정에서는 2℃ 이하로 지구 온난화의 수준을 제한하기로 하였다. IMF는 지구 온난화 수준을 2℃ 이하로 제한하기 위해서는 탄소세율을 톤당 75달러 수준으로 올려야 한다고 제안하고 있다. 현재 탄소세를 시행하고 있는 국가들의 세율을 비교해 볼 때, 톤당 75달러의 세율은 매우 높은 수준이다. 그만큼 이산화탄소 감축을 위한 실천적 노력이 시급한 상황임을 말해주는 것이다.

_____는 탄소세가 톤당 75달러 수준이 될 경우, 석탄, 천연가스, 전기, 휘발유 분야에서 에너지 가격이 크게 상승할 것으로 예상하였다. IMF는 2030년에 _____은 평균 _____%, _____는 평균 _____% _____는 평균_____%, _____는 평균_____% 정도 _____것이라는 예상치를 내놓았다.

이렇게 탄소세로 인해 _____가격이 상승하면 기업의 생산 비용이 오르고 소비자의 상품 구매 가격도 인상되기 때문에, 국민들이 탄소세 도입에 반대할 수 있다. 실제로 일부 국가에서는 탄소세의 도입을 위해 노력하고 있지만, 탄소세율의 조절 문제와 세금에 대한 국민들의 부정적 인식으로 난항을 겪고 있다.

(나) 이렇게 탄소세의 도입은 온실가스 감축 효과와 더불어 경제적인 측면에서도 긍정적 효과를 가져 올 수 있다. 그렇다면 한국에서도 탄소세를 성공적으로 도입하기 위해서는 어떻게 해야 할까?

우선 탄소세를 성공적으로 도입한 국가의 사례를 살펴봄으로써 탄소세 도입 방안을 모색해 볼 수 있다. 탄소세를 성공적으로 도입한 대표적인 국가는 스웨덴이다. 스웨덴은 _____년 탄소세 제도를 도입하였다. 처음에는 톤당 28달러 수준이었지만 _____년 기준으로 톤당 _____달러 수준까지 높였다. 탄소세를 시행하는 다른 국가의 세율이 톤당 _____달러에서 _____달러 사이인 것에 비해, 매우_____세율을 적용하고 있다. 스웨덴은 탄소세 도입 후에 온실가스 배출량이 25%가 감축되었으며, 경제 성장률은 1995년 대비 75% 증가했다고 한다. 스웨덴이 이렇게 성공적으로 탄소세 제도를 시행하고 있는 비결은 첫째, 이해 관계자들과 함께 의논하였고 둘째, 탄소세를 도입하면서 동시에 에너지, 노동, 자본 분야의 세금을 줄여서 전체적인 세금 부담을 덜어주기 위해 노력했기 때문이다.

(다) IMF 보고서와 스웨덴의 사례를 참고하여, 한국에서도 탄소세를 성공적으로 도입하기 위해서는 다음과 같은 노력이 필요하다.

우선은 탄소세 도입 시기와 탄소세율, 탄소세 부과 방법 등에 대하여 모든 이해관계자들이 모여서 논의하는 과정이 필요하다. 이해 관계자들 간에 합의가 이루어지지 않는다면 탄소세가 도입되더라도 상당한 시행착오를 겪을 것이기 때문이다.

두 번째는 국민적인 합의를 위해서는 탄소세의 긍정적인 경제적 효과를 홍보하는 것이 필요하다. 탄소세가 도입되면 단기적으로는 물가가 상승되고 화석연료를 사용하는 기업들에서 상당한 실업률이 예상된다. 그러나 탄소세로 인해 장기적으로 에너지 소비 구조가 변화되어 온실가스 배출이 감축되는 것은 물론, 재생에너지 분야에서 새로운 일자리가 창출되어 경제도 성장할 것이라고 홍보하면 국민들의 지지를 얻는 데 도움이 될 것이다.

세 번째는 탄소세는 일종의 조세 제도이기 때문에 한국에 맞는 탄소세 체계를 마련하는 것이 필요하다. 탄소세는 추가적으로 세목을 마련하여 부과하는 방법과 에너지세, 환경세, 소비세 등 기존의 세목에 세율을 높여서 부가세로 거둬들이는 방법이 있다. 부가세의 형태는 효율적으로 과세할 수 있을 뿐만 아니라 납세자가 쉽게 수용할 수 있도록 하는 장점이 있다. 전병목 외의 「탄소세와 에너지 과세의 조화 방안」(한국조세연구원, 2012)에 따르면 한국에서는 부가세 형태로 탄소세를 부과하는 것이 효과적이다. 기존 교통, 환경, 에너지 등에 부과된 세금이 있기 때문에 별도로 세목을 형성하기보다는 부가세 개념으로 부과하는 것이 좋다고 말한다.

4. 결론

1. 아래의 표를 참고하여 (나)단락의 빈칸을 채워 봅시다. 아래의 표는 설문 조사 결과를 한눈에 알아보기 쉽게 작성한 것입니다.

〈표6〉 국가별 탄소세 도입 시기와 세율 책정

출처: 2019년 IMF 보고서

국가(지역)	도입 시기	2019년 탄소세($ /Ton)
탄소세		
칠레	2017	5
콜롬비아	2017	5
덴마크	1992	26
핀란드	1990	65
프랑스	2014	50
아일랜드	2010	22
일본	2012	3
멕시코	2014	1–3
노르웨이	1991	59
포르투칼	2015	14
남아프리카	2019	10
스웨덴	1991	127
스위스	2008	96

☞ 표를 이렇게 읽어 봅시다.

위의 표는 2019년 IMF(국제통화기금)에서 발표한 것으로, 13개 국가의 탄소세 도입 시기와 2019년 탄소세의 세율 수준을 보여준다. 탄소세의 세율은 '이산화탄소 배출량 1톤당 몇 달러($ / Ton)의 세금을 부과하는 지'로 표시된다.

> (나) 이렇게 탄소세의 도입은 온실가스 감축 효과와 더불어 경제적인 측면에서도 긍정적 효과를 가져 올 수 있다. 그렇다면 한국에서도 탄소세를 성공적으로 도입하기 위해서는 어떻게 해야 할까?
> 우선 탄소세를 성공적으로 도입한 국가의 사례를 살펴봄으로써 탄소세 도입 방안을 모색해 볼 수 있다. 탄소세를 성공적으로 도입한 대표적인 국가는 스웨덴이다. 스웨덴은_____년 탄소세 제도를 도입하였다. 처음에는 톤당 28달러 수준이었지만_____년 기준으로 톤당 _____달러 수준까지 높였다. 탄소세를 시행하는 다른 국가의 세율이 톤당 _____달러에서_____달러 사이인 것에 비해, 매우_____세율을 적용하고 있다. 스웨덴은 탄소세 도입 후에 온실가스 배출량이 25%가 감축되었으며, 경제 성장률은 1995년 대비 75% 증가했다고 한다.

2. 아래의 표를 참고하여 (가)단락의 빈칸을 채워 봅시다.

〈표7〉 2030년 에너지 가격에 미치는 탄소세의 영향

출처: 2019년 IMF 보고서

국가	석탄		천연가스		전기		휘발유	
	기준 가격 ($/GJ)	가격 인상률 (100%)	기준 가격 ($/GJ)	가격 인상률 (100%)	기준 가격 ($/GJ)	가격 인상률 (100%)	기준 가격 ($/GJ)	가격 인상률 (100%)
톤당 탄소세 75달러								
1 아르헨티나	3.0	297	3.0	133	0.10	48	1.4	13
2 호주	3.0	263	9.6	44	0.11	75	1.3	15
3 브라질	3.0	224	3.0	131	0.12	7	1.4	13
4 캐나다	3.0	251	3.0	128	0.10	11	1.1	17
5 중국	3.0	238	9.6	41	0.09	64	1.2	13
6 프랑스	5.0	123	8.3	49	0.12	2	1.8	9
7 중국	5.2	132	8.4	52	0.12	18	1.8	8
8 인도	3.0	230	9.6	25	0.09	83	1.3	13
9 인도네시아	3.0	239	9.6	36	0.12	63	0.6	32
10 이탈리아	3.0	134	8.3	50	0.14	42	2.0	9
11 일본	3.0	230	9.6	48	0.13	42	1.4	11
12 한국	3.0	220	9.6	47	0.16	74	1.5	6
13 멕시코	3.0	226	3.0	132	0.10	25	1.0	18
14 러시아	3.0	169	7.0	54	0.14	40	0.9	12
15 사우디아라비아	3.0	234	7.0	56	0.22	89	0.6	28
16 남아프리카공화국	3.0	205	7.0	23	0.08	40	1.2	16
17 터키	3.0	232	7.0	59	0.09	16	1.5	9
18 영국	6.1	157	8.3	51	0.13	53	1.7	8
19 미국	3.0	254	3.0	135	0.08	43	0.8	20
평균	3.5	214	7.0	68	0.12	43	1.3	14
톤당 탄소세 50달러								
평균	3.5	142	7.0	45	0.1	32	1.3	9
톤당 탄소세 25달러								
평균	3.5	71	7.0	23	0.1	19	1.3	5

* GJ(gigajoule): 에너지를 세는 단위이다. 1,000,000,000J이 1GJ이다.

☞ 표를 이렇게 읽어 봅시다.

- 위의 표는 2019년 IMF(국제통화기금)에서 분석하여 발표한 것으로, '에너지 가격에 미치는 탄소세의 영향'을 보여준다. 탄소세는 석탄, 천연가스, 전기, 휘발유 등의 화석 연료를 사용하는 과정에서 나오는 이산화탄소에 대하여 세금을 붙이는 것이다. 이렇게 이산화탄소에 세금을 부과하는 이유는 이산화탄소가 지구온난화의 주요 원인이 되기 때문이다.

- '기준 가격'은 기존의 에너지 가격을 말하는 것으로, 기준가격의 단위인 $/GJ의 의미는 '1GJ당 에너지 가격이 몇 달러인지'를 말하는 것이다. '가격 인상률'은 2030년에 에너지 가격이 몇 퍼센트(%) 상승할 것인지를 예상한 것이다.

- 세계 19개의 나라들에서 기존의 석탄 가격은 1GJ당 평균 3.5달러(3.5 $/GJ), 천연가스 가격은 1GJ당 평균 7.0달러(7.0 $/GJ), 전기 가격은 1GJ당 평균 0.12달러(0.12 $/GJ), 휘발유 가격은 1GJ당 평균 1.3달러(1.3 $/GJ)였다. 그러나 톤당 75달러의 탄소세를 부과할 경우, 2030년 석탄, 천연가스, 전기, 휘발유 가격은 위의 표와 같이 크게 상승할 것으로 예상된다.

(가) 2015년 파리협정에서는 2℃ 이하로 지구 온난화의 수준을 제한하기로 하였다. IMF는 지구 온난화 수준을 2℃ 이하로 제한하기 위해서는 탄소세율을 톤당 75달러 수준으로 올려야 한다고 제안하고 있다. 현재 탄소세를 시행하고 있는 국가들의 세율을 비교해 볼 때, 톤당 75달러의 세율은 매우 높은 수준이다. 그만큼 이산화탄소 감축을 위한 실천적 노력이 시급한 상황임을 말해주는 것이다.

_____는 탄소세가 톤당 75달러 수준이 될 경우, 석탄, 천연가스, 전기, 휘발유 분야에서 에너지 가격이 크게 상승할 것으로 예상하였다. IMF는 2030년에_____은 평균_____%, _____는 평균_____%, _____는 평균_____%, _____는 평균_____% 정도 _____것이라는 예상치를 내놓았다.

이렇게 탄소세로 인해_____가격이 상승하면 기업의 생산 비용이 오르고 소비자의 상품 구매 가격도 인상되기 때문에, 국민들이 탄소세의 도입에 반대할 수 있다. 실제로 일부 국가에서는 탄소세의 도입을 위해 노력하고 있지만, 탄소세율의 조절 문제와 세금에 대한 국민들의 부정적 인식으로 난항을 겪고 있다.

3. <3. 탄소세의 효과와 도입 방안>를 구성하는 각 단락의 주제는 무엇입니까?

(가)단락	
(나)단락	
(다)단락	

4. 아래의 그래프와 글은 <3. 탄소세의 효과와 도입 방안>에 추가할 부분입니다.

1) 아래의 그래프를 보고 글의 빈칸을 완성해 봅시다.

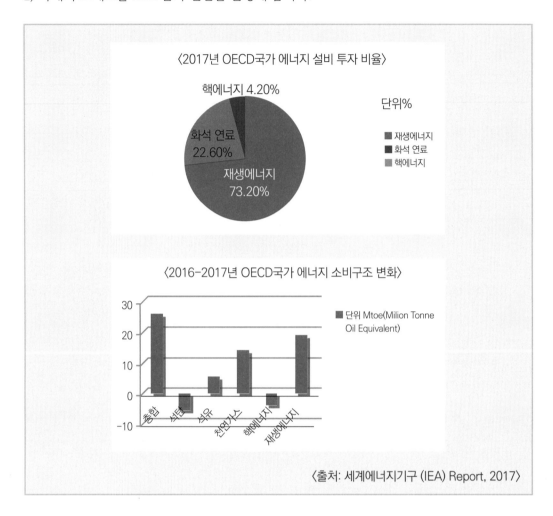

탄소세의 부정적 영향에 대한 우려에도 불구하고 탄소세의 도입은 장기적으로 필요하다고 생각한다. 탄소세는 경제적인 제재수단이지만 궁극적으로는 ＿＿＿＿＿＿＿＿＿＿＿＿＿＿＿＿＿＿＿＿＿ ＿＿＿＿＿＿＿＿＿＿＿＿＿＿＿＿＿＿＿＿. 탄소세의 도입으로 재생에너지 부분에 투자를 집중시키는 효과가 나타날 것이며, ＿＿＿＿＿＿＿＿＿＿＿＿＿＿＿＿＿＿＿＿ 결과도 가져오게 될 것이다.

＿＿＿＿＿＿＿＿＿가 발표한 보고서에 따르면 ＿＿＿＿＿＿＿＿＿년 OECD 국가 ＿＿＿＿＿＿＿의 73.2%가 ＿＿＿＿＿＿＿＿＿에 집중되고 있으며, ＿＿＿＿＿＿＿＿＿에서도 ＿＿＿＿＿＿＿＿＿부분 이 제일 많이 증가한 것으로 나타났다. 또한 국제재생에너지(IRENA)에서는 재생에너지 비중이 증가하면서 화석연료 산업에서는 일자리가 감소되겠지만 재생에너지 분야에서 새로운 일자리가 생성됨으로써 전체 일자리의 양은 증가할 것이라고 보고 있다. 2050년에는 재생에너지 비중은 15%에서 66%까지 상승할 것이며, 재생에너지 일자리는 1490만개에서 2880만개로 늘어날 것으로 전망하였다.

　　결과적으로 탄소세로 인해 기업이 ＿＿＿＿＿＿＿＿＿을 줄이고 ＿＿＿＿＿＿＿＿ 개발에 힘쓰게 되면, ＿＿＿＿＿＿＿＿＿가 전환되어 온실가스 배출이 감축될 뿐만 아니라 ＿＿＿＿＿＿＿＿전체적 으로 경제가 성장하는 효과도 가져오는 것으로 볼 수 있다.

2) 147~148쪽 조사·분석 보고서에서 (나)단락의 담화표지와 내용을 참고하여 위 글이 <3. 탄소세의 효과와 도입 방안>의 어디에 위치하는 것이 좋을지 보기에서 골라봅시다.
　㉮ (가)단락 앞
　㉯ (가)와 (나)단락 사이
　㉰ (나)와 (다)단락 사이
　㉱ (다)단락 뒤

4) 감상 보고서

감상 보고서는 영화나 책을 읽고 나서 주관적인 감정이나 느낌을 자유롭게 쓰는 유형이며, 묘사하기, 인용하기, 요약하기 등의 방법이 사용된다. 영화나 책의 내용을 요약하거나 영화나 책에 대한 전문가의 평가를 인용한다. 특히 묘사하기는 '비유'나 '상징'을 통해 장면과 내용을 표현하기도 하는데, 독자들의 상상력을 자극함으로써 재미와 공감을 얻어낼 수 있다.

제목 〈완벽한 타인: 말할 수 없는, 말하지 못한 비밀〉

1. 서론
2. 우리 속의 타인

　〈완벽한 타인〉은 친구인 4명의 소년이 모두 성인이 되어 집들이를 하게 되면서 벌어지는 이야기이다. 이들은 즐겁게 저녁 식사를 하며 대화를 나누다가 휴대폰으로 오는 모든 내용을 서로에게 공유하는 게임을 하게 된다. 하나, 둘 오는 연락들에 이야기는 예기치 못한 방향으로 흘러가게 되고, 개인적인 비밀과 음흉한 속내, 불륜까지 공개가 된다. 이들 주인공은 서로에게 말 못 할 비밀을 가지고 있다. 레스토랑에서 같이 일하는 여자 매니저와 바람이 났고, 남편 몰래 시어머니를 요양원에 보내려 했으며, 아내 모르게 투자한 곳에서 사기를 당했다. 또 다른 주인공은 연상의 여자와 바람이 났고, 34년간 함께 한 친구들에게 밝히지 못했던 성 정체성을 가진 주인공도 있다. 이러한 자기들만의 비밀이 전화와 문자로 하나둘씩 탄로 나고 만다.

　이 영화는 주인공들의 갈등 요소들이 대부분 성적인 부분에 맞춰져 있는 것 같았다. 나는 이 영화가 좀 더 폭넓게 인간 내면의 심리와 갈등을 중심으로 전개되었다면 관객들의 공감을 더 얻었을 텐데 하는 아쉬움이 있었다.

3. 여러 방식의 삶

　하나의 테이블을 둘러싸고 마주 앉은 일곱 명의 인생들과 일곱 개의 사연들에 대한 비밀의 베일이 작은 테이블 위에서 벗겨진다. 그 베일이 벗겨질수록 내가 가장 잘 알고 있다고 생각하는 나의 남편, 아내, 친구가 전혀 모르던 타인처럼 생소하게 느껴진다. 만약 내가 그 주인공이었더라도 그렇게 느꼈을 것 같다. 누구나 말할 수 없는 자신만의 치부를 가지고 살기 때문이다.

　또, 한 가지 〈완벽한 타인〉에서 현대판 계급사회의 모습과 가부장적인 사상, 성 소수자 희화화 등을 극복하지 못한 것은 작품의 한계로 보인다. 주인공 중 한 명인 준모는 서울대학교를 졸업하고 사회에서 성공한 계층을 대변한다. 가부장적인 남편들의 주도적인 모습에 부인들은 순종적으로 따르고, 성 소수자를 희화화하는 장면도 여과 없이 나타난다.

(가) 한바탕 난리가 난 후, 한 사람의 결혼반지가 식탁 위에서 빙그레 돈다. 처음 게임 얘기를 꺼냈던 장면으로 바뀌면서 그들은 게임을 하지 않기로 결정한다. 결국 이 게임을 처음부터 시작하지 않았던 것이다. 이것은 마치 '김만중'의 소설 〈구운몽〉과 같이 한바탕 꿈을 꾸는 것처럼 이야기 자체로 재미를 가지는 영화이다. 영화의 첫 장면에서 소년들이 월식을 감상하는 장면은 감독이 우리에게 인간에 대해 생각할 수 있는 화두를 던지는 게 아닐까? 월식은 지구의 그림자에 달의 실체를 감추는 것이다. 즉 월식이 일어날 때 우리는 달의 본 모습을 알 수 없다. 마찬가지로 인간은 타인에게 진실한 모습을 숨기기도 한다. 대외적으로 잘 보이기 위해 꾸며진 '공적인 나', 가까운 사람들과 함께 있을 때 나오는 '개인적인 나', 아무에게도 말할 수 없고 오롯이 혼자만의 '비밀스러운 나'. 사실 우리에게 보이는 타인은 왜곡되거나 꾸며진 모습일 가능성이 많다.

4. 결론

연습하기

1. <2. 우리 속의 타인>에서 글쓴이의 감상이나 의견이 표현된 부분은 어디입니까?

2. <3. 여러 방식의 삶>에서 (가)단락의 논리전개 방식은 무엇입니까?

3. <3. 여러 방식의 삶>에서는 영화를 어디에 비유하고 있습니까?

4. 여러분이 재미있게 보거나 읽은 영화 또는 책이 있습니까? 요약하기, 묘사하기, 인용하기의 방법을 모두 사용하여 감상 보고서를 써 봅시다.

제목:

1. 서론

2. 작품의 줄거리를 '요약하기'

_____

_____

_____

_____

_____

_____

3. 작품에 대한 전문가들의 평가를 '인용하기'

_____

_____

_____

_____

_____

4. '묘사하기'를 통해 작품에 대해 감상평 쓰기

_____

_____

_____

_____

_____

5. 결론

1. 여러분은 '동물 실험'에 대하여 생각해 본 적이 있습니까? 사람들은 새로운 약이나 화장품을 개발하기 위해 오랫동안 동물 실험을 시행해 왔습니다. 그러나 최근 동물 실험 과정에서 동물들이 학대당한다는 여론이 형성되기 시작했습니다. 이에 동물 실험에 대해 찬성하는 입장과 반대하는 입장이 대립하고 있습니다.

1) '동물 실험'에 대해 논증 보고서를 쓰고자 합니다. 동물 실험에 대해 찬성하거나 반대하는 주장을 하고 그 주장을 뒷받침하는 근거를 제시하는 논증 보고서입니다. 각 입장에 맞는 보고서의 제목을 생각해 봅시다.

- 찬성하는 입장에서 쓸 수 있는 제목:

_____

- 반대하는 입장에서 쓸 수 있는 제목:

_____

2) 이제 동물 실험을 반대하는 입장에서 논증 보고서를 쓰고자 합니다. 서론과 목차를 참고하여, 제목을 정하고 본론을 완성해 봅시다.

제목 :

목차

1. 서론

2. 동물 실험의 역사

3. 동물 실험의 악용 사례

4. 동물 실험의 불필요성

1. 서론

최근 유명 영화배우나 가수를 중심으로 동물 실험을 하지 않는 비건 화장품, 비건 패션 등이 전 세계적으로 유행하고 있다. '비건(vegan)'은 채식주의자를 의미하는 것이었으나, 이제는 동물 실험을 하지 않으며 동물성 원료를 사용하지 않는 화장품, 패션, 식품 등에 광범위하게 사용되고 있다.

이렇게 동물 실험에 반대하는 여론이 활발해지고 있는 이유는 무엇일까? 동물 실험 과정에서 일어나는 동물 학대의 윤리적 문제가 심각하게 지적되고 있기 때문이다. 이 보고서에서는 동물 실험의 역사 및 악용 사례를 검토하고, 동물 실험에 반대하는 근거를 제시함으로써 동물 실험의 불필요성에 대한 논의를 진행하고자 한다.

---

2. 동물 실험의 역사

_____

_____

_____

_____

_____

3. 동물 실험의 악용 사례

_____

_____

_____

_____

_____

4. 동물 실험의 불필요성

_____

_____

_____

_____

_____

5. 결론

10 보고서 결론 쓰기

학습목표

1. 결론 쓰기의 다양한 방법을 알 수 있다.
2. 보고서의 유형과 주제에 맞게 다양한 방법으로 결론을 쓸 수 있다.
3. 결론에서 사용하는 여러 방법을 결합해서 결론을 수정할 수 있다.

여러분, 8장의 서론 쓰기, 9장의 본론 쓰기를 잘하셨습니까? 그런데 서론과 본론을 잘 쓰고도 결론을 어떻게 써야 할지 막막하지는 않습니까? 서론, 본론과 마찬가지로 결론 쓰기에는 여러 가지 방법이 있습니다. 이 방법을 배우면 여러분도 결론을 어렵지 않게 잘 쓸 수 있을 것입니다. 앞서서 보고서 쓰기는 형식적인 틀이 있다고 했던 것을 기억하십니까? 결론을 쓰실 때 다양한 방법을 사용해서 내용을 쓰는 것도 중요하지만 형식을 지키는 것도 매우 중요하다는 것을 잊으시면 안 됩니다. 몇 가지를 안내해 드리면 결론은 본론보다 길이가 짧아야 하고 내용이 많아서는 안 됩니다. 서론의 길이와 비슷한 정도면 좋지만 무조건 똑같아야 하는 것은 아닙니다. 이 장을 통해서 우리는 결론 쓰기의 방법과 형식을 이해하고 결론 쓰기를 연습할 것입니다. 하지만 결론 쓰기가 끝났다고 보고서 쓰기가 끝난 것은 아닙니다. 전체 글이 잘 되었는지 점검하고 수정하는 과정이 있다는 것도 기억합시다.

그럼, 이제부터 다양한 방법의 결론 쓰기를 배워보도록 하겠습니다.

1. 결론을 쓸 때 가장 중요한 것은 무엇입니까?
2. 결론을 쓸 때 여러 가지 방법이 있다는 것을 알고 있습니까?
3. 결론 쓰기의 과정 뒤에 무엇이 있습니까?

◆ **결론에서 자주 사용하는 표현**

아래의 표현은 5장 '보고서를 쓰기 위한 표현 연습' 부분에서 배웠던 것들이다. 배웠던 것을 다시 생각해 보고 보고서의 결론 부분을 쓸 때 내용에 맞게 사용하면 된다.

〈보기〉
지금까지 −에 대해 살펴보았다. 지금까지 −에 대해 고찰해 보았다.
지금까지 −에 대해 살펴본 것이다.

이 글을 정리하면 −(이)다. 이 보고서를 종합하면 다음과 같다.

이 보고서에서는 − 을/를 검토하였다.   −기 위해서 − 해야 할 것이다.

10.1 보고서 결론 쓰기의 다양한 방법

보고서의 마지막 부분을 결론이라고 한다. 결론을 쓰는 방법도 여러 가지가 있는데 우선 본론의 핵심적인 내용을 요약하거나 정리하는 방법을 많이 사용한다. 보고서의 내용에 대한 앞으로의 전망이나 기대되는 결과를 예상하면서 결론을 마무리 짓기도 한다. 또 서론에서 문제를 제기한 것에 대해서 결론에서 답을 하거나 대안을 제시하면서 끝을 마무리할 수도 있으며 새로운 가능성이나 과제, 한계에 대해서 언급하면서 끝낼 수도 있다. 주제에 알맞은 속담이나 관용 표현, 전문가의 말을 인용해서 글쓴이의 주장을 강조하면서 끝을 맺을 수도 있다. 여러 주장이 있을 때 글쓴이의 입장을 선택해서 제시하고 설명하면서 마무리하기도 한다. 그리고 질문을 통해 문제 상황을 다시 한번 상기시키는 방법을 사용하기도 한다. 이렇게 결론 쓰기에는 여러 가지 방법이 있어서 사람들은 결론 부분을 어떻게 써야 할지 고민하게 된다. 다음은 위에서 제시한 여러 가지 방법 중 결론에 사용되는 5가지의 대표적인 방법을 제시한 것이다.

① 본론 요약 및 정리하여 마무리하기

결론 부분에서 전체 내용을 요약해서 쓰거나 전체 내용을 정리하는 방법이다. 서론과 본론에 나온 내용을 요약하면서 자신의 생각으로 정리할 수도 있고 핵심 내용을 정리하여 마무리할 수 있다.

---

① 본론 요약 및 정리하여 마무리하기

지금까지 쌀을 주식으로 하는 아시아 4개 국가의 젓가락을 비교해 보았다. 음식 문화는 사람들이 쉽게 받아들이기도 하고 누구나 접할 수 있는 문화이기도 하다. 음식을 먹기 위해서 사람들은 다양한 방법을 사용한다. 그중에서도 나는 아시아 국가의 젓가락 사용에 대한 공통점과 차이점을 살펴보았다. 그 사용법이 비슷하면서도 조금씩 달랐다. 또 젓가락의 소재면과 형태면에서의 공통점을 알아보았다. 같은 아시아 국가임에도 중국을 비롯한 한국, 베트남, 일본의 젓가락에 대한 사용법이나 소재, 형태가 다르다는 것은 흥미로운 부분이다. 젓가락은 중국에서 시작되었지만 각 나라에 들어와 음식 문화와 조리 방법, 지리적 환경에 맞게 다양하게 변형됐으며 이러한 다양한 요건들이 식사 도구에 많은 영향을 미쳤다는 것도 알 수 있었다. 음식을 먹는 방법은 다양하다. 앞서서 말했듯이 손으로 먹을 수도 있고 포크와 나이프를 사용할 수도 있고 숟가락과 젓가락을 쓸 수도 있다. 어떤 도구를 사용하는 것이 멋지고 더 문명화되거나 더 미개한 것은 아니라는 것이다. 그 나라의 문화와 환경에 따라 달라진다는 인식이 필요한 것이다. 이 보고서는 문화를 비교하고 다름을 인정하는 자세를 생각해 볼 수 있게 한다는 점에서 의의를 가진다고 할 수 있다.

연습하기

1. <보기>를 참고해서 위 글에서 사용된 결론 표현을 찾아봅시다.

〈보기〉 지금까지 -에 대해 살펴보았다. / 고찰해 보았다. 이 글을 정리하면 -(이)다.
　　　　이 보고서에서는 -을/를 검토하였다. -기 위해서 -해야 할 것이다.

2. 위 글에서 본론의 핵심 내용을 가장 잘 요약하고 정리한 문장을 찾아봅시다.

② 앞으로 전망을 제시하여 마무리하기

서론과 본론에서 제기되었던 내용에 대해서 앞으로의 전망이나 예상, 방향성을 제시하여 마무리를 하는 방법이다. 다음은 <직장인들의 회식 문화>에 대해 쓴 보고서 의 결론 부분이다.

> ② 앞으로 전망을 제시하여 마무리하기
>
> 본론에서 설문 조사를 통해 현대 직장인들의 회식 문화에 대해 살펴보았다. 대부분 직장인이 기존의 회식 문화가 변해야 한다는 것에 찬성을 하고 있음을 알 수 있었다. 조사 결과 회식에서 술은 빠질 수 없는 부분이기도 하고 주로 저녁 시간에 회식을 하기 때문에 다음 날 출근에까지 영향을 끼쳐 회식이 부담스럽다고 나타났다. 응답자의 과반수가 회식이 싫은 것보다 술을 너무 많이 마시는 상황이 부담스럽다고 하였다. 하지만 술을 마시지 않는 점심 회식은 찬성하는 것으로 나타났다. 그 뒤를 이은 것으로 동료들과 함께 영화를 보거나 음악회에 가는 문화 회식과 좋아하는 운동을 같이 하고 계절에 맞게 다양한 스포츠를 즐길 수 있는 스포츠 회식이 있었다. 이러한 설문 결과로 볼 때 점차 회식 문화도 바뀌어 갈 것이다. 다시 정리하면 직장인들이라고 해서 모두 회식을 싫어하는 게 아니라 시대가 바뀐 만큼 회식 문화도 변화가 필요하다는 것이고 많은 직장인들이 이것을 인식하고 있다는 것이다. 따라서 앞으로의 회식은 건강하고 부담 없는 회식 문화의 방향으로 진행될 것이고 이런 바람직한 회식 문화는 일의 효율성은 물론 직장인들의 만족도를 높일 것으로 예상한다.

연습하기

1. <보기>를 참고해서 위 글에서 사용된 결론 표현을 찾아봅시다.

> 〈보기〉 지금까지 −에 대해 살펴보았다. / 고찰해 보았다. 이 글을 정리하면 −(이)다.
>
> 이 보고서에서는 −을/를 검토하였다. −기 위해서 − 해야 할 것이다.

_____

_____

2. 바람직한 회식 문화에 대해서 여러분의 생각을 간단하게 써 봅시다.

예> 소규모 교외 나들이, 맛집 투어...

_____

_____

_____

③ 인용된 표현이나 잘 알려진 명제 이용해서 마무리하기

주제에 맞는 전문가나 권위자의 말을 인용하거나 책, 영화, 연극 등에서 작가 또는 감독, 주인공들 말을 인용하여 글을 마무리하는 방법이다. 서론에서도 사용된 방법이지만 결론에서도 사용할 수 있다. 또 참이나 거짓으로 설명할 수 있는 보편적인 지식, 예를 들어 '사람은 누구나 죽는다'와 같은 명제를 이용해서 마무리를 지을 수도 있다. 다음은 영화 감상 보고서 <완벽한 타인>에 대한 결론 부분이다.

> **③ 인용된 표현이나 잘 알려진 명제 이용해서 마무리하기**
>
> 이 영화를 통해 나는 "세상에 완벽한 타인은 존재할까?" 또는 "세상에 완벽하게 내 사람이라고 생각할 수 있는 존재가 있을까?"라는 물음을 던지게 됐다. 이재규 감독의 말처럼 "인간의 속성이 한 단면만으로 정해지는 것은 아니다."라는 주제가 잘 전달된 영화라고 생각한다. <완벽한 타인>에서는 월식 장면이 자주 등장하는데, 월식은 실제로 불길함을 나타내는 징조로 알려져 왔다. 그 이유는 그리스 신화에서 달의 여신 '헤카테'가 월식이 되는 날 저승의 개와 함께 나타나 저주를 내렸다는 전설 때문이다. 월식 장면은 주인공들의 불행한 결말을 향한 복선은 아닐까 생각해 볼 수 있다. 영화 주인공 영배는 "사람의 본심은 월식과 같아서 잠깐 가릴 수는 있어도 언젠가는 드러나게 돼."라고 말한다. 이 말은 무엇을 의미하는 것일까? 결국 사람은 단순하게 정의할 수 없으며 완벽하게 보이는 타인일지라도 홀로 힘든 상황을 숨길 수 있어서, 위로와 동정이 필요한 존재라는 말이 아닐까 생각해 본다.
>
> 나는 이 영화를 보고 우리는 자신들의 진짜 모습을 애써 숨긴 채 보이는 것들에 초점을 맞추고 타인 역시 보이는 것만 믿으며 살아가고 있다는 것을 느꼈다. 그런 삶이 진정으로 우리가 원하는 삶일지 생각해 봐야겠다.

연습하기

1. 윗글에서 인용된 표현을 찾아봅시다.

2. 위 글에는 인용된 표현 외에 또 사용된 결론 방법이 있습니다. 어떤 방법을 사용했는지 찾아봅시다.

    ① 본론을 요약 정리하는 방법　　　　② 앞으로의 전망을 제시하는 방법
    ③ 질문으로 문제 상황을 환기시키는 방법　　④ 해결한 문제를 제시하는 방법

◉ Tip: 2)에서 사용된 방법은 문제 상황을 다시 인식하고 판단을 나타내서 독자의 공감을 얻는 방법이다.

④ 선택적 판단 및 부연 설명으로 마무리하기

하나의 주제에 대해 논쟁이 있을 경우 본론에서 찬성 의견과 반대 의견 또는 여러 의견에 대한 글을 쓰고 결론에서는 글쓴이의 주장이나 관점을 정해서 하나의 입장을 밝히는 방법이다. 이렇게 결론에서 선택적 판단을 하게 되면 글쓴이의 의견에 보충해서 설명하는 것이 필요하다. 다음은 <온실가스 감축을 위한 탄소세의 효과와 도입 방안>에 대한 결론이다.

---

④ 선택적 판단 및 부연 설명으로 마무리하기

지금까지 온실가스 감축을 위한 방법 중 하나인 탄소세 도입에 대해 알아보았다. 2019년 9월의 UN 기후행동 정상회의에서 각국의 기후 변화에 대한 미온적인 반응에 대해 비판하는 목소리가 높았으며, 온실가스 감축의 실천적인 대응으로서 탄소세는 더욱 주목받고 있다.

교토의정서에 따른 탄소배출권거래제(ETS)는 대규모의 에너지 산업 분야에만 적용되는 규제이며 탄소배출권거래제가 적용되지 않는 산업 분야가 많아서, 온실가스 감축 목표에 도달할 만큼 효과적이지 않다는 지적이 많았다. 이에 가장 효율적인 온실가스 감축 수단으로 논의되고 있는 제도가 바로 탄소세이다. 탄소세는 다음과 같은 긍정적인 효과를 가져 올 수 있다.

하지만 탄소세의 도입에 대해 부정적으로 보는 입장도 있다. 탄소세의 부정적 영향에 대한 우려에도 불구하고 탄소세의 도입은 장기적으로 필요하다고 생각한다. 탄소세 부과로 인해 단기적으로는 산업 분야의 생산 비용이 상승되어 경제 성장이 주춤할 수 있으나, 장기적으로는 지구 온난화를 막고 친환경적인 에너지 개발로 경제가 성장되는 긍정적인 효과를 얻을 수 있을 것이다.

연습하기

1. 윗글의 밑줄 친 부분에 탄소세를 도입하면 나타날 긍정적 효과를 써 봅시다.

_____

_____

_____

2. 여러분은 탄소세 도입에 찬성을 합니까? 반대를 합니까? 여러분의 찬성, 반대의 의견과 함께 부연 설명을 써 봅시다.

_____

_____

_____

⑤ 문제 해결 방법 및 대안 제시로 마무리하기

이 방법은 보고서의 서론과 본론에서 나온 문제를 해결하기 위해서 자주 쓰는 방법이다. 결론의 내용에는 본론에서 나타난 문제점을 해결하는 방법으로 마무리 짓는 것이 이상적이지만 해결 방법을 제시하지 못했다면 대안을 내세워도 괜찮다. 다음은 <외국인 유학생을 위한 시간제 근로제의 문제점과 개선 방안>에 대한 결론 부분이다.

---

⑤ 문제 해결 방법 및 대안 제시로 마무리하기

지금까지 외국인 유학생의 시간제 근로의 문제점을 찾고 해결 방안을 제시하였다. 유학의 목적은 학업이며 원칙적으로는 외국인 유학생은 영리, 취업 활동은 금지되어 있다. 외국인 유학생 중 몰라서 불법으로 일하는 학생들도 있지만 알고도 불법적 일을 하는 유학생들 때문에 한국 사회에서 이들을 바라보는 시선이 곱지 않은 것은 사실이다. 하지만 다양한 규정을 두어 사전에 허가를 받은 경우에는 허용해 주고 있다. 유학생의 비자 종류와 학력에 따라 시간제 취업의 허용 시간이 달라진다. 이들이 조금 더 안전한 환경에서 일할 수 있도록 대학 안에서 시간제 근로를 할 수 있는 지원이 필요하다고 본다.

이러한 곳에서 일을 하면 시간제 근로는 여러 면에서 긍정적인 부분이 많은 것 같다. 우선 적은 돈을 받지만, 유학생들이 법과 학교라는 테두리 안에서 조금 더 안정적으로 일을 할 수 있고, 한국인들과 교류도 하면서 한국의 작은 사회를 체험할 수 있기 때문이다. 정리하자면 우리 대학의 유학생들을 대상으로 실시한 설문의 결과, 시간제 근로에 대한 문제와 개선 사항을 바탕으로 유학생, 한국 사회, 대학이 함께 문제를 해결할 방법을 마련해야 할 것이다.

연습하기

1. 유학생들에게 시간제 근로의 사전 허가에 대한 홍보를 어떻게 하면 좋겠습니까?

2. 교내에서 할 수 있는 시간제 근로는 무엇이 있을지 추천해 봅시다. 그 이유도 써 봅시다.

10.2 다양한 방법으로 결론 쓰기

아래는 <청년 실업의 현황과 문제점>에 대한 글이다. 어떤 방법으로 글을 정리하고 있는지 알아봅시다.

> **〈제목: 2019년 한국의 청년실업률, 끝없이 추락〉**
>
> – 평균 수명이 증가하면서 고령자의 산업현장 재진입, 대기업과 중소기업의 임금 양극화 현상과 같은 문제점이 청년실업을 나타나게 하는 요인 중 하나다.
> – 청년들이 취업을 못함으로써 자존감이 낮아져 여러 가지 사회 문제를 일으킬 수 있다.
> – 청년의 취업이 늦어지면서 자연스럽게 결혼과 출산이 지연되어 낮은 출산율이 문제가 되기도 한다.
> – 실업자 수는 2013년부터 꾸준히 증가하여 2018년에는 107.3만 명에 이르렀으며 앞으로도 실업률이 낮아질 전망은 없다.
> – 적은 월급이어도 원하는 일, 의미 있는 일을 할 수 있는 기회를 제공해야 한다.

1. 본문 요약

이 보고서는 2019년 청년실업률이 계속 추락하는 원인에 대해 살펴보았다. 고령자의 산업현장 재진입과 대기업, 중소기업의 임금 양극화 현상을 해결하지 못하는 것도 요인이 될 수 있는 것으로 나타났다. 청년들의 취업이 늦어지면 결혼, 출산도 지연되어 결국에는 저출산으로 이어져 사회 문제로 커질 수 있음을 시사했다.

2. 전망 및 제언

계속 추락하는 취업률로 인해 많은 청년들이 자존감이 낮아지는 상황이 된다면 여러 가지 사회 문제가 발생할 수도 있다. 게다가 이러한 문제로 인해 결혼, 출산까지 늦어져 저출산의 원인이 될 수도 있다. 청년 실업을 해결하기 위해 국가에서는 구체적인 대책을 마련해야 할 것이다.

3. 문제 해결 방법이나 대안 제시

대기업과 중소기업의 임금 양극화 현상을 해결할 수 있다면 청년 실업률이 조금은 낮아질 것이다. 또한 청년들 자신의 원하는 일, 의미 있는 일을 적극적으로 찾아서 할 수 있는 사회적 시스템도 마련해야 할 것이다. 즉, 정부나 지자체가 청년 창업에 관심을 가지고 지원하면 청년들은 용기를 가지고 혁신적인 아이디어로 일자리를 창출할 수 있을 것이다. 더 나아가 청년들이 원하는 일을 스스로 만들 수 있어서 청년실업 문제를 해결할 수 있을 것이다.

4. 결론

위에서 쓴 글을 바탕으로 결론을 완성하려고 한다. 위에서 제시한 몇 가지 방법을 같이 사용해서 결론을 써 봅시다.

1) 본론을 요약하고 전망을 나타내는 결론 쓰기
앞부분 요약과 연결이 잘 될 수 있도록 위의 글의 참고해서 전망에 대한 뒤의 내용을 써 봅시다.

> **이 보고서는** 2019년 청년실업률이 계속 추락하는 원인에 **대해 살펴보았다.** 고령자의 산업현장 재진입과 대기업, 중소기업의 임금 양극화 현상을 해결하지 못하는 것도 요인이 될 수 있는 것으로 나타났다. 청년들의 취업이 늦어지면 결혼, 출산도 지연되어 결국에는 저출산으로 이어져 사회 문제로 커질 수 있음을 시사했다.
>
> _____
> _____
> _____
> _____
> _____

2) 본론을 요약하고 문제 해결, 대안을 제시하는 방법으로 결론 쓰기
앞부분의 요약과 연결이 잘 될 수 있도록 위의 글을 참고해서 문제 해결 및 대안을 제시하는 방법으로 결론을 써 봅시다.

> **이 보고서는** 2019년 청년실업률이 계속 추락하는 원인에 **대해 살펴보았다.** 고령자의 산업현장 재진입과 대기업, 중소기업의 임금 양극화 현상을 해결하지 못하는 것도 요인이 될 수 있는 것으로 나타났다. 청년들의 취업이 늦어져 결혼, 출산도 지연되어 결국에는 저출산으로 이어져 사회 문제로 커질 수 있음을 시사했다.
>
> _____
> _____
> _____
> _____
> _____

1. 위에 쓴 것과 같이 아래 내용을 보고 각 유형에 맞게 써 봅시다.

〈제목: 한국 사회의 가족 형태 변화〉

– 가족주의 가치관이 약화되어 결혼이나 출산에 대한 시각이 달라져 가족 형태도 변화되고 있다.
– 급격한 산업화, 여성들의 사회 진출, 비혼, 이혼/졸혼 증가로 1인 가구가 꾸준히 증가하고 있다.
– 외국인과 결혼하여 가족을 이룬 다문화 가족이 많이 생기고 있다.
– 핵가족은 부부와 그들의 미혼 자녀로 구성된 형태로, 현대 사회에서 가장 보편적인 가족 형태이다.
– 무자녀 가족은 자녀가 없고 부부로만 구성된 가족 형태를 말한다.
– 한 부모 가족은 미혼인 부모가 혼자 아이를 키우거나 이혼, 사별로 인해 부모 중 한 사람이 자녀를 양육하는 가족 형태이다.
– 가족 형태가 변해도 가족 관계는 다른 사람들과 관계를 형성하는 데 기초가 되므로, 가족 관계를 원만하게 하는 것이 매우 중요하다.
– 1인 가족, 한 부모 가족, 다문화 가족의 사회적 차별을 줄여야 하고 변화하는 세상에 맞춰 다양한 형태의 가족을 인정하는 인식의 변화가 필요하다.

1) 본문 요약

_____

_____

_____

2) 전망 및 제언

_____

_____

_____

3) 문제 해결 방법 제시

_____
_____
_____
_____

4) 결론
위에 쓴 글을 바탕으로 결론을 완성해 봅시다.

① 본론을 요약하고 문제 해결 방법을 제시하는 결론을 쓰십시오.

_____
_____
_____
_____
_____

② 본론을 요약하고 앞으로의 전망을 나타내는 결론을 쓰십시오.

_____
_____
_____
_____
_____
_____

10.3 정리하기

1. 다음은 안락사에 대한 보고서를 쓰려고 합니다. 서론, 본론을 보고 '결론' 부분을 써 봅시다.

> 안락사에 대한 찬성과 반대의 자료를 찾고, 안락사 현황에 대해 조사하십시오. 이를 토대로 안락사에 찬성하는 국가와 반대하는 국가의 사례를 조사해보고 안락사에 대한 자신의 견해를 밝혀서 쓰십시오.

<제목: 안락사는 옳은 선택인가?>

서론	안락사는 불치병이나 심각한 장애로 생명을 연장할 수 없을 때, 또는 생명의 유지가 무의미하다고 판단될 때, 직접 또는 간접적으로 고통 없이 죽음에 이르게 하는 행위를 말한다. 이 보고서에서는 안락사의 사례와 함께 찬성하는 국가와 반대하는 국가에 대해 살펴보고 나의 생각을 정리하고자 한다.
본론	1. 안락사란 무엇인가? 2. 전 세계에서 행해지고 있는 안락사 현황 3. 안락사를 찬성하는 국가, 반대하는 국가
결론	지금까지 안락사 현황과 이에 찬성과 반대하는 국가에 대해 살펴보았다.

2. 결론을 써 봅시다.

다음 서론과 본론에는 핵심 내용만 있습니다. 여러분이 어떤 내용으로 결론을 구성할 것인지 생각해 보고 써 봅시다.

> 하루 2~4잔 이상의 커피는 우울증 예방에 도움을 준다고 하였는데 커피가 우울증에 어떤 영향을 미치는지 정리하고 〈커피가 정신 건강에 미치는 효과〉에 대해서 결론을 써 봅시다.

〈제목: 커피가 우울증에 미치는 영향〉

서론	커피가 우울증을 낮춘다는 연구 결과가 많다.
본론	1. 카페인의 중요성 - 카페인이 우리 뇌에서 기분에 영향을 주는 세로토닌 같은 뇌신경 전달 물질에 영향을 줘서 기분 전환을 일으킴. - 카페인이 들어간 식품을 먹거나 마시는 것만으로도 우울증 낮춤. - 카페인이 감정을 개선하고 오랜 시간 더 많은 에너지를 제공. 2. 커피와 우울증 - 하루 2잔 이상 마시면 우울증 발병률 15% 낮춤. - 정기적으로 커피를 하루 4잔 이상 마시면 우울증 발병률 20% 낮춤. - 설탕이 들어가지 않은 원두커피로 마셔야 효과가 좋음. - 하루에 커피를 6잔 이상 마시면 인지 능력이 떨어지는 것을 낮추며, 자살의 위험도도 감소시킴.
결론	

제**3**부

발표하기 단계

11 발표문 쓰기

1. 발표문과 보고서의 차이를 이해할 수 있다.
2. 발표문의 구성 및 내용을 이해할 수 있다.
3. 발표문 구성의 담화표지를 활용하여 발표문을 작성할 수 있다.

　　여러분, 수업 시간에 발표해 본 적이 있습니까? 발표를 하기 전에 어떤 준비를 했습니까? 발표문을 만든 적이 있습니까? 보통 발표하기 전에 발표문을 준비합니다. 만약 발표문을 준비하지 않고 발표를 했다면 좋은 발표를 하기는 힘들었을 것입니다.

　　발표를 하기 위해서는 발표문을 만들어야 하는데, 발표문은 보고서와 같다고 생각합니까? 다르다고 생각합니까? 발표문은 청중 앞에서 발표하는 것을 목적으로 하는 글쓰기입니다. 따라서 발표문을 쓸 때에는 발표의 내용도 중요하지만, 어떻게 청중에게 효과적으로 전달할 것인지에 대해 생각해야 합니다.

　　수업 시간에 발표할 발표문은 어떻게 써야 효과적으로 내용을 전달할 수 있을까요? 여러 방법이 있습니다. 발표 내용을 효과적으로 전달할 수 있는 담화표지도 있고, 청중들의 관심과 흥미를 일으키기 위해 컴퓨터 등의 멀티미디어 도구를 활용할 수도 있습니다.

　　이 장에서는 발표 내용을 청중에게 효과적으로 전달할 수 있는 발표문 쓰기를 배워보도록 하겠습니다. 자, 준비가 되셨지요?

1. 발표문은 보고서와 무엇이 다릅니까?
2. 공식적인 자리에서 많은 사람들 앞에서 말해 본 적이 있습니까?
3. 발표자의 발표가 지루하거나 산만하다고 느낀 적이 있습니까?

11.1 발표문의 의미

발표문은 수업과 같은 공식적인 자리에서 다수의 청중들 앞에서 발표하기 위해 작성한 글이다. 따라서 발표문은 어떻게 발표할 것인가와 연결되어 있다.

〈발표 준비 단계〉

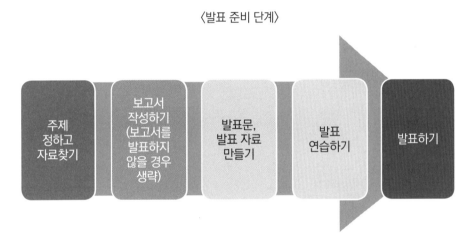

발표문 쓰기는 발표하기 전 단계에 해당한다. 주제를 정하고 자료를 찾았다면, 이제 발표문을 쓰고 발표 자료를 만들어야 한다. 발표문은 발표를 목적으로 하는 글로 발표자가 보는 것이며, 발표 자료는 발표자가 발표하면서 청중들의 이해를 돕기 위해 보여주는 시청각 자료를 말한다. 발표문은 보통 교수님께 제출하지 않지만 발표 자료는 제출하는 경우가 많다.

발표문과 발표 자료를 만든 후에는 미리 발표를 연습하는 것이 좋다. 발표를 연습할 때 발표문을 보지 않고 하는 것이 좋지만 만약 어렵다면 조금씩 보면서 도움을 받는 것이 좋다. 발표할 때는 다음과 같이 몇 가지 주의할 점이 있다.

1. 발표 내용을 정해진 시간 안에 말하기.
2. 정확하고 분명하게 주제 전달하기.
3. 청중들의 반응을 살피면서 발표하기.
4. 발표문만 보면서 읽지 않기.
5. 신뢰감을 주는 태도와 목소리로 말하기.

◆ 발표문과 보고서는 무엇이 다릅니까?

	보고서	발표문
목적	읽는 것을 목적으로 하는 글쓰기	말하는 것(발표하기)을 목적으로 하는 글쓰기
대상	읽는 사람(독자)	듣는 사람(청중)
제한	글 쓰는 분량(쪽수 또는 페이지 수)에 제한이 있음	발표 시간에 제한이 있음

　발표문을 쓸 때는 어떠한 자리에서 누구를 대상으로 발표하는지를 생각해야 한다. 듣는 사람 즉 청중들의 신뢰와 관심을 얻어야 좋은 발표문이라고 할 수 있다. 또한 발표문의 경우 발표하는 시간이 제한된다는 것을 생각하고 핵심적인 내용만을 쉽게 쓸 필요가 있다.

◆ 다음 발표문의 '주제'를 보고 발표를 듣는 청중에 대하여 추측해 봅시다.

발표 주제	청중
충동구매를 하지 않는 현명한 소비 방법	소비자
환자들을 위한 건강한 음식 만들기	
다국적 기업의 효과적인 인적 자원관리 전략 (인적자원관리 학부 전공 수업)	
강원도민을 위한 기후 변화 교육 설명회	

　우리는 보통 수업시간(발표 시간)에 강의실(발표 장소)에서 교수님과 동료 학우들(청중)을 대상으로 발표하게 된다.

◆ 목적에 따른 발표문

	보고서
설명 목적의 발표문 쓰기	– 새로운 정보나 내용을 전달하기. – 내용을 정확하고 쉽게 전달하기. – 정의하기, 분류하기, 비교하기, 분석하기, 예시하기 등의 다양한 논리전개 방식 사용하기.
설득 목적의 발표문 쓰기	– 청중을 설득하고 동의 얻기. – 주장과 이를 뒷받침하는 다양한 근거를 제시하여 청중을 설득하기. – 정의하기, 분류하기, 분석하기, 논증하기 등의 다양한 논리전개 방식을 사용하기.

11.2 발표문 쓰기

발표문의 작성은 발표하기의 사전 준비 과정으로 볼 수 있다. 발표문을 작성할 때에는 설명 목적의 발표문이든 설득 목적의 발표문이든 청중의 관심과 흥미를 이끌어 낼 수 있는 방법을 고민하면서 써야 한다.

또한 발표하기가 끝난 후에는 일반적으로 질문을 받고 응답하는 질의응답 시간도 가진다. 따라서 발표문을 쓸 때에는 중심 내용을 효과적으로 전달하기 위해 노력하며, 사소한 부분이나 청중들이 의문을 가질 수 있는 부분은 질의 응답시간으로 넘길 수도 있다.

◆ 발표문의 구성 및 내용

발표문은 제목, 발표 일자, 발표자, 발표 내용 등을 명시해야 한다. 일반적으로 대학 수업에서 발표할 때는 발표자의 소속 학과 및 학번도 밝히는 것이 좋다.

발표문에는 특별한 형식이 정해져 있지 않으며 자유롭게 작성할 수 있으나, 수업에서 발표할 경우 보통 '자기소개 - 발표 주제와 개요 - 본내용 - 질의응답 - 마무리 및 감사인사' 순으로 구성된다.

〈예시〉

〈공정 무역에 대해 아십니까?〉

2020.9.10.

발표자 경영학과 202050102 응웬티웬

발표 구성 및 내용

자기소개
발표 주제와 개요 간략 소개
본 내용(주제, 주장 및 근거)
질의응답
마무리 및 감사인사

◆ **발표 구성 및 내용에 따른 담화표지**

1. 〈자기소개〉

(개인발표) 안녕하십니까? 오늘 발표를 하게 된/맡은 경영학과 OO학번 응웬티웬입니다.
(팀별발표) 안녕하십니까? 저는 A팀의 발표를 맡은 경영학과 OO학번 응웬티웬입니다.

2. 〈발표 주제와 개요 간략 소개〉

(개인발표) 저는 오늘 '공정 무역'에 관해 발표하려고 합니다. 먼저 발표 개요를 간략하게 설명하면, '공정 무역의 시작, 공정 무역의 개념, 공정 무역 거래 상품, 공정 무역에 대한 찬성 및 비판하는 입장'의 순서입니다. 발표가 끝난 후에는 질의응답 시간을 가지겠습니다.

(팀별발표) 안녕하십니까? 저는 A팀의 발표를 맡은 경영학과 OO학번 응웬티웬입니다. 저희 팀은 오늘 '공정 무역'에 관해 발표하려고 합니다. 저와 타오는 자료조사를 하였고, 왕루이는 발표 자료(PPT)를 만들었습니다. 그럼, 발표 개요를 먼저 간략하게 설명하겠습니다. '공정 무역의 시작, 공정 무역의 개념, 공정 무역 거래 상품, 공정 무역에 대한 찬성 및 비판하는 입장'의 순서입니다. 발표가 끝난 후에는 정리 및 질의응답 시간을 가지겠습니다.

3. 〈본 내용(주제, 주장 및 근거)〉

① 각 개요에서 처음 시작하는 문장으로, 소제목 언급하기
   우선 공정 무역의 시작에 대하여 살펴보겠습니다.
   다음으로 공정 무역의 개념입니다.
   세 번째로 공정 무역 거래 상품을 예를 들어(구체적으로) 설명하겠습니다.
   마지막으로 공정 무역에 대한 비판적 의견도 소개하고자 합니다.

② 시청각 자료 활용하여 청중들의 흥미 유발하기
   여러분, 이 마크(그림, 사진, 표)를 본 적이 있습니까? 이것(이 그림, 사진, 표)은 공정 무역 거래 인증 마크이며, 공정 무역 상품에 표시됩니다.
   이 사진(그림, 표)은 공정 무역의 과정을 효과적으로(이해하기 쉽게) 잘 보여주고 있습니다.
   여러분의 이해를 돕기 위해 지금부터 동영상을 함께 보겠습니다.

③ 질문으로 청중들의 흥미 유발하기

여러분, 착한 **커피**라는 말(단어)을 들어본 적이 있습니까?

여러분은 카카오 열매가 수확되는 시기에 하루 12시간씩 어린이들의 노동력이 착취되고 있다는 것을 아십니까?

④ 찬성하는 입장과 반대하는 입장 소개하기

공정 무역에 찬성하는 입장에서는 우선 공정 무역이 생산자의 최저 생계와 노동자의 최저 임금을 보장해 줄 수 있다고 합니다.

공정 무역은 장점도 많지만 단점도 있어서 비판적 시각으로(반대하는 입장에서) 바라보는 것도 필요합니다. 공정 무역에 대한 비판적 의견(반대 입장)도 소개하고자 합니다.

⑤ 주장에 대한 이유나 근거 제시하기

공정 무역에 찬성하는 입장에서는 다음과 같은 장점을 근거로 들고 있습니다.

⑥ 앞에서 여러 문장으로 설명한 이유나 근거들을 한 문장으로 정리하기

이와 같이 공정 무역 거래는 많은 장점이 있습니다.

우선 앞에서 언급하였듯이/말했듯이 공정 무역은 생산자의 최저 생계와 노동자의 최저 임금을 보장해 줄 수 있습니다.

⑦ 한 문장으로 발표 내용 및 주제를 정리하기

지금까지 공정 무역의 개념, 공정 무역 거래 상품, 공정 무역에 대한 찬성 및 비판하는 입장에 대해 살펴보았습니다.

4. 〈질의응답 시간에 대하여 말하기〉

여러분은 공정 무역에 대해 어떻게 생각하십니까? 공정 무역에 관한 의견을 말씀해 주시기 바랍니다. 그리고 의문점이나 궁금한 점이 있으시면, 질문해 주시기 바랍니다.

5. 〈마무리 및 감사인사〉

오늘 제 발표를 들어주셔서 감사드립니다.

◆ **발표 담화표지 정리**

처음	자기소개	안녕하십니까? 오늘 발표를 맡은/ 하게 된 ○○학과 ○○입니다. 안녕하십니까? A팀에서 발표를 맡은 ○○학과 ○○입니다.
	발표 주제 발표 시작	오늘 발표할 주제는 ~입니다. 저는 오늘 ~에 관해 발표하려고 합니다. / 발표하겠습니다.
	발표 개요 목차/차례 소개	오늘 발표 개요를 말씀 드리면 ~ (의 순서)입니다. 이 주제의 목차는 1.~ 2. ~, 3.~ 이며, 순서대로 발표하겠습니다. 오늘 발표할 주제의 차례는 1.~ 2. ~ 3. ~ 순입니다.
발표중	그래프, 표 읽기	~에 대해서는 표1/ 그래프 1을 봐 주시기를 바랍니다. 표1/ 그래프 1을 보시면 ~을 알 수 있습니다.
마무리	마무리 인사	지금까지 ~에 대해서 발표를 했습니다.
	질의응답	혹시 발표 내용에 대해서 궁금한 것이 있으시면 질문해 주십시오. 질문 잘 받았습니다. 저는 그 질문에 대해서 ~ (이)라고 생각합니다.
	감사인사 또는 최종 마무리	오늘 제 발표를 들어 주셔서 감사합니다. 지금까지 발표(A팀 발표)를 들어 주셔서 감사합니다. 이상으로 발표를 마치겠습니다. 감사합니다.

◆ **발표문의 문장**

　발표문을 쓸 때는 보고서를 쓸 때보다 더 정확하고 간결한 표현을 쓰도록 한다. 발표문은 발표하기 위한 목적이 있으므로, 말하거나 알아듣기 쉽게 간결한 문장으로 작성한다. 그리고 공식적인 자리인 만큼 예의와 격식을 갖춘 문장을 써야 한다. 따라서 '-습니다'로 문장을 끝내는 것이 좋다. 또한 핵심어나 주제어를 반복하거나 강조하면 효과적으로 주제를 전달할 수 있다.

연습하기

〈공정 무역에 대해 아십니까?〉

2020.9.10.

발표자 경영학과 202050102 응웬티웬

　(가) 안녕하십니까? 저는 경영학과 OO학번 응웬티웬입니다.

　(나) 저는 오늘 '공정 무역'에 관해 발표하려고 합니다. 먼저 발표 개요를 간략하게 설명하면, '공정 무역의 시작, 공정 무역의 개념, 공정 무역 거래 상품, 공정 무역에 대한 찬성 및 비판하는 입장'의 순서입니다. 발표가 끝난 후에는 질의응답 시간을 가지겠습니다.

(다) 우선 공정 무역의 시작에 대해 살펴보겠습니다. 여러분, 이 마크를 본 적이 있습니까? 이것은 공정 무역 거래 인증 마크이며, 공정 무역 상품에 표시됩니다. 공정 무역은 1950년 영국의 국제 구호 단체인 옥스팜에서 처음 시작하였으며, 이들은 중국의 난민이 만든 수공예품을 수입하여 판매하였습니다. 공정 무역은 선진국과 저개발국 사이의 무역에서 저개발국의 생산자 및 노동자가 착취당하는 것을 비판하면서 시작되었습니다.

(라) 다음으로 공정 무역의 개념에 대해 알아보겠습니다. 공정 무역은 저개발국의 생산자와 노동자의 생계비를 보장하고 지속가능한 생산을 할 수 있도록, 공정한 가격을 주고 원재료를 사는 것을 말합니다. 이를 위해서 중간 유통 거래를 줄이고 직거래를 합니다. 공정 무역은 '원조'가 아닌 '정당한 거래'의 성격을 가지고 있습니다. 즉 공정 무역은 선진국이 후진국을 도와주는 것이 아닌 지불해야 하는 정당한 가격을 주고 거래하는 것이라고 할 수 있습니다.

(마) 세 번째 공정 무역 거래 상품을 예를 들어 설명하겠습니다. 공정 무역 거래 상품으로 대표적인 것은 커피와 초콜릿입니다. 세계적인 다국적 기업인 스타벅스(Starbucks)에서는 2000년부터 공정 무역을 실시하고 있으며, 점점 확대해 나가고 있습니다. 이 기업은 원두 품질, 거래 투명성, 사회적 책임, 환경 보호 원칙에 따라 윤리적 커피 구매 프로그램을 운영하고 있습니다. 특히 '사회적 책임'의 원칙은 생산자의 최저 생계 보장, 노동자의 최저 임금 보장, 아동의 노동력 착취 금지 등을 그 내용으로 합니다.

(바) 공정 무역에 찬성하는 입장에서는 다음과 같은 장점을 근거로 들고 있습니다. 우선 앞에서 언급하였듯이 공정 무역은 생산자의 최저 생계와 노동자의 최저 임금을 보장해 줄 수 있습니다. 특히 공정 무역 커피는 '이익 배분 구조'에 있어서 농민들의 수익이 6% 정도 차지한다고 하며, 이러한 수치는 일반 커피(0.5%)의 약 12배에 달하는 것입니다. 또한 공정 무역은 아동이나 여성의 노동력 착취를 금지합니다. 게다가 친환경적인 과정을 거쳐 제품을 생산하기 때문에 소비자도 안심하고 제품을 구입할 수 있다고 합니다.

(사) 마지막으로 공정 무역에 대한 비판적 의견도 소개하고자 합니다. 공정 무역은 장점도 많지만 단점도 있어서 비판적 시각으로 바라보는 것도 필요합니다. 우선 공정 무역 거래 상품은 일반 상품보다 비싼 편으로 소비자들로부터 외면받기 쉬워서 가격 경쟁력이 떨어집니다. 또한 기업은 저개발국의 생산자 및 노동자에게 돌아가는 수익에 비해 터무니없이 높은 가격으로 판매하여 이득을 챙길 수도 있다고 합니다. 즉 원료 구매 과정이 투명하지 않으면, 공정 무역은 기업의 광고 전략으로 악용될 소지가 있습니다.

(아) 지금까지 공정 무역의 개념, 공정 무역 거래 상품, 공정 무역에 대한 찬성 및 비판하는 입장에 대해 살펴보았습니다.

(자) 여러분은 공정 무역에 대해 어떻게 생각하십니까? 공정 무역에 대한 의견을 말씀해 주시기 바랍니다. 그리고 의문점이나 궁금한 점이 있으시면, 질문해 주시기 바랍니다.

(차) 오늘 제 발표를 들어주셔서 감사드립니다.

1. 위 글은 어떠한 목적의 발표문입니까?

2. 위 발표문에서 다음의 이미지는 (가)-(차) 중 어디에서 사용할 수 있습니까?

3. (라), (마), (바)의 발표 내용을 효과적으로 전달할 수 있는 이미지를 만들어서 활용하려고 합니다. 아래의 칸을 채워 봅시다.

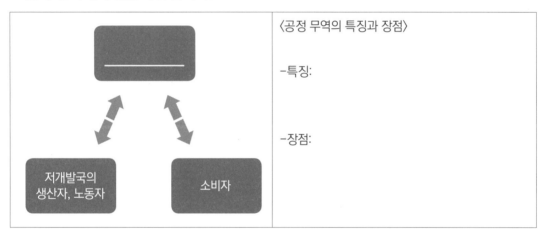

4. 위 발표를 듣고 어떠한 질문이 나올 것 같습니까? 그에 대한 대답은 무엇이 좋겠습니까?

〈질문〉	〈대답〉
질문 예〉 공정 무역을 통해 발생한 수입이 노동자들에게 제대로 돌아간다는 사실을 확인하기가 힘들다고 합니다. 발표자는 어떻게 생각하십니까?	

5. <공정 무역 초콜릿을 먹읍시다!> 라는 제목으로 발표문을 만들어 봅시다.

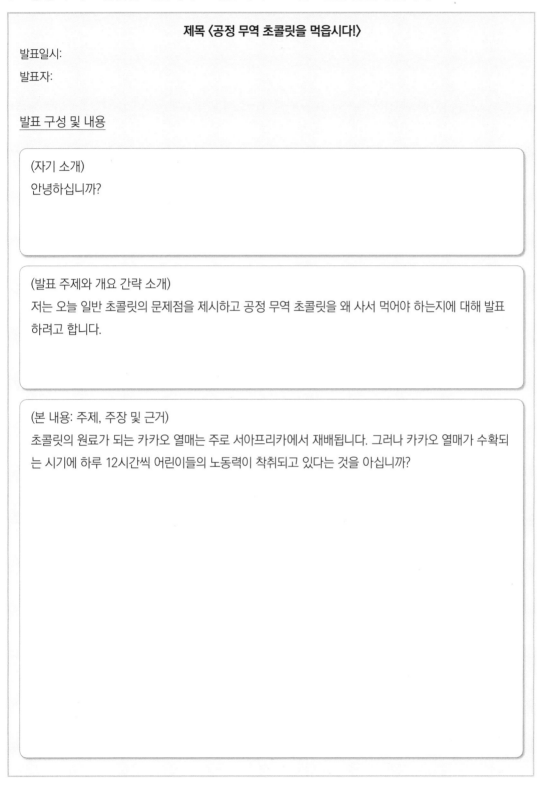

제목 <공정 무역 초콜릿을 먹읍시다!>

발표일시:

발표자:

발표 구성 및 내용

(자기 소개)

안녕하십니까?

(발표 주제와 개요 간략 소개)

저는 오늘 일반 초콜릿의 문제점을 제시하고 공정 무역 초콜릿을 왜 사서 먹어야 하는지에 대해 발표하려고 합니다.

(본 내용: 주제, 주장 및 근거)

초콜릿의 원료가 되는 카카오 열매는 주로 서아프리카에서 재배됩니다. 그러나 카카오 열매가 수확되는 시기에 하루 12시간씩 어린이들의 노동력이 착취되고 있다는 것을 아십니까?

질의응답

마무리 및 감사인사

6. 지금 세계에서는 지구 온난화에 대한 위험을 지적하고 지구 온난화의 주요 원인이 되는 온실가스를 줄이기 위해 노력하고 있습니다. 여러분은 자국에서 온실가스를 줄이기 위해 어떠한 노력을 하고 있는지 아십니까?

탄소세는 온실가스의 대부분을 차지하는 이산화탄소에 대해 세금을 부과해서 이산화탄소의 배출을 억제하는 제도입니다. 이제부터 여러분 각자는 자국의 탄소세 도입 현황과 방안에 대해 조사하여 '우리나라의 탄소세 도입 현황과 방안'에 대한 발표문을 써 봅시다.

제목 :

발표일시:

발표자:

발표 구성 및 내용

(자기 소개)

안녕하십니까?

(발표 주제와 개요 간략 소개)

오늘 저는 '우리나라의 탄소세 도입 현황과 방안'에 대해 발표하고자 합니다.

(본 내용: 주제, 주장 및 근거)

질의응답

마무리 및 감사인사

12 발표 자료 만들기

여러분, 사람들 앞에서 발표할 때 많이 떨리고 어렵습니까? 하지만 준비가 잘 되어 있다면 걱정하지 않아도 됩니다. 발표할 때 무엇이 어렵습니까? 혹시 발표 자료 준비가 미흡하여 걱정이 되는 건 아닐까요? 이번 장에서는 발표 자료를 어떻게 만들어야 하는지, 어떻게 구성해야 하는지 같이 공부할 겁니다. 자신이 발표 자료를 잘 만든다고 생각하면 이 장을 공부하면서 다시 점검하는 기회로 삼으면 될 것입니다. 그러나 발표 자료를 만드는 것이 어렵다면 이 장에서 제시한 것과 같이 연습하면 쉽게 만들 수 있을 것입니다.

발표 자료는 보고서의 내용으로 만들 수도 있지만 보고서 없이 발표 자료와 발표문만으로 구성될 때도 있습니다. 보고서 내용을 발표한다면 전체 내용을 생각하면서 핵심 내용을 중심으로 구성하면 됩니다. 보고서 없이 발표 자료를 만든다면 발표문을 중심으로 발표 자료를 만들 수 있습니다. 발표 자료를 만들 때는 청중의 관심을 어떻게 끌 것인가를 생각하면서 또 청중이 잘 볼 수 있는 자료는 무엇인지를 생각해야 합니다. 그럼, 이제부터 발표 자료 만들기를 공부해 봅시다.

1. 발표 자료에는 어떤 내용을 넣어야 합니까?
2. 발표 자료를 만들 때 주의할 점은 무엇이 있습니까?
3. 발표 자료도 서론-본론-결론의 순서로 만들어야 합니까?

12.1 발표 자료 작성 순서

1	발표 자료 표지	발표 내용의 제목을 쓴다. 소제나 부제가 있다면 다음 줄에 쓴다. 발표하는 수업의 과목명을 쓴다. 줄을 바꿔 발표자의 정보(학과/학번/이름)를 쓴다. 마지막 줄에 발표 날짜를 쓴다.
2	발표 차례	발표 내용의 차례를 쓰는 것이므로 발표할 내용을 한눈에 볼 수 있게 한다. 보통 숫자를 표기해서 순서를 제시한다.
3	서론	서론을 작성할 때는 청중들의 흥미 유발할 수 있는 시각 자료를 넣어서 만들면 좋다. 보고서나 발표문에서 다룬 문제를 제기하기도 하고 보고서나 발표문의 목적을 간략하게 적기도 한다.
4	본론	보고서나 발표문의 내용 중 중요 문장, 어휘 등으로 간략히 제시한다. 도표나 그래프, 사진, 그림 등을 활용하면 보기에 더 좋다.
5	결론	결론은 서론과 본론의 내용을 강조하면서 정리한다.
6	질의응답	보통 '질의응답'이라고 표시한다. 발표자는 모든 발표를 끝낸 후 청중들의 질문을 받고 대답을 한다.
7	끝인사	보통 '감사합니다'로 마무리를 한다.

12.2 발표 자료 구성하기

1) 발표 자료의 작성 도구

발표 자료를 만드는 도구는 PPT(파워포인트)와 KEYNOTE(키노트), PREZI(프레지) 등 여러 가지 종류가 있다. 자신의 컴퓨터에 있는 발표 자료 도구, 또는 학교 컴퓨터에 있는 발표 자료 도구를 활용해서 만들 수 있는데 여러 종류를 써 보고 자신에게 알맞은 프로그램을 선택하는 것이 좋다. 발표 자료 작성 프로그램으로 가장 많이 사용하는 것은 PPT(파워포인트)이다.

PPT (파워포인트)	- Power Point의 약자로 프레젠테이션할 때 사용하는 프로그램이며 윈도우(window)에서 사용할 수 있다. - 만드는 방법을 배워야 하고 이 프로그램은 유료이다.
KEYNOTE (키노트)	- 맥북(mac)에서 사용할 수 있는 프로그램이다. - 사용이 편리하고 내용을 깔끔하게 정리할 수 있어 청중이 집중하기 쉽다. - 멋진 디자인을 하기에 편리하지만 애플 컴퓨터에서만 가능하다.
PREZI (프레지)	- 크롬(chrome)을 사용해서 만드는 프로그램이다. - 창의적이고 이야기 중심의 발표일 때 많이 사용되며 무료로 사용이 가능하다. - 만드는 방법이 쉽고 인터넷 자료를 삽입할 때 좋다. - 논리적인 내용일 때는 내용 정리가 힘들고 청중도 혼란스러울 수 있다.

◆ **파워포인트, 프레지, 키노트의 특징**

	PPT(파워포인트)	PREZI(프레지)
전달 방식	- 한 장씩 넘기는 방식. 　(슬라이드 형식) - 순서대로 발표, 주제별 발표 용이.	- 하나의 화면이 이동하는 방식. 　(한 화면 안에서 내용의 크기가 늘었다 줄었다 해서 움직임이 강함.)
저장 방법	- 컴퓨터 프로그램이 있어야 하고 컴퓨터 프로그램에서 만들고 저장	- 프레지 홈페이지에 저장. 　인터넷만 가능하면 만들고 저장.
공유 방법	- 다른 사람과 공유할 때는 저장된 프로그램을 이메일로 전달하거나 저장 장치에 담아서 공유.	- 인터넷으로 공유가 가능해서 자료를 전달하지 않아도 언제든지 확인 가능.
KEYNOTE (키노트)	- 애플 컴퓨터에서만 가능. - 키노트를 켜고 'powerpoint'를 선택하면 작업할 수 있는 화면이 나옴.	

① PPT: 화면을 한 장 한 장 넘기면서 발표를 할 수 있다. 또한, 주제별로 각각의 장으로 슬라이드에 표현할 수 있는 장점도 있다.

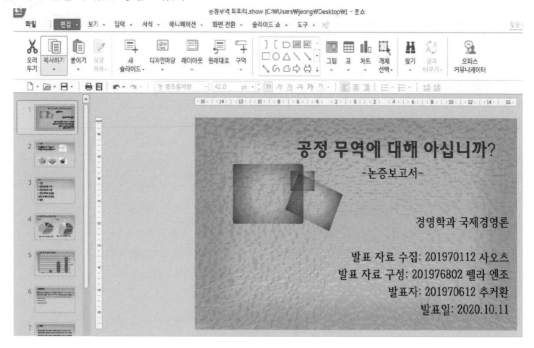

② KEYNOTE: 애플(apple)제품을 사용하는 사람이라면 저장을 icloud drive에 하면 좋다. 맥북, 아이맥, 아이폰, 아이패드 어디에서 작업을 해도 하나의 파일로 만들어진다.

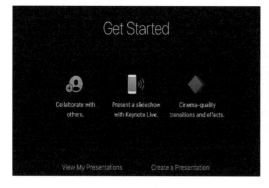

③ PREZI: 하나의 화면을 줌 인(zoom in), 줌 아웃(zoom out)을 통해 진행할 수 있다. 그렇기 때문에 하나의 주제에 대해서 조금 더 자세하게 정보를 전달할 수 있다.

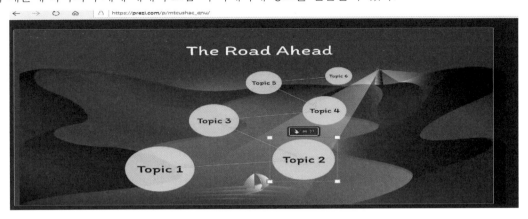

2) 발표 자료 작성 시 주의점

① 글씨 크기와 글꼴은 청중들이 잘 볼 수 있어야 한다.

고딕(내용) 글씨체, 글씨 크기 25pt이상	고딕체 글씨, 글씨 크기 20pt이하
2. 아시아 4개국의 젓가락 소재 1) 중국 젓가락 　나무 젓가락 → 대나무가 대표적 2) 베트남 젓가락 　나무 젓가락 → 철목, 흑단, 야자나무 등 다양 3) 한국 젓가락 　쇠 젓가락 → 스테인리스가 대표적 4) 일본 젓가락 　나무 젓가락 → 삼나무가 대표적	**2. 아시아 4개국의 젓가락 소재** 1) 중국 젓가락 　나무 젓가락 → 대나무가 대표적 2) 베트남 젓가락 　나무 젓가락 → 철목, 흑단, 야자나무 등 다양 3) 한국 젓가락 　쇠 젓가락 → 스테인리스가 대표적 4) 일본 젓가락 　나무 젓가락 → 삼나무가 대표적 ✖
바탕(내용)글씨체, 글씨 크기 25pt이상	흘려 쓰는 글씨체, 글씨 크기 25pt 이상
2. 아시아 4개국의 젓가락 소재 1) 중국 젓가락 　나무 젓가락 → 대나무가 대표적 2) 베트남 젓가락 　나무 젓가락 → 철목, 흑단, 야자나무등 다양 3) 한국 젓가락 　쇠 젓가락 → 스테인리스가 대표적 4) 일본 젓가락 　나무 젓가락 → 삼나무가 대표적	**2. 아시아 4개국의 젓가락 소재** 1) 중국 젓가락 　나무 젓가락 → 대나무가 대표적 2) 베트남 젓가락 　나무 젓가락 → 철목, 흑단, 야자나무 등 다양 3) 한국 젓가락 　쇠 젓가락 → 스페인지스가 대표적 4) 일본 젓가락 　나무 젓가락 → 삼나무가 대표적 ✖
돋음(내용) 글씨체, 글씨 크기 25pt이상	귀여운 글씨체, 긴 문장, 크기 20pt
2. 아시아 4개국의 젓가락 소재 1) 중국 젓가락 　나무 젓가락 → 대나무가 대표적 2) 베트남 젓가락 　나무 젓가락 → 철목, 흑단, 야자나무 등 다양 3) 한국 젓가락 　쇠 젓가락 → 스테인리스가 대표적 4) 일본 젓가락 　나무 젓가락 → 삼나무가 대표적	**2. 아시아 4개국의 젓가락 소재** ✖ 중국 젓가락:나무젓가락 →젓가락을 못하는 쪽보다는 굵지만 봐도 대나무가 소재라는 것을 알 수 있음. 베트남 젓가락:나무젓가락 →나무는 베트남의 지리적 환경에 따라 많이 생할 수 있는 소재로 다른 소재보다 선호함. 나무가 많이서 철목, 흑단, 야자나무 등이 많이 사용됨. 한국 젓가락:쇠 젓가락 →세공에 티르러 더 강한 소재가 사용되었고 금, 은, 쇠, 나무 등이 사용되었음. 나무 젓가락은 휨무 입혀들이 갑추기 쉬움. 일본 젓가락: →일본은 섬나라이긴 한지만 산림이 많아서 사용할 나무가 많음 특히 삼나무를 많은 것이 많음

◉ Tip

	좋아요. (O)	안 좋아요. (X)
폰트 (글씨체)	고딕체, 돋움체, 바탕체	흘려 쓰는 글씨체, 귀여운 글씨체
크기	제목-40pt 이상, 내용-25~30pt	제목-30pt 이하, 내용-25pt 이하
문장	내용만 간략하게	긴 문장

② 글씨 색깔은 바탕 화면과 대비되는 색깔이 좋다.

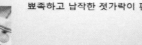

*바탕 색깔과 비슷한 색으로 글을 쓸 경우 가독성이 떨어진다.

③ 발표 자료에 발표 내용을 문장으로 길게 쓰기보다는 간략히 명사나 단어로 요약하는 것이
좋다. 또한 설명을 위한 그림이나 사진 제시도 함께 있으면 좋다.

④ 동영상이나 사진을 넣어서 청중들의 이해를 돕는다.
동영상은 저장된 파일에서 찾아 넣으면 된다.

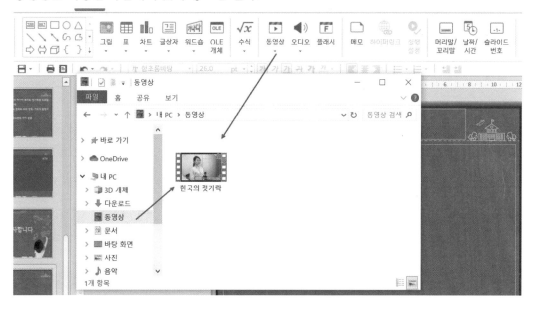

12.3 발표 자료 만들기

① 발표 자료 표지를 작성한다.
　제목과 학과, 과목명, 발표 날짜, 학번, 이름을 쓴다. 이름을 쓸 때는 개인인지 팀별인지 구분
하여 적는다.

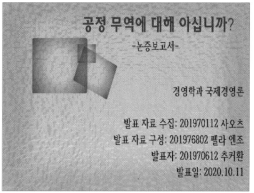

② 발표 자료의 차례를 넣는다.

차례	차례
1. 서론	1. 서론
2. 각국의 식사 도구	2. 공정 무역의 시작
3. 아시아 4개국 젓가락의 소재	3. 공정 무역의 개념
-중국, 한국, 일본, 베트남	4. 공정 무역의 상품들
4. 아시아 4개국 젓가락의 형태	5.공정 무역의 장·단점
-중국, 한국, 일본, 베트남	6. 결론
5. 결론	

③ 서론을 작성한다.

발표 자료를 만들 때는 길게 서술형으로 쓰면 안 된다. 아래와 같이 핵심 내용만 간단히 쓰고 발표자가 설명을 한다. 서론일 경우 청자의 관심을 끌기 위해 흥미로운 사진이나 특별한 질문을 하면서 시작할 수 있다.

④ 본론을 작성한다.

본론은 여러 개의 장으로 나누어져 있다. 보통 3~4개 정도 되는데 모두 간략하게 쓰고 발표자가 설명을 해 주면 된다. 서론에서 쓴 것처럼 짧게 써야 하며 길게 서술형으로 풀어서 쓰면 안 된다. 이때 강조하고 싶은 내용을 발표 자료에 넣어도 되고, 그림이나 도표, 그래프를 넣어주면 청중들의 이해를 돕기 쉽다.

- 아시아 4개국의 젓가락 비교-

예1〉

2. 각국의 젓가락 비교				
	중국	베트남	한국	일본
역사	5천 년 전 시작 베트남, 한국, 일본으로 전파.	중국에서 받아들임. 변형되지 않고 그대로 받음.	중국에서 받아들임. 많이 변형됨.	4개국 중 가장 늦게 발달.
소재	나무	나무	나무<쇠	나무
형태	길고 끝이 뭉뚝하고 둥글.	길고 끝이 뭉뚝하고 둥글.	길이가 짧고 끝이 뾰족하고 납작.	길이가 짧고 얇으며 끝이 뾰족.
발달한 음식	국수에 적합.	국수에 적합.	김치를 찢거나 나물류 반찬을 집을 때 용이.	생선 뼈나 생선회를 먹기에 적합.

예2〉

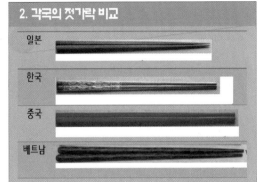

-공정 무역 거래-

예1〉

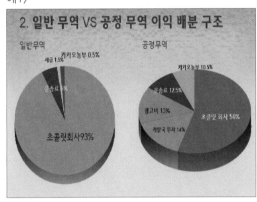

예2〉

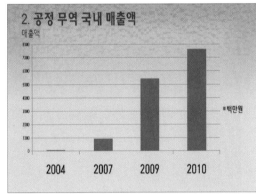

⊙ Tip: 그래프를 넣으려면 어떻게 해야 할까요?

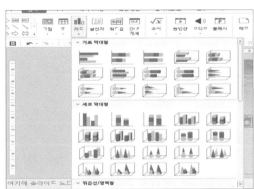

⑤ 결론을 작성한다.

결론은 **명확**해야 한다. 간단하게 **핵심 내용**만 적기도 하고 본론의 **내용을 요약**할 수도 있다. 또 전망을 제시하는 문장으로 끝을 맺어도 된다. 그러나 보통 결론에서는 발표자가 이 발표 자료를 통해 어떤 결과를 말하고 싶은지 그 내용을 이야기하면 된다.

4. 결론	4. 결론
-쌀을 주식으로 하는 4개 아시아 국가의 젓가락을 비교함. -젓가락은 중국에서 시작. -각 나라에 들어와 음식 문화와 조리 방법, 지리적 환경에 맞게 다양하게 변형됨. -도구 사용에 따른 문화수준의 차이 없음.	-공정 무역을 찬성하는 입장과 비판하는 입장의 대립. -공정 무역 거래의 악용 사례. -불투명한 유통 과정에 대한 문제 제기.

⑥ 참고 자료를 작성한다.

참고 자료나 참고 문헌이 있을 경우 발표문의 마지막에 넣어준다.

참고 자료	참고문헌
Q 애드워드 왕, 김병순 역(2007), 『젓가락』, 따비 출판사. 위키 백과, 젓가락 https://ko.wikipedia.org 젓가락 페스티벌 https://www.facebook.com/chopsticksfestival	환경부 온실가스 종합정보센터(2019), 『국가 온실가스 인벤토리(1990~2017) 요약』, 환경부 전병목·성명재·전영준(2012), 「탄소세와 에너지 과세의 조화 방안」, 한국조세연구원 International Monetary Fund, *Fiscal Monitor: How to Mitigate Climate Change*, 2019.10 IEA, *World Energy Outlook*, 2017 IRENA, *Global Energy Transformation: A Roadmap to 2050*, 2018

⑦ 질의응답과 끝인사를 쓴다.

발표가 끝난 후 청중들의 질문을 받고, 발표자는 그에 답변을 하는 시간이다. 그리고 끝인사를 발표 자료에 제시한다.

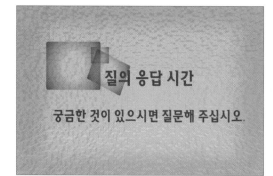

1. 어떤 발표 자료가 보기 좋습니까? (   )

   그 이유는 무엇입니까? _____

   _____

   _____

①

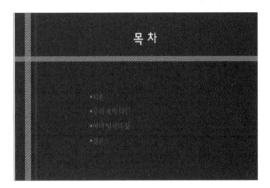

②

③

④

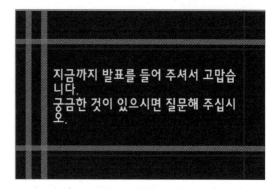

2. 여러분이라면 어떻게 발표 자료를 만들겠습니까?

8,9,10장에서 만든 보고서를 가지고 발표 자료를 만들 수도 있고 11장 발표문을 가지고 발표 자료를 만들 수도 있습니다. 또 비교 문화 보고서에서는 식사 도구 문화뿐 아니라 의복, 거주 문화 등을 비교해도 좋고, 공정 무역에 관한 보고서에서는 초콜릿뿐 아니라 축구공 등 다른 사례를 들어도 좋습니다. 여러분이 쓴 보고서나 발표문을 가지고 실제 발표 자료를 만들어 볼 수 있습니다. 그럼, 실제 발표 자료를 만들어 봅시다.

1. 발표 자료를 만들었다면 발표를 해야 한다. 자신의 발표를 자기 평가할 수도 있고 다른 사람의 발표를 평가해 볼 수 있다.

발표 자료와 발표 평가	점수				
1. 주제에 맞게 발표했습니까?	⑤	④	③	②	①
2. 발표 자료는 보기에 편했습니까?	⑤	④	③	②	①
3. 발표 자료에 있는 시청각 자료가 이해하기에 쉬웠습니까?	⑤	④	③	②	①
4. 청중을 보면서 발표를 했습니까?	⑤	④	③	②	①
5. 주어진 발표 시간을 잘 맞췄습니까?	⑤	④	③	②	①
6. 발표문을 읽지 않고 외워서 발표했습니까?	⑤	④	③	②	①
7. 발표할 때 목소리가 적당했습니까?	⑤	④	③	②	①
8. 발표할 때 자세는 자연스러웠습니까?	⑤	④	③	②	①
9. 청중들의 질문에 충분히 대답했습니까?	⑤	④	③	②	①
10. 발표 자료 및 발표의 형식을 잘 지켰습니까? (자기소개, 차례 소개, 끝인사 등등)	⑤	④	③	②	①
총 점					

◆ 50점~41점 : 잘했습니다.
　　　　　　이렇게 발표 자료를 만들어서 발표를 하면 되겠습니다.
◆ 40점~25점 : 조금만 더 열심히 준비하세요.
　　　　　　노력하면 좋은 발표 자료를 만들 수 있어요.
　　　　　　더 연습하면 자연스럽게 발표할 수 있을 거예요.
◆ 25점 이하 : 많이 부족합니다. 발표 자료를 다시 만들어 보세요.
　　　　　　발표 연습도 많이 하시기 바랍니다.

부　록

과제 보고서
(REPORT)

제 목:

교 과 목: 교양 글쓰기
담당교수: OOO 교수님
학   과: 경영학과
학   번: 20201001234
이   름: OOOO
제 출 일: 20 년   월   일

젓가락이라고 모두 똑같지는 않다
- 비교 문화 보고서 -

> 1. 서론
> 2. 아시아 4개국의 젓가락 소재
> 3. 아시아 4개국의 젓가락 형태
> 4. 결론

1. 서론

　나는 유학하면서 여러 나라의 친구와 식사를 하게 되었다. 식사를 같이 하면서 식사 도구가 각 나라마다 다르다는 것을 알게 되었다. 손으로 음식을 먹는 인도 친구에 놀라기도 했고, 스푼과 포크를 사용하는 독일 친구와 식사를 같이 하기도 했다. 또 식사 도구가 비슷한 한국 친구와 식사도 하였다. 처음에는 식사 도구에 관심이 없었지만 다른 나라 친구들과 식사하면서 신기하다고 생각했다. 한국, 중국, 태국, 미국, 인도, 프랑스 등의 식사 도구가 다양했다. 음식 문화는 사람들이 쉽게 받아들이기도 하고 누구나 접할 수 있는 문화이기도 하다. 사람들은 음식을 먹기 위해서 다양한 방법을 사용한다. 크게 구분해 보자면 손으로 음식을 먹는 문화와 스푼과 포크를 사용하는 문화, 그리고 숟가락과 젓가락을 사용하는 문화가 있다. 보고서 주제도 한국 문화와 다른 나라 문화를 비교하라는 것이었는데 각 나라의 식사 도구를 비교해 보면 재미있을 것 같다는 생각에서 글을 쓰게 되었다. 다시 말해서 이 보고서는 식사 도구가 각 문화권마다 다르다는 배경에서 시작되었다. 그 중에서 화제를 좁혀 젓가락을 쓰는 아시아 나라를 비교해 보는 것도 의미가 있을 것이라고 생각한다. 아시아 국가에서 젓가락의 사용은 비슷하면서도 조금 다른 것 같은데 어떻게 다른지 그 차이점을 살펴보고자 한다.

2. 아시아 4개국의 젓가락 소재

　젓가락은 나라마다 문화마다 약간씩 차이가 있는데 그 차이점을 몇 가지 기준으로 나누어서 비교해 보고자 한다. 우선 젓가락을 사용하는 모든 나라를 비교하는 것이 아니라 동아시아를 중심으로 중국, 한국, 일본, 베트남의 젓가락을 살펴볼 것이다. 특히 젓가락의 소재를 비교하고 차이점을 살펴볼 것이다. 둘째는 형태를 기준으로 살펴볼 것인데 형태에는 길이나 두께, 모양 등이 포함된다.

　우선 젓가락의 기원을 살펴보면 젓가락은 중국에서 시작되었다고 할 수 있다. Q애드워드 왕 (2017:45)에 따르면 중국의 젓가락의 역사는 약 5천 년을 거슬러 올라간다고 한다. 중국에서 시작한 젓가락은 베트남, 한국, 일본 등으로 전달되어 각 나라의 음식 문화에 따라 달라졌다는 것이다. 처음 나타난 중국의 젓가락의 소재는 대부분 나무이다. 도자기, 귀금속, 상아로 만든 것도 있지만 흔한 재료가 아니며 최근 들어 플라스틱도 사용되지만 기본 소재는 나무인 것이다. 젓가락을 뜻하는 한자어 저(箸)라는 글자를 보더라도 젓가락의 소재가 대나무였다는 것을 보여준다. 중국의 환경에서 가장 쉽게 접할 수 있는 대나무가 많이 사용된 것이다.

젓가락은 주변의 나라에 전파되었는데 베트남의 경우 중국의 젓가락과 가장 비슷하다고 볼 수 있다. 베트남은 지리적으로 중국과 맞닿아 있어서 문화의 전파도 빠르고 그대로 전달될 가능성이 높다. 그래서 베트남의 젓가락은 중국과 마찬가지로 나무젓가락이 일반적이고 길이도 긴 편이다. 나무는 베트남의 지리적 환경에 따라 많이 접할 수 있는 소재로 다른 소재보다 적합한 재료이다. 베트남에는 다양한 나무가 많아서 철목, 흑단, 야자나무 등과 같은 재료로 나무젓가락을 만든다. 그래서 지금까지 계속 나무로 된 소재의 젓가락이 일반적이라고 할 수 있다.

반면에 한국의 젓가락은 소재면에서 가장 차이점을 드러낸다. 한국도 중국의 젓가락문화를 받아들였지만 베트남과 달리 변형이 많이 되었다. 소재면에서는 나무보다는 쇠 젓가락이 일반적이다. 물론 처음 생겼을 때는 계급에 따라 다양한 소재가 사용되어 금, 은, 쇠, 나무 등이 사용되었고 최근에는 가벼운 스테인리스 재질의 젓가락이 많이 사용되고 있다. 한국에서 나무젓가락에 대한 인식은 일회용인 경우가 많다.

마지막으로 일본은 4개국 중 가장 늦게 젓가락을 받아들였고 소재면에서도 중국과 베트남처럼 나무젓가락이 많다. 일본은 섬나라이긴 하지만 산림이 많아서 사용할 나무가 많았다. 그러나 대나무보다는 삼나무가 더 많이 사용되었으며 최근에는 다양한 나무의 소재로 젓가락이 만들어지고 있다. 정리해 보자면 젓가락을 사용하는 나라 대부분이 나무로 된 소재를 많이 사용하고 있고 한국만 특이하게 쇠 젓가락을 사용하는 것으로 나타났다.

3. 아시아 4개국의 젓가락 형태

형태면을 비교해 보자면 중국의 젓가락은 다른 나라에 비해 가장 젓가락이 길고 끝이 뭉툭하며 굵은 편이다. Q애드워드 왕(2007:162)은 젓가락이 음식의 조리 방법과 식사 예절과 관계가 깊다고 하였다. 중국의 음식은 볶거나 튀기는 음식이 많기 때문인데 긴 나무젓가락은 열전도율이 낮아서 음식을 조리할 때 용이하다고 하였다. 또한 기름이 많은 음식을 집기에 굵고 뭉툭한 젓가락이 편리해서 지금의 형태로 발전한 것이라고 하였다. 중국이 쌀 문화권이긴 하지만 국수 음식이 발달하였고 국물 음식도 국물보다는 건더기에 초점이 있기 때문에 그에 필요한 뭉툭하고 굵고 긴 젓가락이 필요했던 것이다. 또한 중국의 식탁은 대부분 원형으로 큰 접시에 음식이 나오기 때문에 먼 음식을 집기 위해서는 긴 젓가락이 필요했을 것이다.

베트남은 중국보다 더 남쪽에 있어서 더운 기후 때문에 음식이 쉽게 상할 수 있다. 따라서 잘 상하지 않는 조리 방법이 발달하게 되는데 중국과 마찬가지로 볶거나 튀기는 방법을 많이 사용했다. 볶거나 튀기는 요리를 할 때 긴 젓가락이 조리 도구의 역할을 하며 볶은 음식을 집기에도 편리했다. 중국과 마찬가지로 국수가 발달한 문화권이어서 젓가락의 형태나 소재면에서도 중국의 젓가락에서 크게 변화하지 않았음을 알 수 있다. 식사 예절을 살펴보더라도 중국처럼 원형 식탁에서 음식을 먹는 경우가 많아서 자신과 멀리 떨어진 음식을 집을 경우 긴 젓가락이 필요했다. 따라서 베트남 젓가락은 음식의 조리 방법과 식사 예절이 중국과 비슷한 부분이 많아서 그 형태나 소재면에서 많이 변형되지 않고 비슷한 형태로 사용되고 있다.

세 번째로 살펴볼 것은 한국의 젓가락이다. 형태면에서도 중국과 베트남보다 젓가락보다 길이가 짧은 편이고 끝이 뾰족하고 납작하고 무겁다. 이러한 소재와 형태는 지역과 환경적 측면에서도 원인을 찾을 수 있는데 중국과 베트남처럼 나무가 많은 편이 아니기 때문이며 금속을 다루는 기술이 좋았던 것으로 보인다. 더불어 음식 문화와 연결해서 생각해 볼 수 있다. 한국 음식은 볶거나 튀기는 음식보다는 삶거나 무치거나 발효한 음식들이 있지만 조리할 때 젓가락을 많이 사용하지 않았다. 조리 도구의 역할이 아닌 식사 도구로 충실한 역할을 했으며 김치를 찢거나 나물류의 반찬을 집을 때는 납작하고 뾰족한 젓가락이 용이했다. 특히 젓가락이 길면 반찬을 집을 때 더 불편해서 중국의 젓가락 길이에서 적당한 길이로 줄어 든 것이다.

마지막으로 일본 젓가락의 형태는 나머지 3개국 중 길이가 가장 짧고 얇으며 끝이 가장 뾰족하다. 두께는 납작한 편이 아니라 사각형이나 원형의 형태로 두께가 어느 정도 있는 편이다. 이러한 형태와 소재도 음식 문화와 관련이 깊다. 일본은 섬나라여서 생선을 많이 먹기 때문에 생선의 뼈를 발라내거나 생선회를 먹기 위해서는 짧고 뾰족하며 어느 정도 두께가 있는 젓가락이 필요했던 것이다. 식탁 문화를 보더라도 여럿이 같이 먹지 않고 1인용으로 자신의 반찬과 밥이 따로 차려져 나오기 때문에 긴 젓가락이 필요가 없었다. 또 일본 음식은 원래 잘게 조리되어 나오기 때문에 찢을 필요가 없어서 납작하거나 강한 젓가락이 필요가 없었을 것이다. 정리해 보자면 젓가락은 음식 문화나 조리 문화, 식탁 문화에 따라 젓가락의 길이나 두께, 형태가 달라진다고 할 수 있다.

4. 결론

지금까지 쌀을 주식으로 하는 4개 아시아 국가의 식사 도구인 젓가락에 대한 비교를 해 보았다. 비교를 위해 동영상과 자료를 찾아보았다. 또 다른 나라 친구들을 관찰하고 인터뷰해 본 결과 아시아 국가의 여러 나라가 젓가락을 사용해도 같은 젓가락이 아니라는 것을 알게 되었다. 소재면에서 중국, 베트남, 일본은 나무젓가락이 일반적인데 비해 한국은 쇠 젓가락이 일반적이다. 형태적으로는 중국과 베트남이 길고 굵고 끝이 뭉툭한 반면 한국은 길이가 중간이고 끝이 납작한 형태가 일반적이며 일본은 가장 길이가 짧고 끝이 뾰족한 편이다. 젓가락의 시작은 중국에서 시작되었지만 각 나라에 들어와 음식 문화와 조리 방법, 지리적 환경에 맞게 다양하게 변형됐다고 할 수 있다. 음식을 먹는 방법은 다양하다. 앞서서 말했듯이 손으로 먹을 수도 있고 포크와 나이프를 사용할 수도 있고 숟가락과 젓가락을 쓸 수도 있다. 어떤 도구를 사용하냐에 따라 문화적으로 더 문명화되고 더 미개한 것이 아니라는 것이다. 그 나라의 문화와 환경에 따라 달라진다는 인식이 필요한 것이다. 특히 그 나라에 여행을 가거나 그 나라에서 유학하고 있다면 그 문화를 이해하고 긍정적으로 수용할 필요가 있다. 이 보고서는 문화를 비교하고 다름을 인정하는 자세를 생각해 볼 수 있게 한다는 점에서 의의를 가진다고 할 수 있다.

참고자료

Q 애드워드 왕, 김병순 역(2007), 『젓가락』, 따비출판사.
위키백과, 젓가락 https://ko.wikipedia.org
젓가락 페스티벌 https://www.facebook.com/chopsticksfestival

외국인 유학생을 위한 시간제 근로제의 문제점과 개선 방안

1. 서론

"한국어 미숙으로 정상적인 아르바이트 구하기 어려워...마사지·유흥업소 등 불법 취업으로" 최근 신문기사의 제목이다.[1] 이 기사에 따르면 중국 유학생 A 씨는 번역 아르바이트를 하다가 여러 번 돈을 떼인 뒤로 유학생 친구들 사이에서 성행하는 일명 '해외배송 아르바이트'를 시작했다고 한다. 한국 화장품, 가전제품을 구매해 비싸게 중국으로 배송, 차익을 남기는 형태의 아르바이트는 사실 불법이다. 어떤 유학생들은 시간제 근로에 필요한 서류를 제출하지 않은 상태로 아르바이트를 하다가 걸려 벌금 무는 경우도 있었고 한국어 실력의 부족으로 손님과 언쟁이 붙어 큰 싸움이 난 경우도 있다고 적고 있다.

본격적으로 유학생이 유입된 2005년 기준 2만여 명에 불과했던 유학생은 2017년 기준 13만여 명으로 증가하였으며, 2013년 이후부터는 감소세 없이 꾸준한 증가 추이를 보이며, 현재의 추세로 간다면 2023년에는 20만 명 이상의 유학생이 유입될 것으로 보인다. 유학생의 증가에 따라 불법으로 일을 하는 것을 막기 위해 유학생들의 학습 환경이나 시간제 근로 제도에 개선은 시급한 문제가 되었다. 이 보고서의 목적은 외국인 유학생들을 위한 시간제 근로 제도의 문제점을 찾고 개선할 수 있는 방안을 모색하는 것이다. 이를 통해 유학생들의 이 학업 환경을 개선하여 성공적인 유학 생활을 할 수 있도록 도움을 주고자 한다.

2. 시간제 근로 제도의 개념

유학생들이 시간제 근로를 하기 위해서는 유학(D-2) 또는 일반연수(D-4)의 체류 자격에 해당하는 요건을 갖추어서 체류 자격 외 활동허가를 받아야 한다. 유학생으로 재학 중인 경우로서 6개월 이상 공부한 사람, 석사·박사 졸업하거나 이수 후 논문 준비 중인 사람, 어학연수 중인 경우로서 6개월 이상 연수를 받은 사람으로 한정한다. 시간제 근로를 할 수 있는 영역은 많다. 예를 들면 전공과목과 밀접한 관계가 있다고 인정되는 직종, 통역·번역, 도서관 정리, 구내 환경 정비, 음식업 보조, 일반 사무 보조, 학업과 연구가 병행되는 연구실 프로젝트, 일시적인 강의 조교,

---

1) 2019년 3월 25일 머니투데이

실험 조교 등의 한시적·일시적 연구 활동 등 사회통념상 학생이 통상적으로 행할 수 있는 범위 내의 직종이 있다. 또한 사설학원 등 교육기관에서 외국어 회화 지도 활동을 할 수 있지만 회화 강사 요건을 갖추어야 한다. 취업 제한분야가 아닌 그 밖의 단순한 근로, 영어마을이나 영어캠프 혹은 중국어, 일본어 및 그 밖의 외국어 관련 캠프 등에서 가게 판매원, 식당 점원, 행사 보조 요원으로 일할 수 있다. 그러나 몇 개의 분야는 제한하는 경우[2]가 있다.

　　유학은 비취업 특성이 강하지만 많은 외국인 유학생들은 학업과 함께 노동을 겸하고 있다. 리창(2019)은 외국인 유학생들이 경험하는 가장 큰 불안감은 학업과 경제적인 문제로 보고 있으며 실제 함께 유학하고 있는 동료들은 경제적인 문제가 한국에서 유학하는 동안 겪을 수 있는 고통이라고 말한다. 본국에 있는 부모님들에게 전적으로 유학비를 제공받는 학생들도 있지만 많은 학생들은 학업에만 전념할 수 없고 부모님의 부담을 덜어주기 위해 시간제 근로를 하고 있다. 장한정(2013)의 연구에서도 한국에 있는 많은 유학생들은 외국어 과외, 음식점 서빙, 공장 노동 등 시간제 근로를 하고 있다는 것을 알 수 있다.

3. 우리 대학 유학생들의 시간제 근로 현황

　　우리 대학의 유학생들을 대상으로 시간제 근로에 대하여 설문 조사를 하고 이를 바탕으로 시간제 근로에 대한 문제점을 찾아 성공적인 유학생활을 위한 자료로 사용하도록 했다. 설문지를 작성하기 위해 설문 내용을 만들어야 했다. 우선 유학생들의 기초 사항 조사하고 시간제 근로 제도에 대한 이해 정도, 시간제 근로의 업종, 시간, 문제점, 불법 관련 내용 등에 대한 인식 여부를 설문 항목에 포함시켰다. 우리 대학의 유학생들이 대부분 베트남 국적을 가지고 있고 한국 법무부에서 유학생의 선발 자격에 대한 요건을 강화하고자 하는 나라도 베트남이라서 함께 공부하고 있는 베트남 유학생 50명을 대상으로 설문을 조사하였다. 대부분 토픽 3급 이상이므로 쉬운 한국어로 설문지를 작성하였고 이해가 되지 않는 설문은 베트남말로 적게 하였다. 설문에 응답한 베트남 유학생은 남자 18명, 여자 32명으로 평균적으로 한국에 온 지 2년 6개월 정도 되었다. 경영학부가 가장 많은 22명이고 뷰티 디자인학부 15명, 한국어문화콘텐츠학부 13명이다.

　　아래의 표는 우리 대학의 학생들을 대상으로 설문한 내용을 적은 것이다.

〈표1〉 유학생들의 근로 시간

근로 시간	20시간 이상	20시간	15시간 이상 – 20시간 미만	15시간 미만
명(50)	1	44	4	1
%(100)	2	88	8	2

　　위의 <표 1>은 우리 대학 학생들의 일주일 동안의 시간제 근로 시간을 조사한 것이다. 88%

---

2) 1. 산업기밀보호차원에서 취업제한이 필요한 첨단산업체와 연구소 등에 취업하는 행위 2. 사해행위영업장소에 취업하는 행위 3. 단란주점, 유흥주점 등에서 유흥접객원으로 근무하는 행위 4. 선량한 풍속에 반하는 영업장소 등에 취업하는 행위 5. 개인과외교습행위 6. 학생의 신분을 벗어난 활동 및 그 밖에 법무부장관이 그 취업을 제한할 필요가 있다고 인정되는 분야 *허용 범위: 외국인유학생은 학기 중의 월요일~금요일 사이에는 주당 20시간 이내의 범위에서 최대 2개의 장소에서 아르바이트할 수 있으며, 공휴일·토요일·일요일 및 방학 중에는 시간 및 장소의 제한 없이 아르바이트할 수 있다. 외국인유학생의 아르바이트 기간은 체류기간의 범위 내에서 1년 동안 허용하는 것을 원칙으로 하지만, 재학기간 내에는 계속해서 연장이 가능하다. 법무부(2019), 「법무부 출입국.외국인정책본부 출입국정책단 체류관리과 자료」

가 20시간을 일하고 있었고 15시간에서 20시간 정도를 하는 유학생은 8%, 나머지 4%는 20시간 이상과 15시간 미만이었다.

<표2> 유학생들의 근로 장소

근로 유형	음식점 서빙 요리	공장 근로	배달	사무보조	기타
명(50)	44	3	1	1	1
%(100)	88	6	2	2	2

위의 <표 2>는 우리 대학 학생들이 시간제 근로를 하는 업종을 나타낸 것이다. 주로 대학 근처의 음식점에서 요리하거나 서빙을 하는 경우가 88%로 가장 많았다. 6%는 공장에 나가서 부품 조립을 하고 있었고 배달과 학교 도서관에서 보조 사무를 보고 있는 학생도 2%가 있었다.

<표3> 시간제 근로의 어려운 점(중복응답 가능)

힘든 부분	근로 자체	학업 소홀	건강관리	임금 체불	초과 근무	작업 환경 열악
단위(명)	24	35	10	15	25	12
단위(%)	19.8	28.9	8.3	12.4	20.7	9.9

급여는 최저 시급 8,350원을 받고 있는 유학생은 95%였고 저녁 9시가 넘어 일할 때는 500원을 더 받는 경우도 5%가 있었다. 시간제 근로를 하다가 불편함을 겪는 경우는 학업과 병행하다 보니 학업에 소홀한 경우(28.9%)가 가장 많았고 초과 근무(20.7%)는 두 번째, 근로에서 오는 힘듦(19.8%)이 그 뒤를 이었다. 또 임금 체불(12.4%), 열악한 작업 환경(9.9%), 피로감이 누적되어 건강이 안 좋아지는 경우(8.3%) 등도 힘든 사항이라고 하였다. 기타 의견으로는 한국어 부족으로 손님과의 오해가 생겨 싸움이 일어날 뻔했다고 응답한 학생도 있었다.

시간제 근로를 하기 위해서는 사전허가를 받아야하는데 사전허가제에 대한 구체적인 내용에 대해서는 잘 알지 못했지만 시간제 근로를 하기 위해서는 사전에 허가를 받아야 한다는 것은 모두 알고 있었다. 이를 어기는 것은 불법이라는 것도 알고 있었는데 선배 중에 사전허가를 받지 않고 시간제 근로를 하다가 출입국사무소에 불려가 벌금을 낸 적이 있다는 것을 전해 들어서 불법으로 하면 안 된다는 것을 잘 알고 있었다. 사전허가를 신청하는 장소도 잘 알고 있었고 제출해야 하는 서류도 알고 있었지만 너무 많은 서류를 내야해서 번거롭고 귀찮다는 의견도 있었다.

설문 조사에 따르면 유학생들은 본인들이 한국어가 서툴고 일에 서툴기 때문에 불이익을 당해도 정당한 의사 표시를 못할 때 누군가가 도와주었으면 좋겠다는 희망 사항도 적었다. 부당한 일에 대해 자신이 일하고 있는 사장에게 의견을 내면 그만 두라고 할까봐 그냥 참는다는 의견도 있어서 근로를 하면서 생기는 문제를 해결할 수 있는 대학 내 기구를 마련했으면 하는 의견도 있었다.

4. 시간제 근로 제도의 문제점과 개선 방안

유학생들은 시간제 근로가 매우 필요하다고 생각하고 유학생활을 하는 동안 가장 필수적인 활동이라고 생각한다. 하지만 학교 외부에서 하는 시간제 근로는 정신적, 육체적으로 힘들기 때문에 학업에 지장을 받고 있다고 고충을 말한다. 따라서 안전을 보장할 수 있는 선에서 학교 안에서 시간제 근로를 할 수 있는 지원이 필요하다고 본다. 대전 지역의 한 대학교에서는 교내에서 활동 가능한 다양한 시간제 근로를 지원하고 있음을 알 수 있고 이러한 지원이 어렵지 않을 것이라 생각된다. 많은 학생들이 교내에서 시간제 근로를 하는 것은 한정되어 있기 때문에 학교 밖에서도 안정적으로 할 수 있는 시간제 근로를 할 수 있는 다양한 장소를 찾아 주는 것도 필요하다고 본다. 학업과 관련된 업종에서 일을 해 봄으로써 학업의 연장선에서 한국어능력은 물론 전공 능력의 향상도 꾀할 수 있다.

교내에서 지원할 수 있는 시간제 근로를 제안하자면 다음과 같다. 교내 신입생 문화체험 프로그램에 투입, 빈 강의실 소등, 냉난방 관리, 컴퓨터 관리 등이 있다. 이는 불필요한 에너지를 절감할 수 있는 정책이기도 하고 타 대학에서 좋은 반응을 얻고 있는 교내 시간제 근로이기도 하다. 또한 전공을 살려 창업의 형태로 하는 시간제 근로로서 예를 들면 뷰티디자인 학과의 예약제 미용 시술이라고 할 수 있다. 그리고 도서관에서 유학생 전담 사서 보조 근무, 학교 차원에서 필요한 통·번역의 업무 보조, 교내 은행 통역 등도 제안하고자 한다. 교외에서 할 수 있는 시간제 근로로는 지역 내 우수 사업장과 연결하여 시간제 근로를 지원하고 지역 내 다문화센터나 도서관에서 오는 다문화 가족을 위한 통 번역 보조 업무 등 학교 차원에서 적극적으로 시간제 근로 환경을 제공하는 것이 필요할 것이다.

5. 결론

유학생의 생활에서 학업이 주가 되어야 한다. 하지만 현실적인 문제를 해결하기 위해서는 시간제 근로도 해야 한다. 한국에서 한국어와 전공지식을 배우는 것은 당연한 일이지만 한국 생활에 대한 빠른 적응과 한국 문화를 이해할 수 있는 경험도 소중하다고 생각한다. 이는 시간제 근로를 통해 얻을 수 있는 값진 경험이기도 하다. 우리 대학의 유학생들을 대상으로 실시한 설문조사의 결과를 통해 얻은 시간제 근로에 대한 문제와 개선 사항을 바탕으로 유학생, 한국 사회, 대학이 함께 문제를 해결할 장을 마련해야 할 것이다.

한국의 어느 곳에서도 외국인 유학생들이 시간제 근로를 하는 것을 볼 수 있다. 몰라서 불법을 하는 학생들도 있지만 알고도 불법적 일을 하는 유학생들 때문에 한국 사회에서 이들을 바라보는 시선이 곱지 않은 것이 사실이다. 유학생들을 위한 시간 근로제가 유학생들의 유학생활의 만족감을 높이고 한국 사회에서 허용되는 범위 안에서 최대한의 경제적인 소득을 얻기 위해서는 시간제 근로에 대한 홍보는 물론이고 각 대학 내에서 시간제 근로를 바라보는 환경이 개선되었으면 한다.

참고자료

리창(2019), 재한 중국인 유학생의 아르바이트 경험이 대학생활 적응에 미치는 영향, 한양대학교 석사 논문

장한정(2013), 외국인 유학생 '시간제근로제도'에 대한 비판적 연구 : '사전허가제도'를 중심으로, 한서대학교 석사논문

최진숙(2015), 중국유학생들의 한국어능력과 시간제근로와의 관계 분석, 언어학 제23권 제2호, pp.115-131, 대한언어학회

법무부(2019), 외국인 유학생 비자 제도 개선, 법무부 보도자료 2019. 3.4.일자

권현수, 이예지(2019.3.25.) 『외국인 유학생 16만, 학업보다 돈벌이...대학은 '방조'』, <머니투데이> https://news.mt.co.kr/mtview.php?no=2019032511177439441.

온실가스 감축을 위한 탄소세의 효과와 도입 방안

1. 서론

유엔기후변화위원회(IPCC)의 위원이자 저명한 기후학자인 한스 요아킴 쉘렌후버(Hans Joachim Schellnhuber)는 2017년에 "앞으로 지구촌을 지키기 위해 남은 시간은 3년뿐"이라고 말했다. 이 발언은 지구 온난화의 위험을 명확하게 제시한 것으로, 2020년까지 온실가스 감축이 이루어지지 않는다면 지구는 기후 변화의 위기로 내몰릴 수 있다는 의미이다.

한국 환경부 온실가스 종합정보센터가 발표한 통계에 따르면 2016년 기준 한국의 온실가스 총배출량은 중국, 미국, 인도 등에 이에 11위로 나타났다. 한국은 급속한 경제 성장으로 인해 2016년 온실가스 배출량이 1990년도와 대비하여 137% 증가하였다. 온실가스의 감축을 위한 각 국의 실천 방안을 촉구하는 목소리가 높은 가운데, 한국도 온실가스의 감축을 위한 실천적인 정책 마련이 필요한 시점이다.

국제통화기금(IMF)는 2019년 10월 보고서 Fiscal Monitor을 발행하면서, 탄소세(carbon tax)야말로 가장 효과적으로 온실가스를 감축할 수 있는 방법이며 전 세계적으로 탄소세를 도입해야 한다고 하였다. 탄소세는 이산화탄소를 배출하는 석유, 석탄 등 화석 연료의 사용량에 따라 부과하는 세금을 말한다. 이 보고서에서는 온실가스 감축을 위한 탄소세의 효과를 조사·분석하여 탄소세 도입의 방안에 대해 검토해 보도록 하겠다.

2. 탄소세 도입의 배경

온실가스는 온실 효과 즉 지구의 표면 온도를 상승시키는 원인이 되는 대기 중의 가스를 말한다. 온실가스는 이산화탄소(CO_2), 메탄(CH_4), 아산화질소(N_2O), 수소불화탄소(HFCs), 과불화탄소(PFCs), 육불화황(SF_6) 등이 있다. 환경부 자료에 따르면 한국은 1990에 비하여 2017년에 온실가스가 142.7% 증가하였다. 특히 경제 성장 및 산업의 발달로 인해 에너지 분야와 산업 공정 분야에서 온실가스가 급증하였다. 또한 온실가스 배출량의 91.7%는 이산화탄소로, 이산화탄소가 지구 온난화 현상의 주된 원인임을 보여준다. 따라서 이산화탄소의 배출을 억제해야 온실가스를 감축할 수 있는 것이다.

1997년 교토의정서에 따른 탄소배출권거래제(ETS)는 대규모의 에너지 산업 분야에만 적용되는 규제이며 적용되지 않는 산업 분야가 많아서, 온실가스 감축 목표에 도달할 만큼 효과적이지 않다는 지적이 많았다. 이에 가장 효율적인 온실가스 감축 수단으로 논의되고 있는 제도가 바로 탄소세이다.

3. 탄소세의 효과와 도입 방안

2015년 파리협정에서는 2℃ 이하로 지구 온난화의 수준을 제한하기로 하였다. IMF는 지구 온난화 수준을 2℃ 이하로 제한하기 위해서는 탄소세율을 톤당 75달러 수준으로 올려야 한다고 제안하고 있다. 현재 탄소세를 시행하고 있는 국가들의 세율을 비교해 볼 때, 톤당 75달러의 세율은 매우 높은 수준이다. 그만큼 이산화탄소 감축을 위한 실천적 노력이 시급한 상황임을 말해 주는 것이다.

IMF는 탄소세가 톤당 75달러 수준이 될 경우, 석탄, 천연가스, 전기, 휘발유 분야에서 에너지 가격이 크게 상승할 것으로 예상하였다. IMF는 2030년도에 석탄은 평균 214%, 천연가스는 평균 68%, 전기는 평균 43%, 휘발유는 평균 14% 정도 상승할 것이라는 예상치를 내놓았다. 이렇게 탄소세로 인해 에너지의 가격이 상승하면 기업의 생산 비용이 오르고 소비자의 상품 구매 가격도 인상되기 때문에, 국민들이 탄소세의 도입에 반대할 수 있다. 실제로 일부 국가에서는 탄소세의 도입을 위해 노력하고 있지만, 탄소세율의 조절 문제와 세금에 대한 국민들의 부정적 인식으로 난항을 겪고 있다.

탄소세의 부정적 영향에 대한 우려에도 불구하고 탄소세의 도입은 장기적으로 필요하다고 생각한다. 탄소세는 경제적인 제재수단이지만 궁극적으로는 화석 연료의 사용을 줄이고 대체 에너지를 개발할 수 있는 동력이 될 것이다. 탄소세의 도입으로 재생에너지 부분에 투자를 집중시키는 효과가 나타날 것이며, 에너지 소비 구조를 전환시킬 수 있는 결과도 가져오게 될 것이다. 세계에너지기구(IEA)가 발표한 보고서에 따르면 2017년 OECD 국가의 에너지 설비 투자의 73.2%가 재생에너지 부분에 집중되고 있으며, 에너지 소비 구조에서도 재생에너지 부분이 제일 많이 증가한 것으로 나타났다. 또한 국제재생에너지(IRENA)에서는 재생에너지 비중이 증가하면서 화석연료 산업에서는 일자리가 감소되겠지만 재생에너지 분야에서 새로운 일자리가 생성됨으로써 전체 일자리의 양은 증가할 것이라고 보고 있다. 2050년 재생에너지 비중은 15%에서 66%까지 상승할 것이며, 재생에너지 일자리는 1490만개에서 2880만개로 늘어날 것으로 전망하였다. 결과적으로 탄소세로 인해 기업이 화석 연료의 사용을 줄이고 친환경적인 재생 에너지 개발에 힘쓰게 되면, 에너지 소비 구조가 전환되어 온실가스 배출이 감축될 뿐만 아니라 새로운 일자리가 창출되어 전체적으로 경제가 성장하는 효과도 가져 오는 것으로 볼 수 있다.

이렇게 탄소세의 도입은 온실가스 감축 효과와 더불어 경제적인 측면에서도 긍정적 효과를 가져 올 수 있다. 그렇다면 한국에서도 탄소세를 성공적으로 도입하기 위해서는 어떻게 해야 할까? 우선 탄소세를 성공적으로 도입한 국가의 사례를 살펴봄으로써 탄소세 도입의 방안을 모색해 볼 수 있다. 탄소세를 성공적으로 도입한 대표적인 국가는 스웨덴이다. 스웨덴은 1991년 탄소세 제도를 도입하였다. 처음에는 톤당 28달러 수준이었지만 2019년 기준으로 톤당 127달러 수준까지 높였다. 탄소세를 시행하는 다른 국가의 세율이 톤당 5달러에서 96달러 사이인 것에 비해, 매우 높은 세율을 적용하고 있다. 스웨덴은 탄소세 도입 후에 온실가스 배출량이 25%가 감축되었으며, 경제 성장률은 1995년 대비 75% 증가했다고 한다. 스웨덴이 이렇게 성공적으로 탄소세 제도를 시행하고 있는 비결은 첫째, 이해 관계자들과 함께 의논하였고 둘째, 탄소세를 도입하면서 동시에 에너지, 노동, 자본 분야의 세금을 줄여서 전체적인 세금 부담을 줄이기 위해 노력했기 때문이다.

IMF 보고서와 스웨덴의 사례를 참고하여, 한국에서도 탄소세를 성공적으로 도입하기 위해서는 다음과 같은 노력이 필요하다. 우선은 탄소세 도입 시기와 탄소세율, 탄소세 부과 방법 등에 대하여 모든 이해관계자들이 모여서 논의하는 과정이 필요하다. 이해관계자들 간에 합의가 이루어지지 않는다면 탄소세가 도입되더라도 상당한 시행착오를 겪을 것이기 때문이다.

두 번째는 국민적인 합의를 위해서는 탄소세의 긍정적인 효과를 홍보하는 것이 필요하다. 탄소세가 도입되면 단기적으로는 물가가 상승되고 화석연료를 사용하는 기업들에서 상당한 실업률이 예상된다. 그러나 탄소세 시행으로 인해 장기적으로 에너지 소비 구조가 변화되어 온실가스 배출이 감축되는 것은 물론, 재생에너지 분야에서 새로운 일자리가 창출되어 경제도 성장할 것이라고 홍보하면 국민들의 지지를 얻는데 도움이 될 것이다.

세 번째는 탄소세는 일종의 조세 제도이기 때문에 한국에 맞는 탄소세 체계를 마련하는 것이 필요하다. 탄소세는 추가적으로 세목을 마련하여 부과하는 방법과 에너지세, 환경세, 소비세 등 기존의 세목에 세율을 높여서 부가세로 거둬들이는 방법이 있다. 부가세의 형태는 효율적으로 과세할 수 있을 뿐만 아니라 납세자가 쉽게 수용할 수 있도록 하는 장점이 있다. 전병목 외의「탄소세와 에너지 과세의 조화 방안」(한국조세연구원, 2012)에 따르면 한국에서는 부가세 형태로 탄소세를 부과하는 것이 효과적이다. 기존 교통, 환경, 에너지 등에 부과된 세금이 있기 때문에 별도로 세목을 형성하기보다는 부가세 개념으로 부과하는 것이 좋다고 말한다.

4. 결론

파리기후협약을 시작으로 선진국뿐만 아니라 개발도상국에서도 온실가스 감축을 위해 실질적으로 노력해야 한다는 의견이 모아졌다. 특히 2019년 9월의 유엔 기후행동 정상회의에서는 기후변화에 대한 각국의 미온적인 반응에 대해 비판하는 목소리가 높았으며, 온실가스 감축의 실천적인 대응으로서 탄소세는 더욱 주목받게 되었다. 1990년 핀란드에서 도입한 탄소세는 덴마크, 노르웨이, 스웨덴, 독일, 영국, 스위스, 이탈리아, 캐나다 등에서 시행되고 있으며, 이들 국가는 온실가스 감축을 위해서 탄소세율을 높이고 있는 추세이다.

온실가스 감축은 특정 국가들만의 노력으로는 효과를 얻기 힘들다. 온실가스는 대기 중에 존재하는 위험 요소로 국경이 없기 때문이다. 탄소세는 단기적으로는 경제 성장에 방해가 되겠지만, 궁극적으로 에너지 소비 구조를 전환시킬 수 있는 효과적인 수단이 될 것이다. 한국에서 탄소세의 도입이 실효성을 가지기 위해서는 우선 탄소세와 관련한 모든 이해관계자의 협의가 있어야 하며, 탄소세의 긍정적 효과에 대하여 적극적으로 홍보하는 것이 필요하다. 더불어 한국의 조세 체계에 맞는 탄소세의 제도가 마련되어야 할 것이다.

참고문헌

환경부 온실가스 종합정보센터(2019), 「국가온실가스 인벤토리(1990-2017) 요약」, 환경부
전병목 · 성명재 · 전영준(2012), 「탄소세와 에너지 과세의 조화 방안」, 한국조세연구원
International Monetary Fund, Fiscal Monitor : *How to Mitigate Climate Change*, 2019.10
IEA, *World Energy Outlook*, 2017
IRENA, *Global Energy Transformation: A Roadmap to 2050*, 2018

'완벽한 타인'을 보고
– 말할 수 없는, 말하지 못한 비밀 –

1. 서론

과연 우리는 타인의 겉모습, 보이는 것으로 그들을 다 안다고 할 수 있을까? 보이는 모습이 진실일까? 상황에 따라 내 편이 되기도 했다가 타인이 되기도 하는 현대인의 모습을 잘 보여주는 영화 〈완벽한 타인〉을 보았다.

이 영화는 나와 타인의 관점만을 다룬 영화는 아니다. 영화에서는 물질만능주의, 가부장적 사상, 성적 농담, 성 소수자 희화화, 현대판 계급사회 등 아직도 우리 사회 곳곳에서 나타나는 문제들을 보여준다. 영화 〈완벽한 타인〉은 2018년 10월 31일에 개봉한 영화이고, 이재규 감독의 영화로 이탈리아 영화 〈퍼펙트 스트레인지〉를 리메이크한 작품이다. 이 영화는 현대인들에게 빠질 수 없는, 편리함의 대명사. 타인과의 소통이 목적인 물건이지만 결국은 자신만의 공간이 되어 버린 이중적인 물건. '휴대폰'으로 이야기는 시작된다. 감독이 전하고자 한 메시지는 친한 사람일수록 어느 정도 거리를 두고 살아가는 게 현명하다는 것이다. 내가 생각한 친한 사람이란, 거리를 두지 않고 옆에 두어야 하는 존재라고 생각하는데 감독은 이런 나의 생각과 정반대의 의견을 갖고 있어서 더 흥미롭게 다가왔다. 과연, 이 영화에서는 이 명제를 어떻게 풀어나갈까? 이 궁금증을 안고 영화를 감상했다.

2. 우리 속의 타인

〈완벽한 타인〉은 4명의 소년이 얼음낚시를 하며 투닥거리며 월식을 감상하는 장면으로 시작된다. 그리고 34년 뒤, 4명의 소년은 모두 장성하였고 여전히 친하게 지내는 사이며 배우자끼리도 친밀하게 지내는 사이가 되었다. 4명의 소년은 태수, 석호, 준모, 영배이다. 모두가 평범한 인물들이다. 우리 주변에서 흔히 볼 수 있는 그런 사람들이다. 주인공 석호, 예진 부부의 집들이에서 오랜만에 모두 모이게 된다. 7명의 주인공은 모두 사회적으로도 성공했고 배우자, 친구들과도 관계가 좋아서 상당히 행복한 모습을 보이며 분위기도 밝고 화기애애하다. 하지만 이들이 주방에서 이야기를 나누는 첫 장면부터 여자들은 서로에 대해 질투하고 이간질을 하는 속물적이고, 배금주의(拜金主義, mammonism)적인 모습을 보여준다. 드디어 문제의 시작인 저녁 식사 시간으로 넘어가게 된다. 즐겁게 저녁 식사를 하며 대화를 나누던 6명에게 집주인 예진이 게임을 하나 제안한다. 저녁 식사가 끝날 때까지 휴대폰으로 오는 모든 내용을 서로에게 공유하자는 게임이다. 통화 내용은 물론 문자와 이메일 역시 모두 공유를 해야 한다. 모두 탐탁지 않게 생각하고 이 게임을 하지 않으려고 온갖 핑계를 대지만, 예진의 "찔리는 거 있어?" 이 한 마디에 다들 아닌 척 울며 겨자먹기로 게임을 시작하게 된다. 화기애애한 분위기와는 대조적으로 주인공들의 휴대폰 벨소리는 웅장하며 음침한 분위기를 낸다. 하나, 둘 오는 연락들에 이야기는 예기치 못한 방향으로 흘러가게 되고, 개인적인 비밀과 음흉한 속내, 불륜까지 공개가 된다. 영화는 빠르게 전개된다. 쉬지 않고 울려대는 전화 벨소리, 문자 알림 소리. 이들 주인공은 서로에게 말 못 할 비밀을 가지고 있다. 레스토랑에서 같이 일하는 여자 매니저와 바람이 났고, 남편 몰래 시어머니를 요양원에 보내려 했으며, 아내 몰래 투자한 곳에서 사기를 당했다. 또 다른 주인공은 연상의 여자와 바람이 났고, 34년간 함께 한 친구들에게 밝히지 못했던 성 정체성이 바로 그것이다. 이러한 자기들만의 비밀이 전화와 문자로 하나둘씩 탄로 나고 만다. 즐거웠던 식사자리는 그야말로 아수라장이 된다. 하지만 주인공들의 갈등 요소들이 대부분 성적인 부분에 맞춰져 있는 것은 다소 아쉽다. 인간 내면의 심리적 묘사나 삶에서 겪는 갈등으로 극의 전개를 이끌어 갔다면 삶에 대해, 타인을 대하는 법에 대해 함께 고뇌하고 풀어나갈 수 있었을 텐데 그런 부분이 아쉬움으로 남는다.

3. 여러 방식의 삶

하나의 테이블을 둘러싸고 마주 앉은 일곱 명의 인생들과 일곱 개의 사연들에 대한 비밀의 베일이 작은 테이블 위에서 벗겨진다. 베일이 벗겨질수록 내가 가장 잘 알고 있다고 생각하는 나의 남편, 아내, 친구가 전혀 모르던 타인인 것처럼 생소하게 느껴진다. 만약 내가 그 주인공이었더라도 그렇게 느꼈을 것 같다. 서로에게 말할 수 없는 자신만의 비밀을 가지고 있는 것은 당연한 일이다.

또, 한가지 <완벽한 타인>에서 현대판 계급사회의 모습과 가부장적인 사상, 성 소수자 희화화 등을 극복하지 못한 것은 작품의 한계로 보인다. 주인공 중 한 명인 준모는 서울대학교를 졸업하고 사회에서 성공한 계층을 대변한다. 가부장적인 남편들의 주도적인 모습에 부인들은 순종적으로 따르고, 성 소수자를 희화화하는 장면도 여과 없이 나타난다.

한바탕 난리가 난 후, 한 사람의 결혼반지가 식탁 위에서 빙그레 돈다. 처음 게임 얘기를 꺼냈던 장면으로 바뀌면서 그들은 게임을 하지 않기로 결정한다. 결국 이 게임을 처음부터 시작하지 않았던 것이다. 이것은 마치 '김만중'의 소설 <구운몽>과 같이 한바탕 꿈을 꾸는 것처럼 이야기 자체로 재미를 가지는 영화이다. 영화의 첫 장면에서 소년들이 월식을 감상하는 장면은 감독이 우리에게 인간에 대해 생각할 수 있는 화두를 던지는 게 아닐까? 월식은 지구의 그림자에 달의 실체를 감추는 것이다. 즉 월식이 일어날 때 우리는 달의 본 모습을 알 수 없다. 마찬가지로 인간은 타인에게 진실한 모습을 숨기기도 한다. 대외적으로 잘 보이기 위해 꾸며진 '공적인 나', 가까운 사람들과 함께 있을 때 나오는 '개인적인 나', 아무에게도 말할 수 없고 오롯이 혼자만의 '비밀스러운 나'. 사실 우리에게 보이는 타인은 왜곡되거나 꾸며진 모습일 가능성이 많다.

4. 결론

나는 이 영화를 보고 이재규 감독의 말처럼 "인간의 속성이 한 단면만으로 정해지는 것은 아니다."라는 주제가 잘 전달된 영화라고 생각한다. <완벽한 타인>에서는 월식 장면이 자주 등장하는데, 월식은 실제로 불길함을 나타내는 징조로 알려져 왔다. 그 이유는 그리스 신화에서 달의 여신 '헤카테'가 월식이 되는 날 저승의 개와 함께 나타나 저주를 내렸다는 전설 때문이다. 월식 장면은 주인공들의 불행한 결말을 향한 복선은 아닐까 생각해 볼 수 있다. 영화 주인공 영배는 "사람의 본심은 월식과 같아서 잠깐 가릴 수는 있어도 언젠가는 드러나게 돼."라고 말한다. 이 말은 무엇을 의미하는 것일까? 결국 사람은 단순하게 정의할 수 없으며 완벽하게 보이는 타인일지라도 홀로 힘든 상황을 숨길 수 있어서, 위로와 동정이 필요한 존재라는 말이 아닐까 생각해 본다.

이 영화를 통해 나는 "세상에 완벽하게 타인인 존재가 있을까?" 또는 "세상에 완벽하게 내 사람인 존재가 있을까?"라는 물음을 던지게 됐다. 인간의 비밀은 결국 인간관계를 유지하는 하나의 필수 요소일지도 모르겠다. 진실은 어쩌면 서로를 불편하게 만드는 요소일 수도 있다. 서로를 잘 모르기에 함께 살아가는 것은 아닐까 하는 생각이 든다. 이 글을 정리하면 우리는 자신들의 모습을 애써 숨긴 채 보이는 것들에 초점을 맞추고 타인 역시 보이는 것만 믿으며 살아가고 있다는 것을 느꼈다. 그런 삶이 진정으로 우리가 원하는 삶일지 생각해 봐야겠다.

참고자료

김만중(지음), 송성욱 옮김(2009), 『구운몽』, 민음사.
나무위키, 완벽한 타인 https://namu.wiki/w/

안내: 모범 답안은 정답이 아닙니다. 문제에 따라서 다양한 답안이 나올 수 있습니다.

1장 보고서의 개념과 종류

1.1 보고서를 쓰는 이유

2. ©

1.3 보고서의 종류 ☞ 화제에 따라 보고서 종류가 달라질 수 있다.

① 답사보고서/조사·분석보고서 　② 설명 보고서/조사·분석보고서

③ 요약보고서 　④ 실험보고서 　⑤ 설명보고서

1.4 좋은 보고서의 요건

1. ① O ② X ③ O ④ X

2. ① 독창성 ② 정확성 ③ 체계성 ④ 체계성 ⑤ 충실성 ⑥ 충실성

2장 자료 읽고 요약하기 ①

2.2 요약하기 방법

1) 삭제하기

【연습하기】

1. ⊙, ⓛ, ㉹

2. ©, ㉣

3. ㉤

4. ⓛ, ©, ㉹, ㉢

☞ 맨부커상, 수상 이유, 작가 한강, 한국 문학 작품 등에 대하여 부연 설명하는 문장들이다.

5. ⊙

6. ⓛ, © ☞ 지자체가 사업자와 지역 주민 사이를 중재했다는 내용이 반복된다.

7. ⊙

8. ㉹

9. ⊙, ⓛ, ©, ㉹

☞ 한국이 원자재를 수입하고 반도체, 전자 제품 등을 수출하여 경제가 성장했다는 내용이 반복된다.

10. ㉢

2) 선택하기

【연습하기】

1. ⊙, 문단 처음에 위치

2. ⓛ, ©, ㉹

☞ 이 문장들은 중심 문장의 내용 즉, 다이어리의 인기 이유(제공 방식, 제품 특징 등)를 자세히 설명한다.

3. ㉮

4. ㉺, 문단 마지막에 위치

5. ㉠, ㉡, ㉢, ㉣

☞ 이 문장들은 속담과 유명 인물의 사례를 통해 주장에 대한 이유나 근거를 제시한다.

6. ㉱

7. ㉠, 문단 처음에 위치

8. ㉡, ㉢, ㉣, ㉤, ㉥, ㉦ ☞ 이 문장들은 중심 문장의 개념 및 내용을 자세히 설명한다.

9. ㉮

10. ㉣, 문단 가운데 위치

11. ㉠. ㉡, ㉢, ㉤, ㉥ ☞ 이 문장들은 중심 문장의 내용을 구체적으로 예를 들어 설명한다.

12. ㉯

2장 자료 읽고 요약하기 ②

2.2 요약하기 방법

3) 일반화하기

【연습하기】

1. 가축(집에서 기르는 짐승), 한국의 명절, 곡물(곡식), 영양소

2. 교통수단: 지하철, 버스, 자전거, 택시 등

　유럽: 프랑스, 독일, 영국, 오스트리아 등

　대중매체: 인터넷, TV(텔레비전), 라디오, 신문, 책 등

　산업: 농업, 축산업, 임업, 수산업, 공업, 건설업, 상업, 금융업, 관광업 등

3. 1) 인공 지능(AI) 기술

　2) 의료, 교통, 통신 등의 분야에서 인공 지능 기술의 발달로 인간의 삶은 점점 편리해지고 있지만, 인공 지능 기술이 인간의 삶을 위협할 것이라며 반대하는 입장도 있다.

4. 1) 신재생 에너지란 화석 연료를 재활용하거나 햇빛, 지열, 물 등 재생이 가능한 에너지를 변환시켜 이용하는 에너지를 말한다.

	상위어	화석 연료	(신재생에너지)	(유럽)
2)	하위어	석탄 (석유) (천연가스)	태양열 에너지 (풍력 에너지) (바이오 에너지) (조류 에너지) (지열 에너지)	노르웨이 (스웨덴) (독일) (영국) (덴마크)

　3) 수소 에너지, 연료 에너지 등

4) (나) 신재생 에너지의 개념과 종류

　　　(다) 신재생 에너지의 특징

　　　(라) 전 세계적으로 신재생 에너지의 비중 증가

5) (나) 신재생 에너지는 화석 연료를 재활용하거나 재생이 가능한 에너지를 변환시켜 이용하는 에너지이며, 풍력, 바이오, 조류, 태양열, 지열 에너지 등이 있다.

　　　(다) 신재생 에너지는 고갈되지 않으며 친환경적이지만, 주변 환경에 영향을 받는 한계가 있다.

　　　(라) 신재생 에너지의 비중은 전 세계적으로 점점 확대되는 경향이 있으며 특히 유럽에서 그 비중이 높다.

4) 재구성하기
【연습하기】

1. 1) 한국의 전통 의상인 한복

　　2) 저고리의 고름, 조끼 등이 생겨남, 저고리와 치마의 길이가 시대에 따라 달라짐, 서양 의복이 유입된 이후, 일상생활보다는 명절과 같은 특별한 날에 한복을 입게 됨.

　　3) 한복은 한국의 전통 의상으로 그 모양과 길이는 시대마다 달라졌으며, 서양 의복이 유입된 이후 현대 한국인들은 명절, 결혼식 등 특별한 날에 입는다.

2. 1) 경제활동을 할 때에는 (합리적인) 선택이 중요하며 (합리적인) 선택은 (기회비용)을 가장 적게 할 수 있는 것이다. 특히 (충동구매)는 (기회비용)을 높이기 때문에 조심해야 한다.

3. 1) 가족 여행 상품

　　2) (가) 가족들과 추억을 만들기 원하는 사람들이 늘어나면서 가족 여행 상품이 증가하고 있다.

　　　　(나) 가족 여행 상품으로 효도 여행 상품과 호캉스 상품이 등장하였다.

　　3) 가족들과 추억을 만들기 원하는 사람들이 늘어나면서 효도 여행 상품과 호캉스 상품이 등장하여 인기를 끌고 있다.

2.3 보고서에서 요약하기의 활용
【연습하기】

1. 유네스코에 따르면 문화의 다양성은 인류 공동의 문화유산이기 때문에 약소국이나 약자의 문화를 보호해야 한다고 한다. 2007년 국제사회에서 발효된 문화 다양성 협약은 개발도상국의 문화 산업 강화와 문화 약소국의 지원을 규정하고 있다.

2.

1) 자유무역은 무역할 때 물건에 관세나 조건을 붙이지 않는 것을 말한다.

2) 자유무역협정(FTA)은 나라와 나라 사이의 자유로운 무역을 위해서 무역 장벽을 제거하거나 완화하는 국제 협정을 말한다.

3) 개인이 자신의 이익을 추구하다보면 보이지 않는 손에 의해서 사회의 이익도 증가되기 때문에, 국가는 무역에 개입하지 않고 개인에게 무역할 자유를 주어야 한다.

4) 다른 국가에 비해 상대적으로 유리한 상품을 생산하여 무역하는 것이 서로에게 합리적이며, 이를 비교 우위에 의한 자유 무역이라고 한다.

5) 국가는 성장할 가능성이 있는 유치산업을 일시적으로 보호할 수 있다.

6) ㉠ 아담 스미스에 따르면 개인이 자신의 이익을 추구하다 보면 보이지 않는 손에 의해서 사회의 이익도 증가되기 때문에, 국가는 무역에 개입하지 않고 개인에게 무역할 자유를 주어야 한다.

㉡ 데이비드 리카도는 다른 국가에 비해 상대적으로 유리한 상품을 생산하여 무역하는 것이 서로에게 합리적이라고 하였으며, 이를 비교 우위에 의한 자유무역이라고 한다.

㉢ 프리드리히 리스트와 존 스튜어트 밀에 따르면 국가는 성장할 가능성이 있는 유치산업을 일시적으로 보호할 수 있다고 하였다.

㉣ 각 나라의 정부는 자국의 경제 발전 상황을 고려하여 자유무역 또는 보호무역을 혼합하여 적절하게 시행하고 있다.

3장 보고서 자료 이용하기 −표절과 인용

3.1 표절
【연습하기】

1. 표절 (정확한 출처 표시가 없고 인용 부호가 없이 박인기, 박창균이 쓴 문장을 그대로 이용했기 때문에 표절이다.)

2. 표절(문장을 쓴 사람은 썼지만 정확한 출처(책이름, 연도 등)가 없고 인용 부호도 없다.)

3. 표절 (① 박인기, 박창균의 표현을 그대로 옮긴 것은 아니지만 너무 비슷하다. 이는 표절이다.
② 정확한 출처가 없다.)

4. 표절 (그대로 옮겨 쓴 부분은 인용 부호를 써서 인용문임을 표시하고 출처를 제시해야 한다.)

3.3 인용하기
【연습하기】

1. 직접 인용
이유: 책에 나온 문장을 그대로 썼다.

3) 문장 부호와 인용 표현
【연습하기】

1. 1) 이어령(2009)은 "한국어와 영어의 가장 큰 차이는 바로 토씨(조사)다. 한국말은 같은 말이라도 토씨 하나만 바꾸면 뜻이 완전히 달라진다."라고 말했다.

2) 이어령(2009)은 한국어와 영어는 조사가 가장 큰 차이점이라고 했다. 한국어는 조사에 따라서 말의 뜻이 완전히 달라진다고 하였다. (쉽게 바꿔 간접 인용하기)

2. 1) 김주희, 고경민(2019), 『유학생을 위한 교양한국어 말하기1』, 박이정 ➜ 겹낫표 또는 김주희, 고경민

   (2019), 《유학생을 위한 교양한국어 말하기1》, 박이정 ➜ 겹화살괄호

   2) 이소영(2017), 「한국어 학습용 '표준 외래어 목록' 선정을 위한 연구」, 『영주어문』 제36집, 영주어문

   학회 ➜ 홑낫표「 」 또는 홑 화살괄호〈 〉(논문제목)

3.4 보고서 쓰기를 위한 참고자료 정리

【연습하기】

1. 책, 논문, 신문기사, 인터넷 자료 순으로 / 가나다 순으로/ 한국저자, 동양저자, 서양저자 순으로 저서(책)

   ⑩⑧④② 논문 ⑥① 신문기사 및 인터넷 기사 ⑨⑤⑦③

4장 보고서를 쓰기 위한 담화표지 연습

4.1 보고서를 쓰기 위한 담화표지의 예

【연습하기】

1. 2) 인과 3) 첨가 4) 대조

2. 1) 먼저 2) 둘째 3) 즉 4) 또한

3. 예를 들어, – 때문이다, 또한, 마지막으로 (등등)

4. 1) ② 그러므로/ 따라서 ③ 하지만/ 그러나 ④ 뿐만 아니라/ 또한/ 게다가

      ⑤ 따라서/ 그러므로 ⑥ 우선/ 먼저

   2) ② 그러므로 ③ 예컨대 ④ 예를 들면 ⑤ 왜냐하면 ⑥ 다시 말해

5. ① 예를 들어 ② 무엇보다 ③ 둘째 ④ 정리하면

6. 1) ③

   2) ① 특히 ② 왜냐하면 ③ 그래서 ④ 다시 말하면 ⑤ 그러나

7.

(나) 밥 먹는 식탁에서 두루마리 휴지 사용하는 것이 이상하다고 했다. 왜냐하면, 두루마리 휴지는 화장실에서 사용하는 것이지 밥을 먹는 식탁에서 사용하는 것이 아니기 때문이라는 것이었다.

(다) 한국은 생각보다 깨끗한 나라라고 생각했다. 그런데 길거리를 다니다 보면 길바닥에 침을 뱉는 사람들을 많이 볼 수 있다.

(라) 마트에서 계산을 하려고 물건을 다시 확인하고 있는데 뒤에서 빨리하라고 재촉했다. 다시 말해 한국에서는 '빨리' 행동하기를 원한다.

(마) 식사할 때 소리를 내는지 이해할 수 없다고 했다. 또한 입을 다물지 않고 음식을 먹어서 괴로웠다고 지적했다.

(바) 한국의 많은 음식점에서 밑반찬을 공짜로 주는 것은 정말 신기한 경험이었다고 말한다. 게다가 원하면 여러 번 갖다 주는 경우가 있어서 정말 고마웠다고 한다.

5.1 보고서를 쓸 때 자주 사용하는 표현 연습하기

◆ 보고서를 시작할 때 사용하는 표현

【연습하기】

2) 이 보고서에서는 신조어로 인한 세대 갈등의 문제를 극복하는 방법을 살펴보고자 한다.

3) 이 보고서는 출산으로 인한 경력 단절 문제의 해결 방안을 찾고자 하는 것이다.

◆ 보고서 내용의 논리적 강화 표현

1. 정의하기 표현

【연습하기】

1. 1) 반려동물은 인간과 더불어 살아가는 동물을 의미한다.

　애완동물은 인간이 즐거움을 위해 키우는 동물을 말한다.

　2) 꼰대란, 권위적인 생각을 가지고 그렇게 행동하는 사람들을 일컫는 학생들의 은어.

　꼰대질은 어른들이 자신의 생각과 경험을 어린 사람에게 일방적으로 강요하는 것을 의미한다.

3. 1) 고령화 사회란 (구성원의 인구 비율로 사회를 정의하는 말로써) 총인구 중에 65세 이상의 인구가 차지하는 비율이 7% 이상인 사회를 말한다.

　2) 문화충격은 (문화인류학에서 나오는 용어로) 완전히 다른 문화 환경이나 새로운 사회 환경을 접했을 때 불안한 감정을 느끼거나 무엇을 어떻게 해야 하는지 모르는 판단 부재의 상태라고 정의할 수 있다.

2. 예시 표현

【연습하기】

1. 1) 외국인들이 부러워하는 한국 문화의 예로 배달 문화, 24시간 영업, 인터넷 속도, 편리한 대중교통 등을 들 수 있다.

　2) '한국 속담 중에 '세 살 버릇이 여든 간다.'라는 말이 있다. 예를 들어 손톱을 깨무는 버릇이라 든지 다리를 떨거나 하는 등의 안 좋은 습관을 어릴 때 고치지 않는다면 평생 잘못된 습관을 고치기 어렵다는 것이다.

3. 1) 외국인이 가장 좋아하는 한국 음식을 예로 들면 불고기, 삼겹살, 잡채, 치킨, 비빔밥, 삼계탕 등이 있다.

　2) 한국의 국경일은 태극기를 게양해야 하는 날이다. 3.1절, 제헌절, 광복절, 개천절, 한글날이 대표적인 예라고 할 수 있다.

3. 비교, 대조하기 표현

【연습하기】

1. 1) 비교-연극과 영화는 대본에 의존하는 종합예술이라는 점이 유사하다.

    대조-영화는 스크린을 통해 관객과 만나지만 이와는 반대로 연극은 배우와 관객이 직접 만난다는 차이점이 있다.

    2) 비교-막걸리와 소주는 곡식이 주원료라는 공통점을 가진다.

    대조-막걸리는 더운 남쪽에서 더 많이 마셨다. 이와는 반대로 소주는 북쪽에서 더 많이 마셨다.

3. 1) 비교-띠와 별자리는 숫자와 시간을 사용한다는 점이 비슷하다.

    대조-띠와 별자리는 동양과 서양에서 그리고 음력과 양력을 사용한다는 점이 다르다.

    2) 공통점: 매체를 통한 정보 전달

    차이점: 시각, 청각

    비교- 텔레비전과 라디오는 모두 매체를 통해 정보를 얻을 수 있다는 점에서 비슷하다.

    대조- 텔레비전은 시각적인 방법으로 정보를 얻는 반면 라디오는 청각적으로 정보를 얻는다는 점에서 차이가 있다.

4. 분류, 분석하기 표현

【연습하기】

1. 분류- 동계 올림픽은 크게 설상 종목, 빙상 종목, 슬라이딩 종목으로 이루어져 있다.

    분석- 피겨 스케이트화는 부츠와 스케이트 날로 이루어져 있으며 부츠는 발목, 신발, 밑단, 굽으로 구성된다.

3. 1) 분류- 문학의 종류는 형태에 따라 시, 소설, 수필로 나눌 수 있다.

    분석- 소설의 내용은 인물, 사건, 배경을 중심으로 구성된다.

    2) 분류- 한국의 방언은 지역에 따라 경상도, 전라도, 충청도, 강원도, 제주도로 나눌 수 있다.

    분석- 한국 방언을 사투리라고도 하는데 그중 경상도 방언은 구어체와 문어체를 모두 사용하고 끝말이 ~나, ~노, ~마로 구성된 것들이 많으며 억양에 따라 의미가 달라진다.

◆ 보고서를 마무리할 때 사용하는 표현

【연습하기】

2) 이 보고서에서는 외환위기를 극복한 다양한 사례를 검토하였다.

3) 지금까지 국제결혼 비율이 지속적으로 증가하는 이유에 대해 살펴보았다.

5.2. 정리하기

1) 비교 및 대조

2) 이 보고서에서는 대중 매체를 나누는 기준을 살펴보고자 한다. 대중 매체는 정보 전달의 한 수단으로 다양한 방법으로 정보를 전달할 수 있다. 예로 텔레비전이나 라디오, 신문이 있다. 텔레비전과 신문은 모두 정보를 전달한다는 공통점이 있다. 텔레비전은 전파나 영상을 통해 정보를 전달하지만 이와는 반대로 신문은 인쇄 매체이기 때문에 활자로만 정보를 전달한다는 점에서 차이가 있다. 물론, 이때 신문은 종이 신문만을 의미한다. 텔레비전을 통해 정보를 찾을 때는 다양한 주제에 대해 본인이 관심 있는 분야를 선택할 수 있지만, 신문의 경우는 본인이 선택해서 볼 수 없고 정보를 실을 수 있는 양이 정해져 있다는 것이 대조적이다. 지금까지 대중 매체의 다양한 기능과 특성을 검토하였다.

◆ **주제를 선택해서 글을 완성해 봅시다.**

서론 – 학교 폭력을 예방하는 방법에 대해 알아보고자 한다.

본론 – 정의: 학교 폭력이란 학교에서 학생들 간에 일어나는 폭력, 협박, 모욕, 강제적인 심부름 등에 의한 신체적, 정신적, 재산상의 피해를 말한다.

　　　예시: 협박, 감금, 따돌림, 사이버 따돌림 등

　　　비교 및 대조: 괴롭힘 / 신체적, 정신적

　　　분류 및 분석: 협박, 감금, 따돌림, 사이버 따돌림 – 사이버 따돌림은 육체적으로 폭력을 가하는 방법과 다르게 정신적으로 고통을 주는 폭력이다.

결론 – 이 글을 정리하자면 학교 폭력은 가정에서부터 예방할 수 있다는 것이다.

　　이 보고서에서는 학교 폭력을 예방하는 방법에 대해 알아보고자 한다. 학교 폭력은 예전에도 있었던 단어이고, 예전에도 학교에서 일어났던 일인데 점점 사회가 각박해지면서 더 심해지고 있다. 학교 폭력은 급우들 간에 협박이라든지 모욕, 강제적인 심부름, 성추행 등을 말한다. 육체적으로 가하는 폭력이 가장 많고 사이버로 따돌리는 정신적인 폭력까지 행해지고 있다. 예방법에는 어떤 것이 있을지 생각해 보았다. 가장 중요한 것은 가정에서의 교육이 우선시 되어야 한다. 가정은 사회를 구성하는 1차적인 집단이며 인간으로서 성장할 수 있는 기본적인 교육을 받을 수 있는 곳이기 때문이다. 가정이 화목해야 아이들이 정서적으로 안정이 되고 즐겁게 지낼 수 있다는 것은 다 아는 사실이다. 그렇다고 화목하지 않은 가정에서 자란 아이들이 모두 학교 폭력을 일으킨다는 것은 아니다. 다만 입시라든지 경쟁에서 우위에 서기 위해 치열하게 시간을 보내고, 인성보다는 경쟁에서 살아남는 법부터 배울 수 있기 때문에 가정교육이 소홀해진다면 이런 부분들이 결국에는 폭력적인 사회를 만들 수 있다는 것이다.

　　또한, 가정과 학교에서 자신보다 약한 사람을 보면 놀리거나 따돌리는 것이 아니라 도와주고 함께 해야 한다는 인식을 길러줘야 한다. 상대를 무시하는 언행을 삼가고 존중하는 태도를 보인다면 학교 폭력은 많이 줄어들 것이다. 정리하자면 학교 폭력을 예방할 수 있는 중요한 시작은 가정에서부터다. 지금까지 학교 폭력 예방에 대해 알아보았다.

6.1 보고서 계획하기의 요소

【연습하기】

1) 화제: 대학생의 언어생활(유행어 중심), 대학생의 비속어 사용 현황 등등

　　독자: 대학생과 교수님

　　목적: 대학생의 언어생활을 조사하여 바른 언어 사용을 유도하기 위해서

2) 화제: SNS의 사용과 발전, 유튜브의 한계성과 발전 방향 등등

　　독자: 대학생과 교수님

　　목적: SNS의 다양한 사례를 이해하고 발전 방향을 제시하기 위해서

3) 화제: 한국 드라마와 베트남 드라마의 비교와 전망, 한국 영화와 일본 영화의 비교 등

　　독자 대학생과 교수님

　　목적: 한국 드라마와 베트남 드라마의 장르, 내용, 횟수 등을 비교하고 앞으로의 상황을 전망하기 위해

6.2 보고서 화제 좁히기와 수정하기

【연습하기】

1) 유학생 차별, 출신지 차별(지역 차별), 종교 차별, 피부색 차별, 성적소수자 차별 등등

　　사회적 차별 ➡ 외국인 차별 ➡외국인 유학생 차별 ➡ 외국인 유학생의 대학생활 현황과 문제점.

2) 팩스 신문, 전자 신문, 대화형 TV, HD TV, 문자 다중 방송 등등

　　① 스마트폰의 중독과 해결 방향 등

　　② 스마트폰 뉴미디어의 전망 등

6.3 보고서 제목 정하기

1. ②

2. ③

【연습하기】

2) 인구 감소에 따른 저출산 문제의 해결방안

3) 유학생의 대학생활 적응을 위한 유학생회 활성화 방안

4) 한류 문화 확산에 따른 유학생 증가의 현상 연구

5) 한국 전래동화와 중국 전래동화의 주인공 성별에 대한 비교 연구

6) 외국인 유학생의 보고서 쓰기에 관한 전략 연구

6.5 보고서 작성 계획

【연습하기】

1. 1) 저출산 사회에 따른 1인 가구의 증가와 마케팅의 변화 전략 등

2) 사회구조가 저출산 사회로 변화하는 데 따라서 마케팅도 변화전략이 필요하다는 것을 알리려고

3) 1인 가구의 증가에 따른 마케팅의 전략 방안

5) 생략

2. 2) 잘 알려지지 않은 한국의 관광지를 알리고 개발하기 위해서

3) 한국 충주 지역의 관광지 개발과 효과 등

7장 보고서 개요 쓰기

7.1 개요 쓰기

【연습하기】

3. 지구온난화의 문제점과 해결 방안에 대한 보고서를 쓰기 위해서는 우선 지구 온난화가 무엇인지에 대한 정의가 필요하다. 따라서 ⑤의 내용은 필요하다. 지구 온난화가 온실가스로 인해 발생되는 것이므로 온실가스를 유발하는 여러 가지 요인을 찾아 피해 사례를 소개하면서 문제를 해결하는 방안을 찾아야 한다. 그렇기 때문에 ①, ②, ③의 내용이 들어가면 좋을 것이다. 그런데 ④지구 온난화는 그 내용이 너무 어려워서 해결할 방법이 없다는 필요한 내용이라고 할 수 없다. 지구 온난화의 문제점에 대한 보고서를 쓰기 위해 다양한 참고 자료를 읽고 지구 온난화의 개념을 찾을 수 있다. 또한 온난화의 문제점을 찾을 수 있다. 이 문제를 바탕으로 해결 방안을 찾을 수 있기 때문에 위의 내용은 개요로 적합하지 않다.

7.3. 개요 쓰기에 사용되는 부호

【연습하기】

글을 쓰는 목적: 각 나라의 드라마 비교를 통해 문화 차이를 설명하기 위해서

예상 독자: 교양 수업 〈문화 비교〉의 담당 교수님

글의 제목: 〈너희 나라 외계인은 어떤 성격이니?〉

글의 주제: 각국 드라마 속에 나타난 외계인과 그들을 대하는 인물들의 태도와 인식

개요 짜기:

1. 서론: 한국, 미국, 일본의 드라마 중에서 외계인이 나오는 드라마를 비교
    각 나라의 문화나 그 나라 사람들의 생각을 이해하고자.

2. 한국, 미국 일본 드라마 비교

    2.1. 한국드라마〈별에서 온 그래〉

    2.2. 미국 드라마〈x-file〉

    2.3. 일본드라마〈러브러브 에일리언〉

3. 결론: 외계인을 바라보는 각 나라 사람들의 인식과 태도에 따라서 외계인의 모습과 성격이 다양하게 제시됨. 세 나라 이외의 다른 나라의 드라마를 보고 더 분석하고 비교할 기회 필요가 있음.

① 경험적 일을 소개하면서 시작하기

1) 나는 유학하면서 여러 나라의 친구와 식사를 하게 되었다. 식사를 같이 하면서 식사 도구가 각 나라마다 다르다는 것을 알게 되었다. 손으로 음식을 먹는 인도 친구에 놀라기도 했고, 스푼과 포크를 사용하는 독일 친구와 식사를 같이 하기도 했다. 또 식사 도구가 비슷한 한국 친구와 식사도 하였다. 처음에는 식사 도구에 관심이 없었지만 다른 나라 친구들과 식사하면서 신기하다고 생각했다.

【연습하기】

1) 차별: 차이를 이유로 합리적 이유 없이 다름을 나쁘게 보고 부당하게 대하는 것이다.

　차이: 서로 다르다는 뜻으로 좋고 나쁨의 판단이 아닌 다른 모습을 그냥 객관적으로 보는 것이다.

2) 인종 차별, 학력 차별, 지역 차별, 종교 차별, 성적 차별, 외국인 차별, 노동자 차별 등등

② 시사적이거나 일반적인 일들을 소개하면서 시작하기

1) "한국어 미숙으로 정상적인 아르바이트 구하기 어려워 ~ 배송 아르바이트를 시작했다고 한다.

2) 이 보고서의 목적은 외국인 유학생들을 위한 시간제 근로제도의 문제점을 찾고 개선할 수 있는 방안을 모색하는 것이다. 이를 통해 유학생들의 학업 성취는 물론 성공적인 유학생활을 할 수 있도록 도움을 주고자 한다.

【연습하기】

1) 유튜브 중독 (보지 않으면 불안하다), 시간 낭비(다른 중요한 일을 하지 않는다), 생각하거나 집중하는 시간이 줄어든다, 시각적 자료(감각적 쾌락, 자극적 영상)에만 의존한다. 정확한 정보를 믿게 된다. 등

2) 시간, 장소에 상관없이 정보 확인 또는 정보 획득 가능, 개인적 의견을 쉽게 볼 수 있고 빨리 전달된다. 정보뿐만 아니라 마음의 안식(위로, 의지)이 될 수 있다. 등

③ 권위자, 전문가의 말이나 명제를 인용하면서 시작하기

1) 유엔기후변화위원회(IPCC)의 위원이자 저명한 기후학자인 한스 요아킴 쉘렌후버(Hans Joachim Schellnhuber)는 2017년에 "앞으로 지구촌을 지키기 위해 남은 시간은 3년분"이라고 말했다.

2) 이 보고서에서는 온실가스 감축을 위한 탄소세의 효과를 조사·분석하여 탄소세 도입의 방안에 대해 검토해 보도록 하겠다.

【연습하기】

2) 존 롤스는 사회적 정의를 다음과 같이 정의하였다. 모든 이에게 자유를 완벽하게 누리게 할 수 있어야 하며, 빈곤한 사람들의 복지를 우선적으로 배려해야 한다. 또한, 결과의 불평등은 존재하되, 모든 사람에게 기회는 균등하게 주어져야 한다고 하였다. 사회적 정의는 분배의 정의와 절차의 정의로 나눌 수 있는데

분배의 정의는 이익을 나눌 때 따라야 하는 공정한 비례를 말하며 누구나 이해할만한 원칙과 공정한 절차가 전제되어야 한다. 절차의 정의는 사람들의 일정하게 규정된 조건 아래에서 공정한 절차적 규칙에 따라 합의 했다면, 그 절차를 통해 나온 결과 또한 정의롭다고 보는 관점이다.

④ 수사적인 표현으로 시작하기

1) 흔히 광고를 '30초의 종합 예술'이라고 비유하기도 한다.

　이런 광고가 넘치는 세상에서 광고를 '사용 안 된 쓰레기'에 비유하기도 한다.

2) 대부분 설득에 목적이 있다. 다양한 매체를 통해서 이루어진다. (TV, 신문, 인터넷, 모바일 등) 등

3) 광고는 '대화'로 비유될 수 있다. 왜냐하면 광고주와 소비자 간의 의사소통을 다루는 행위가 광고이기 때문이다.

【연습하기】

1) 보호무역이란 자국의 산업을 보호하기 위해 국제 무역에 정부가 개입하는 무역 제도다. 관세, 특별소비세 등을 부과하여 수입품의 제품가격을 올리거나 수입량을 제한하는 것, 특정 물건의 수입을 제한하는 것 등이 있다.

3) 자유무역이란 정부가 수입에 제한을 두지 않거나 수출에 개입하지 않는 무역 제도를 말한다.

⑤ 질문으로 시작하기

1) 과연 우리는 타인의 겉모습, 보이는 것으로 그들을 다 안다고 할 수 있을까? 보이는 모습이 진실일까?

2) 이 글은 휴대폰의 내용을 공유하면서 시작된 진실게임을 통해 인간관계의 다층적 측면을 발견해 가는 '완벽한 타인'에 대한 감상문이다.

【연습하기】

3) 찬성 이유: 단지 수명을 연장하는 정도의 치료는 삶의 의미가 없다. 수명의 양보다 수명의 질이 더 중요하다, 건강할 때 수명 연장 치료를 거부한다는 의사를 밝힌다면 괜찮다. 등등

　반대 이유: 연명 치료 유지를 위해 무의미한 것은 없다. 치료비 때문에 연명 치료를 중단할 수 없다. (돈보다 생명이 귀하다) 등

9장 보고서 본론 쓰기 ①

9.2 논리 전개 방법

1) 분류하기

◆ 다음 보기를 확인해 봅시다.

　㉠ X , ㉡ X , ㉢ ○, ㉣ X

【연습하기】

1. 포유류: 사자, 말, 호랑이, 고양이/ 조류: 닭, 비둘기, 참새, 독수리/ 파충류: 악어, 도마뱀, 거북이

2. 1) 사회과학부, 자연과학부, 인문과학부

   2) 인문과학부: 언어학과, 역사학과, 영문학과, 철학과

      사회과학부: 정치학과, 경영학과, 법학과, 경제학과

      자연과학부: 화학과, 생물학과, 물리학과, 천문학과

2) 분석하기

◆ 아래의 표와 그림을 보고 분석하는 글을 완성해 봅시다.

〈표1〉 : 20시간을 일하고 있었으며, 8%, 20시간 이상, 15시간 미만

〈그림1〉: 음식점 서빙과 요리를 하는, 사무보조

【연습하기】

1. 1) ①: 어려운 점   ②: 학업에 소홀하   ③: 초과 근무   ④: 근로 자체

        ⑤: 10명   ⑥: 임금 체불   ⑦: 초과 근무   ⑧: 작업환경 열악

2. 1) 〈표3〉: 연도별 온실가스 배출량, 〈표4〉: 2017년 온실가스별 배출 현황

   2) 이산화탄소, 온실가스, 에너지, 산업공정, 이산화탄소, 이산화탄소, 온실가스

3) 비교하기

상위 개념	비교할 수 있는 대상
대중교통	지하철, 버스, 택시
언어	한국어, 영어, 프랑스어
운동 경기	태권도, 배구, 농구, 유도, 공수도, 핸드볼, 수영, 탁구
국기	태극기, 성조기, 오성홍기
전통 의상	한복, 아오자이, 기모노

【연습하기】

1. ① 김치   ② 된장

     – 만드는 방법   – 만드는 방법

     – 효능   – 효능

   ③ 만드는 방법   ④ 효능

     – 김치   – 김치

     – 된장   – 된장

2. 1) 아시아 4개 국가(중국, 베트남, 일본, 한국)의 젓가락

   2) 젓가락의 소재, 형태

4) 논증하기

【연습하기】

1. 제조업에 탄소세를 부과할 경우 국가 GDP가 감소하고 경제 성장에 방해가 될 것이라고 한다.

다만 탄소세에 대한 부정적 전망을 최소화하고 탄소세를 성공적으로 도입하기 위해서는, 다음과 같은 노력이 필요하다.

우선은 탄소세 도입 시기와 탄소세율, 탄소세 부과 방법 등에 대하여 모든 이해 관계자들의 논의 과정 필요하다.

두 번째는 국민적인 합의를 위해서 탄소세의 긍정적인 경제적 효과에 대한 적극적인 홍보가 필요하다.

세 번째는 한국의 조세 제도에 맞는 적절한 탄소세 체제의 마련이 필요하다.

부가세의 형태는 효율적으로 과세할 수 있을 뿐만 아니라 납세자가 쉽게 수용할 수 있도록 하는 장점이 있다.

~ 별도로 세목을 형성하기 보다는 부가세 개념으로 부과하는 것이 좋다고 말한다.

우선 탄소세와 관련한 모든 이해 관계자들의 합의가 이루어져야 하며, 탄소세의 긍정적인 경제적 효과에 대하여 적극적으로 홍보하는 것도 필요하다. 더불어 한국의 조세 제도에 맞는 탄소세의 제도가 마련되어야 할 것이다.

9장 보고서 본론 쓰기 ②

9.3 보고서 유형에 따른 내용 전개 방법

1) 설명 보고서

【연습하기】

1. ④

2. ㉡ 용도 3. 식사 예절과 관련하여 중국처럼 원형 식탁에서 음식을 먹는 경우가 많아서 자신과 먼 음식을 집기 위해 젓가락이 필요함.

　　㉢ 형태

　　1. 길이: 길이가 김.　　　　　　2. 두께: 뭉툭하고 굵음.

3. 중국에서 발명된 젓가락은 주변의 나라들에게 전파되었다. 베트남의 경우 중국의 젓가락과 가장 비슷하다고 볼 수 있다. 베트남은 중국과 지리적으로 맞닿아 있어서 중국 문화의 전파도 빠르고 그대로 전달될 가능성이 높았다.

베트남의 젓가락은 음식을 먹기 위해서 분만 아니라 요리를 만드는 데도 사용된다. 베트남의 음식도 볶는 요리와 튀기는 음식이 많다. 중국보다 더 남쪽에 있기 때문에 기후를 고려하여 쉽게 상하지 않는 볶거나 튀기는 조리 방법이 발달한 것이다. 볶거나 튀기는 요리를 할 때 긴 젓가락이 조리 도구의 역할을 하며 볶은 음식을 집기에도 편리했다. 중국과 마찬가지로 국수가 발달한 문화권이어서 젓가락의 형태나 소재면에서도 중국의 젓가락에서 크게 변화하지 않았음을 알 수 있다. 식사 예절을 살펴보더라도 중국처럼 원형 식탁에서 음식을 먹는 경우가 많아서 자신과 먼 음식을 집을 경우 긴 젓가락이 필요했다. 또한 길이와 두께면에서는 국수 음식이 발달했기 때문에 건더기를 건지기 위해 그에 필요한 뭉툭하고 굵고 긴 젓가락이 필요했던 것이다. 따라서 베트남 젓가락은 음식의 조리 방법과 식사 예절이 중국과 비슷한 부분이 많아서 그 형태나 소재 면에서 많이 변형되지 않고 비슷한 형태로 사용되고 있다.

2) 논증 보고서
【연습하기】
1. 1) 생략

　2) 유학생들은 시간제 근로가 유학 생활을 하는 동안 가장 필수적인 활동이라고 생각한다. 그러나 대학교 외부에서 하는 시간제 근로는 다음과 같은 문제점이 있다. 대학교 외부에서 하는 시간제 근로는 학업에 소홀해져서 학업 생활과 병행하기 힘들고, 피로가 누적되어 건강관리가 힘들다.

　따라서 시간제 근로제를 위해서 다음과 같은 개선 방안이 필요하다. 우선 대학교에서는 교내에서 할 수 있는 다양한 시간제 일자리를 만들어야 한다. 유학생들이 교내에서 일을 하게 되면 안전하게 일할 수 있고 시간도 절약되어 학업과 병행할 수 있다. 다음으로 대학교와 산업체, 기업체들이 협약을 맺어 시간제 일자리를 마련해 주는 것이 필요하다. 교내에서 시간제 근로를 하는 것이 한정되어 있기 때문에, 대학교 외부에서도 안정적이면서도 전공과 관련된 일자리를 찾아 주는 것이 필요하다고 본다. 학업과 관련된 업종에서 일을 해 봄으로써 학업의 연장선에서 한국어 능력은 물론 전공 능력의 향상도 꾀할 수 있다.

3) 조사 · 분석 보고서
【연습하기】
1.
(나)스웨덴은 1991년 탄소세 제도를 도입하였다. 처음에는 톤당 28달러 수준이었지만 2019년 기준으로 톤당 127달러 수준까지 높였다. 탄소세를 시행하는 다른 국가의 세율이 톤당 5달러에서 96달러 사이인 것에 비해, 매우 높은 세율을 적용하고 있다.

2.
(가)IMF는 탄소세가 톤당 75달러 수준이 될 경우, 석탄, 천연가스, 전기, 휘발유 분야에서 에너지 가격이 크게 상승할 것으로 예상하였다. IMF는 2030년에 석탄은 평균 214%, 천연가스는 평균 68%, 전기는 평균 43%, 휘발유는 평균 14% 정도 상승할 것이라는 예상치를 내놓았다.
이렇게 탄소세로 인해 에너지의 가격이 상승할 경우 ~ .

3. (가)단락: IMF 보고서에 따른 탄소세 부과로 인한 에너지 가격의 상승효과
　　(나)단락: 탄소세를 성공적으로 도입한 스웨덴의 사례
　　(다)단락: 한국의 성공적인 탄소세 도입을 위한 방안

4.

1) 탄소세는 경제적인 제재수단이지만 궁극적으로는 화석 연료의 사용을 줄이고 대체 에너지를 개발할 수 있는 동력이 될 것이다. 탄소세의 도입으로 재생에너지 부분에 투자를 집중시키는 효과가 나타날 것이며, 에너지 소비 구조를 전환시킬 수 있는 결과도 가져오게 될 것이다.

세계에너지기구(IEA)가 발표한 보고서에 따르면 2017년 OECD 국가 에너지 설비 투자의 73.2%가 재생에너지 부분에 집중되고 있으며, 에너지 소비 구조에서도 재생에너지 부분이 제일 많이 증가한 것으로 나타났다.

결과적으로 탄소세로 인해 기업이 화석 연료의 사용을 줄이고 친환경적인 재생 에너지 개발에 힘쓰게 되면, 에너지 소비 구조가 전환되어 온실가스 배출이 감축될 뿐만 아니라 새로운 일자리가 창출되어 전체적으로 경제가 성장하는 효과도 가져오는 것으로 볼 수 있다.

2) ㉯

4) 감상 보고서

【연습하기】

1. 이 영화는 주인공들의 갈등 요소들이 대부분 성적인 부분에 맞춰져 있는 것 같았다. 나는 이 영화가 좀 더 폭넓게 인간 내면의 심리와 갈등을 중심으로 전개되었다면 관객들의 공감을 얻을 수 있었을 텐데 하는 아쉬움이 있었다.

2. 묘사하기

3. 소설 구운몽

【정리하기】

1. 1) 찬성하는 입장에서 쓸 수 있는 제목

➜ 동물 실험의 필요성, 동물 실험의 유용성, 동물 실험의 긍정적 효과

반대하는 입장에서 쓸 수 있는 제목

➜ 동물 실험의 불필요성, 동물 실험의 비윤리성, 동물 실험, 이대로 괜찮은가?

① 본론 요약 및 정리하여 마무리하기

【연습하기】

1. 지금까지 쌀을 주식으로 하는 아시아 4개 국가의 젓가락을 비교해 보았다.

   이 보고서는 문화를 비교하고 다름을 인정하는 자세를 생각해 볼 수 있게 한다는 점에서 의의를 가진다고 할 수 있다.

2. 젓가락의 시작은 중국에서 시작되었지만 각 나라에 들어와 음식 문화와 조리 방법, 지리적 환경에 맞게 다양하게 변형됐으며 이러한 다양한 요건들이 식사도구에 많은 영향을 미쳤다는 것도 알 수 있었다.

② 앞으로 전망을 제시하여 마무리하기

【연습하기】

1. 본론에서 설문 조사를 통해 현대 직장인들의 회식 문화에 대해 살펴보았다.

   다시 정리하면 직장인들이라고 해서 모두 회식을 싫어하는 게 아니라 시대가 바뀐 만큼 회식 문화도 변화가 필요하다는 것이고 많은 직장인들이 이것을 인식하고 있다는 것이다.

2. 직장인들이 생각하는 바람직한 회식 문화로 낮 시간을 이용한 맛집 투어라든지 마음이 맞는 사람들끼리 가는 교외 나들이를 들 수 있겠다.

③ 인용된 표현이나 잘 알려진 명제 이용해서 마무리하기

1. 영화 주인공 영배는 "사람의 본심은 월식과 같아서 잠깐 가릴 수는 있어도 언젠가는 드러나게 돼."라고 말한다.

2. ③

④ 선택적 판단 및 부연 설명으로 마무리하기

1. 탄소세는 경제적인 제재수단이지만 궁극적으로는 화석연료의 사용을 줄이고 대체 에너지 개발을 할 수 있는 동력이 될 것이다. 즉 탄소세는 에너지 소비 구조를 전환시키는 현실적이고 효과적인 수단이 될 수 있다.

2. 반대의 입장: 탄소세 도입을 반대한다. 왜냐하면 에너지 효율이 좋은 소재를 개발하여 온실가스 배기량을 줄일 수 있고, 또한 태양열 등을 이용하거나 신재생에너지 개발이나 섬유소재 개발로 온실가스를 줄일 수 있다고 생각하기 때문이다.

⑤ **문제 해결 방법 및 대안 제시로 마무리하기**

1. 학교 차원에서 표준 고용계약서에 대한 설명회 개최, 입학 전 오리엔테이션에서 선배들의 고향말을 통한 사건 허가 제도에 대한 상세한 설명, 대상을 달리한(어학 연수생과 학부 유학생) 시간제 근로에 대한 동영상 제작대회 개최 등이 있다.

2. 교내에서 할 수 있는 시간제 근로는 생각해 보면 많을 것이다. 이 시간제 근로의 공통된 장점은 안정적이고 위험 부담이 낮다는 것이다 또한 근로 여건이 다른 곳보다 좋아서 학업을 병행할 때 어려움이 덜하다.

① 각 단과대 행정 보조_ 자기가 속한 단과대에서 행정보조를 할 경우 학과 공부에도 도움이 된다.
   조교 선생님들과 전공 교수님들과 자주 만날 수 있어서 학업적, 생활적인 면에서도 도움을 받을 수 있다.

② 공동실습실험실 정리 _이.공계 관련 학과 학생이라면 비교적 간단한 업무를 수행하면서 연구실에서의 경험을 쌓을 수 있는 좋은 기회가 될 수 있다. 또한 전공 교수님들과도 친분을 쌓아 상담이 필요할 때도 어렵지 않게 신청할 수 있다.

③ 도서관 사서 보조 _이용자의 도서 대출과 반납을 돕고, 반납된 책을 정리한다. 대출실에 앉아서 일하며 업무 역시 크게 힘들지 않다. 근로의 강도가 높지 않아 학업 병행에 어려움이 없다.

10.2. 다양한 방법으로 결론 쓰기

4. 결론

1) 계속 추락하는 취업률로 인해 앞으로 사회는 더 힘들어질 것으로 보인다. 취업에 대한 실패로 인해 청년들이 자존감이 낮아지는 상황이 된다면 여러 가지 사회 문제가 발생할 수도 있다. 게다가 이러한 문제로 인해 결혼, 출산까지 늦어져 저출산의 원인이 될 수도 있다. 청년 실업을 해결하기 위해 국가에서는 구체적인 대책을 마련해야 할 것이다.

2) 대기업과 중소기업의 임금 양극화 현상을 해결할 수 있다면 청년실업률이 조금은 낮아질 것이다. 또한 청년들 자신의 원하는 일, 의미 있는 일을 적극적으로 찾아서 할 수 있는 사회적 시스템도 마련해야 할 것이다. 즉, 정부나 지자체가 청년 창업에 관심을 가지고 지원하면 청년들은 용기를 가지고 혁신적인 아이디어로 일자리를 창출할 수 있을 것이다. 더 나아가 청년들이 원하는 일을 스스로 만들 수 있어서 청년실업 문제를 해결할 수 있을 것이다.

【연습하기】

1. 1) 본문 요약: 지금까지의 내용을 요약해 보면 다음과 같다. 한국 사회의 가족 형태 변화로 1인 가구가 꾸준히 증가하고 있다. 이혼/졸혼으로 인한 1인 가구, 한 부모 가족, 다문화 가족 등 다양하게 변화하고 있다. 가족 형태가 변화했어도 변하지 않는 것은 가족 관계를 원만하게 유지해야 한다는 것이다.

   2) 전망 및 제언: 한국 사회의 가족 형태는 여러 형태로 변화하고 있다. 부부와 그들의 미혼 자녀로 구성된 형태, 이혼/졸혼으로 1인 가구 형태, 한 부모 가족, 다문화 가족 등 여러 가지 형태로 변화하고 있다. 이러한 추세를 보자면 앞으로도 가족의 형태는 계속 변할 것이다. 그런데 다양한 가족의 형태가 한국의 전통적인 가족 형태와 다르다고 사회적 차별을 당하고 있다. 사회가 변화함에 따라 인식의 변화를 통해 이들에 대한 차별도 줄여나가야 건전한 사회를 만들 수 있을 것이다.

   3) 문제 해결 방법 제시: 한국 사회의 가족 형태가 변화하는 것에 맞춰 제도나 시각을 바꾼다면 다양한

형태로 구성된 가족들이 차별을 당하지 않고 지낼 수 있다. 부부와 자녀로 이루어진 가족 형태만이 가장 이상적인 것이 아니라는 생각을 해야 한다. 그러기 위해서는 다양성을 인정하는 사회가 될 수 있도록 교육의 역할이 중요한 것이다. 교육이 시작되는 처음부터 시민사회 교육이 필요할 것이다.

4) 결론

① 지금까지의 내용을 요약해 보면 다음과 같다. 한국 사회의 가족 형태 변화로 1인 가구가 꾸준히 증가하고 있다. 이혼/졸혼으로 인한 1인 가구, 한 부모 가족, 다문화 가족 등 다양하게 변화하고 있다. 가족 형태가 변화했어도 변하지 않는 것은 가족 관계를 원만하게 유지해야 한다는 것이다. 이와 함께 한국 사회의 가족 형태가 변화하는 것에 맞춰 제도나 시각을 바꾼다면 다양한 형태로 구성된 가족들이 차별을 당하지 않고 지낼 수 있다. 부부와 자녀로 이루어진 가족 형태만이 가장 이상적인 것이 아니라는 생각을 해야 한다. 그러기 위해서는 다양성을 인정하는 사회가 될 수 있도록 교육의 역할이 중요한 것이다. 교육이 시작되는 처음부터 시민사회 교육이 필요할 것이다.

② 지금까지의 내용을 요약해 보면 다음과 같다. 한국 사회의 가족 형태 변화로 1인 가구가 꾸준히 증가하고 있다. 이혼/졸혼으로 인한 1인 가구, 한 부모 가족, 다문화 가족 등 다양하게 변화하고 있다. 가족 형태가 변화했어도 변하지 않는 것은 가족 관계를 원만하게 유지해야 한다는 것이다. 한국 사회의 가족 형태는 여러 형태로 변화하고 있고 앞으로 더 변화할 것이다. 부부와 그들의 미혼 자녀로 구성된 형태, 이혼/졸혼으로 1인 가구 형태, 한 부모 가족, 다문화 가족 등 여러 가지 형태로 변화하고 있다. 그런데 다양한 가족의 형태가 한국의 전통적인 가족 형태와 다르다고 사회적 차별을 당하고 있다. 사회가 변화함에 따라 인식의 변화를 통해 이들에 대한 차별도 줄여나가야 건전한 사회를 만들 수 있을 것이다.

10.3. 정리하기

1. 앞에서 살펴본 것처럼 아직까지 많은 국가가 안락사를 허용하지는 않는다. 하지만 나의 생각은 이와는 조금 다르다. 우선 극심한 고통을 겪고 있는 환자가 스스로 결정할 수 있게 결정권을 존중해줘야 한다고 생각한다. 또한, 회복 가능성이 없는 환자의 경우는 가족들에게 경제적인 부담을 줄 수도 있다. 이런 것들도 중요하지만 가장 중요한 것은 환자라고 생각한다. 극심한 고통 속에서 해방될 수 있고, 고통스럽게 죽음을 맞이하는 것보다 조금은 더 품위 있게 죽을 수 있다고 생각한다. 물론 안락사에 대한 부작용과 반대 논점도 많다는 것을 잘 알고 있지만, 환자만을 생각한다면 고통 없이 보내 주는 것이 마지막 예우라고 생각한다.

2. 지금까지 커피가 우울증에 미치는 영향에 대해서 살펴보았다. 우울증에 관한 연구들을 봤을 때 커피가 우울증을 낮춘다는 보고 결과가 많다는 것을 알 수 있다. 커피에는 카페인이라는 요소가 들어 있는데 카페인의 경우, 우리가 기존에 알고 있던 것과는 다르게 뇌에서 기분에 영향을 주는 세로토닌 같은 물질로 인해 기분전환을 일으키고, 감정을 개선하며 많은 시간 에너지를 제공한다는 것을 알 수 있다. 커피는 뇌에도 영향을 미치지만 심장과 간, 피부에도 도움이 된다. 커피 한 잔은 혈류량이 향상되어 심장 기능을 강화시키고 간경화 등 간 질환도 예방할 수 있다고 한다. 이처럼 커피가 우리 몸에 해로운 것이 아니라 오히려 이로운 점이 더 많다. 앞으로 하루에 한 잔 정도 커피를 마시는 습관을 기르는 것도 좋을 것 같다.

11장 발표문 쓰기

11.1 발표문의 의미

◆ **다음 발표문의 '주제'를 보고 발표를 듣는 청중에 대하여 추측해 봅시다.**

발표 주제	청중
충동구매를 하지 않는 현명한 소비 방법	소비자
환자들을 위한 건강한 음식 만들기	환자의 가족, 환자식을 만드는 영양사나 조리사 등
다국적 기업의 효과적인 인적 자원관리 전략 (인적자원관리 학부 전공 수업)	인적자원 관리학부 학생과 교수님
강원도민을 위한 기후 변화 교육 설명회	강원도민

11.2 발표문 쓰기

【연습하기】

1. 대학 수업시간에 공정 무역이라는 새로운 정보를 전달하기 위한 설명 목적의 발표문

2. (다)단락

3. – 중간 유통 거래
   – 공정 무역의 특징: 중간 유통 거래를 줄이고 직거래를 함. 원조가 아닌 정당한 거래의 성격이 있음. 공정 무역 거래 상품으로 커피와 초콜릿이 대표적임.
   – 공정 무역의 장점: 생산자의 최저 생계와 노동자의 최저 임금을 보장. 아동이나 여성의 노동력 착취를 금함. 친환경적인 제품을 생산하여 소비자도 안심하고 제품을 구입할 수 있음.

4. 5. 6. 생략

12장 발표 자료 만들기

【연습하기】

1) ③

　이유: 가독성이 좋다. (글자 크기, 글자 색깔, 폰트, 서술형으로 나열하여 쓰지 않았다. 등등)

2) 각자 발표 자료 만들기

MEMO

MEMO